鸿沟

THE DIVIDE

全球不平等及其解决方案

A Brief Guide to Global Inequality and its Solutions

JASON HICKEL

［斯威士兰］杰森·希克尔 著

孙晓静 译

西南师范大学出版社

国家一级出版社 全国百佳图书出版单位

CONTENTS | 目 录

序言

我在斯威士兰长大，那是非洲南部靠近东海岸的一个小小的内陆国家。我在那里度过了幸福的童年时光——和小伙伴们赤脚跑过沙质的草地，没有篱笆和围墙的阻挡；雨季来临时，我们驾着树皮小船驶过沟谷，拥抱潮湿的雨天；饿了，我们就爬到树上摘杧果、荔枝和番石榴充饥；而在慵懒的下午，我常常游荡在山顶，沿着土路从我家的小屋走到父母工作的诊所，他们是那儿的医生。我至今仍记得脚踩在光滑的水泥地上那凉丝丝的感觉，记得站在庭院阴凉处的缕缕清风。但我对诊所最深的记忆是一直排到门外等候看病的长队。排队的病人们有的坐在木凳上，有的坐在草席上，在我幼时的记忆里，这支队伍从未有尽头。

等再长大一些，我开始知道肺结核、疟疾、伤寒、血吸虫病、营养不良和夸希奥科病（恶性营养不良综合征），我和我的家人对这些可怕的疾病都已司空见惯。再后来，我又得知自己生活在全球艾滋病传播最严重的地区。我还听说，那些让人们备受痛苦甚至失去生命的疾病，在更富裕的国家是很容易就可以预防、控制和被治愈的——对我来说，这是一个太过可怕的事实。我也懂得了何谓贫穷。那时，我的很多朋友出身贫寒，他们有的依靠自给农场勉强维持生计，饱受旱灾的打击；有的在曼齐尼贫民区的简易过渡房里艰难度日，只求觅得一份工作。

这些不是个例。现在，地球上仍有43亿人（占总人口的60%以上）生活在极度贫困中，依靠每天不到5美元的收入艰难度日。他们中有一半得不到充足的食物。这些数字在过去几十年间一直稳定增长。同时，最富裕人群的财富积累达到了人类历史上前所未有的程度。就在我写下这些文字的时候，我看到一条刚刚发布的消息："世界上最富有的8个人所拥有的财富等于全球最贫穷的35亿人的财富总和。"

跟多数分析者所做的一样，我们可以通过观察个体的收入和财富分配来获得全球不平等的大致面貌。而通过观察不同地区之间的差异，我们能得到一幅更为清晰的图景。2000年，美国的人均收入大约是拉美国家人均收入的九倍，中东和北非人均收入的21倍，撒哈拉以南非洲人均收入的52倍，南亚人均收入的73倍。而且，情况还在变得更糟：全球南北实际人均收入的差距已经扩大到1960年的三倍。

人们很容易认为，富裕国家和贫穷国家之间的鸿沟是始终存在的，这就是世界原本的样子。

事实上，"鸿沟"这个比喻本身就可能会使我们不自觉地认为富国和穷国之间存在着一个断层，或者说一种根本上的不连续性，就好像它们是两座彼此毫无关联的经济孤岛。但如果你像许多学者一样，从上述观点出发，去解释两者之间的经济差距，问题又会被简化为分析一个整体的内部特征。

这种观点就是我们通常听到的关于全球不平等的主流观点。发展机构、非政府组织和那些世界上最强大的政府都认为，贫穷国家的困境只是一个技术问题，只要引入合适的机制和经济政策，努力工作，并接受一点救济，就可以解决这个问题。贫穷国家如果愿意接受世界银行等机构的专家指导，就能够逐步脱贫，弥补巨大的贫富差距。这是一种很常见的说法，也的确让人心安。我们都曾经相信并支持过这种说法。这也成为一个价值千亿美元的产业，大量非政府组织、慈善机构和基金会都在致力于通过救助和发展慈善消除贫穷。

但是，这种想法是错误的。“鸿沟是自然存在的”——这个观念从一开始就误导了我们。1500年，欧洲的收入和生活水平跟世界其他地方还没有什么显著的不同。实际上我们知道，南方部分地区人民的生活水平甚至远远好于当时的欧洲人。然而，在之后的几个世纪里，人们的财富相对状况急剧变化，导致这种变化的原因不是孤立的，而恰恰是因为西方列强将整个世界强行圈进了一个单一的经济体系中。

从这个角度看，问题就不仅仅是分析富国和穷国各自的特征了——这当然也是问题的一部分，而更重要的是研究两者之间的关系。富裕国家和贫穷国家之间的鸿沟不是自然存在的，也不是不可避免的。它是被制造出来的！是什么导致世界的一部分崛起，另一部分衰落？为什么这种增长和衰退的模式持续了500年之久？为什么全球不平等现象恶化了？为什么我们没有意识到这一点？

直到现在，我时不时还会想起小时候父母诊所外那支长长的队伍。它在我记忆中如此清晰，仿如昨日。那一幕总在提醒我，全球不平等不只关于一堆数字、图表和历史事件，它关乎真实的生命，真实的人，关乎众多社会群体、国家和社会活动的愿景，将持续几代人甚至几个世纪。它关乎一种信仰，偶尔因怀疑而动摇，但更多的时候则坚定不移，相信另一个可能的世界。

这是整个人类历史上最恐怖的时期之一，不平等现象已达到史无前例的程度，蛊惑人心的政客粉墨登场，人们承受着工业文明对气候和环境造成的恶果——今天的我们，比以往任何时候都更加需要希望。只有理解了世界为什么是现在的样子，只有审视最根本的原因，我们才能得到真正有效的解决办法，才能找到未来的出路。可以确定的是，如果我们真的要解决全球贫困与不平等、饥荒和环境崩溃等棘手的问题，我们就必须构建一个和现在大不相同的明日世界。

马丁·路德·金曾经说过，历史的弧线总是趋向正义。但是，历史的弧线不会自行偏向正义！

第一篇

Part One

鸿沟

The Divide

一、发展的错觉

一切始于一个公关套路，那是哈里·杜鲁门（Harry Truman）刚刚连任美国总统的时候。杜鲁门即将于1949年1月20日发表就职演说，他的撰稿团队忙成一团，他们需要给总统的演讲准备一些真正扣人心弦的内容，听上去要大胆、自信并激动人心。他们列出了三个话题：支持新成立的联合国、抵制苏联威胁和承诺继续推行马歇尔计划。但这些听起来都不够鼓舞人心，甚至可以说是乏味至极，媒体一定会像处置旧新闻一样，完全忽略这个演讲。他们需要一些能够深入反映时代精神的内容，从而真正触动每一个国民的内心。

解决方案来得有点出乎意料。当时，一个名叫本杰明·哈迪（Benjamin Hardy）的年轻人在美国国务院担任中层职员，他曾是《亚特兰大日报》（*Atlanta Journal*）的记者，对于取标题很有一套。在无意间看到为总统就职演说征集提案的消息后，他决定说服上司接受一个大胆的提案——发展——让杜鲁门总统公开宣布他的政府将致力于帮助第三世界国家发展，结束那里人民苦难的生活。这不是很好吗？哈迪觉得，这将会是一次毫不费力且毫无悬念的胜利，正如他在提案中写的那样，给美国人民带来“最大的心理冲击”，而且“能够利用和主导人们对于一个更好的世界的普遍渴望”。

哈迪的上司最开始拒绝了他的提案。这个观点过于冒险，过于突兀，人们甚至可能会觉得它很荒谬；更何况，在这么重要的场合做这样的尝试，不太值得。但哈迪不想让机会就这么溜走。他混进白宫，热情洋溢地游说杜鲁门的顾问接受他的提议，再加上内部支持者的一点助推，最终，他的提议作为“第四点”被添加到给杜鲁门的草案中。杜鲁门接受了。

这是史上首次开通电视直播的就职演说。一千万观众在那个寒冷的一月下午，打开电视机收看了演说，使之成为当时关注度最高的一次活动。观看杜鲁门就职演说的观众比之前观看历届美国总统就职演说的观众总数都多，而且，人们喜欢杜鲁门总统的演说。他宣称：“世界上还有超过一半的人过着十分悲惨的生活，他们得不到充足的食物，饱受疾病的困扰，经济生活原始而落后。”但他也表示，还有希望：“人类在历史上首次拥有了能够为这些人减轻痛苦的知识和技能，美国在工业和科技发展方面领先于其他国家……我们的技术知识资源正在日益丰富，用之不竭。”接着，重点来了：“我们必须启动一个大胆的计划，利用我们的科技优势和产业发展，推动欠发达地区的增长和进步……我们必须在全球范围内努力，以实现和平、富足和自由。”

当然没有真正的行动计划了——连一份文件都没有。演讲稿里加入这些内容，完全是公关的噱头。它也的确奏效了。媒体为之疯狂——不管是《华盛顿邮报》(*Washington Post*)还是《纽约时报》(*New York Times*)，到处都是赞颂之声。[1]演讲的其他内容都被人们淡忘了，所有人都在为“第四点”感到兴奋。

“第四点”为什么抓住了公众的心？因为杜鲁门给美国人提供了一个崭新的、强有力的方式去思考全球秩序。二战的战火刚刚熄灭，欧洲帝国主义制度瓦解，由平等和独立的国家组成的新世界正初具雏形。唯一的问题是，这些国家事实上并不平等：它们在实力和财富上都有巨大的差别。从全球来看，北方国家生活质量高，而占世界人口大多数的南方国家却深陷在贫困的泥潭中。当美国人开始审视外面的世界，注意到全球不平等的残酷事实时，他们需要一个合理的解释。

“第四点”就为人们提供了令人信服的解释。欧洲和北美的富裕国家是“发展成熟”的，它们是人类社会进步之旅的先锋。他们过得更好，是因为他们本身就更好——更聪明，更富有创新精神，更吃苦耐劳；他们有更好的价值观，更好的机构，更先进的技术。相比之下，南方国家贫穷，是因为它们没有找到正确的价值观和政策。它们是落在后面的“发展不充分地区”，正在努力跟上队伍。

美国人对此深信不疑。这种观点使美国人的自我感觉很好，他们为自己的成就和在世界上的地位感到骄傲。但可能更重要的是，这也让美国人获得一种崇高的使命感，因为他们有了一个更高的、近乎宇宙视角的目标。发达国家如希望的灯塔般耸立，是贫穷国家的救世主。它们会伸出手去，慷慨地用它们的财富帮助南方的“落后”国家沿着自己的路走向成功。它们会变成英雄,引领整个世界通向前所未有的和平与繁荣。

换句话说,"第四点"指出了全球不平等现象的存在,并提笔给出了一个令人满意的解决方案。因此,西欧各国政府也很快接受了这个观点。英国和法国正在从各自的殖民地撤出,它们需要找到新的方式去解释长期存在于自己国家和殖民地之间的极度不平等。在这个有关"发展"的故事里,世界各国只是处在人类社会进步阶梯的不同阶段,这的确是很好的借口。这使得它们可以不用对殖民地的悲惨状况承担责任,而且,比起它们以前那些直白的殖民理论,这种说法也更容易被人接受。此外,这种解释也有助于它们改变自身的国际形象,它们将优雅地放弃霸权,变成贫穷同胞的救星。

这对西方人而言是一个极具迷惑性的故事。这可不是普通的故事,它具备着成为史诗、神话的一切元素。它为整个人类大厦奠定了基石,让人们由此出发去构建自己关于世界、人类进步和未来的看法。

这个关于"发展"的故事直到今天仍对整个社会有深刻的影响,这些影响几乎随处可见:有乐施会(Oxfam)和特赖德(Traid)这样的慈善商店,有拯救儿童基金会(Save the Children)和世界宣明会(World Vision International)的电视广告,有世界银行和国际货币基金组织的年报,还有世界各国的GDP排名等。我们也听到波诺(Bono)、鲍勃·盖尔多夫(Bob Geldof)这样的摇滚明星,比尔·盖茨、乔治·索罗斯(George Soros)这样的亿万富翁,以及麦当娜、安吉丽娜·朱莉这样的演员提到发展问题,他们穿着卡其色的衣服,被热切的非洲儿童围着。当然,还有慈善音乐会和诸如《他们可知圣诞节来临?》等单曲义卖。不知为什么这首歌每年都能火起来！主流的大学都会设立与发展相关的学位，并培养出一批专业人士，效力于过去几十年间如雨后春笋般出现的几千家非政府组织。“发展”的概念随处可见，并以独有的仪式感吸引着数以百万计的人们参与其中：购买汤姆布鞋①，或者每个月捐献几美元资助赞比亚儿童，或者牺牲暑假时间到洪都拉斯做义工。

不夸张地说，西方世界的几乎每一个人都在一定程度上接触过或者参与构建了这个关于“发展”的故事。这个故事无处不在，并且已经变成一个价值千亿美金的巨大产业——相当于美国所有银行利润的总和。[2]

“发展”的故事如此深植于我们的文化，以至于我们都将其视作理所当然的存在。它似乎是显而易见的真理。青年时期的我也是这个理论的笃信者。在我离开斯威士兰去美国读大学的时候，我来到了一个与我从小长大的环境完全不同的世界。在这个物质丰盈的世界里，有大房子、私家车、平整的马路和宽敞明亮的购物中心，但我无法将斯威士兰抛诸脑后。我在这两个截然不同的世界里探索，试图为两者之间悬殊的物质差别寻求合理的解释和有效的解决方案。最终，我在“发展”的故事中找到了答案和希望。

大学的最后一年，我来到了印度的那加兰邦(Nagaland)，一个位于印度东北部的偏远城邦，我在那里的一家小额信贷机构工作。这份工

① 这个品牌每卖出一双鞋，就会向贫穷国家捐献一双鞋。——译者注

作让我感到快乐,因为我觉得自己成了那个故事的一部分,它给我带来的价值感和目标感是任何一家大公司都无法企及的。我觉得自己在做一件重要的事,并因此感到崇高。

我渴望继续在这个领域做下去,于是回到斯威士兰,加入了世界宣明会在当地的机构。宣明会是世界上较大的发展性非政府组织之一。我的工作地点位于姆帕卡村,位置偏远,尘土弥漫,附近的一条道路穿越曼齐尼和莫桑比克边境之间的低地地区。我在那里做了一系列的项目,从供水系统到公共健康,并再一次感到自己在参与"发展"这个伟大的事业。但是随着最初的热情褪去,我开始对一些问题感到困惑。我们在那个小小的国家里投入几百万美元和多年的辛苦工作,做了几十个项目。除了世界宣明会,那里还有众多致力于解决同样问题的非政府组织,它们都能得到来自北方世界的捐赠国提供的稳定援助。然而,这一切似乎并没有真正改变什么。为什么付出了这么多努力,斯威士兰的人民仍然这么贫穷?我们好像一直在把钱扔进一个无底洞。

世界宣明会聘请我帮忙分析,为什么他们所做的努力未能如愿促进斯威士兰的发展。我找到的原因是,他们没有抓住重点。他们对世界的解读都或多或少地来自杜鲁门的理论,这使他们认定,斯威士兰人只需要一点救助就能摆脱贫困。世界宣明会忙于关怀即将离世的艾滋病病人,帮助失业者找到维持生计的办法,教当地农民新技术以及资助当地儿童上学。这些项目当然有一定的作用,但无法从根本上解决问题。为什么会有那么多艾滋病病人不治而亡?时间久了,我得知这与一个事实有关:医药公司拒绝向斯威士兰出口能够挽救病患生命的学名药[1],这导致当地药品价格高到让病人无法承受。为什么农民无法维持生计?我发现这与美国和欧洲倾销粮食有关,这些粮食能够获得补贴,因此得以低价出售,摧毁了当地农业。为什么当地政府无法提供最基本的社会福利?因为在大量外债和西方国家银行的重压之下,政府要被迫削减社会福利支出,以尽早偿还债务。

随着研究的深入,我越来越意识到,斯威士兰挥之不去的贫穷阴影,与国界之外的事情息息相关。我渐渐发现,全球经济体系的构建方式就注定了贫穷国家几乎不可能得到真正的发展。我为此感到困扰。世界宣明会的经理人都是从美国和澳大利亚空降过来的,当我给他们讲述我发现的原因时,他们却说这太“政治”了,药品专利、国际贸易规则和外债这类问题不是世界宣明会的职责所在。他们告诉我,如果我们提出这些问题,不出一年我们就会失去资助,毕竟,正是全球的专利、贸易和债务系统创造的财富聚集才使我们有了捐赠者;最好乖乖闭嘴,把“资助一个孩子”项目进行下去,不要惹是生非。

我怀着沮丧和幻灭的心情离开了世界宣明会,回到学校继续求学。我决心尽我所能,找到那些造成斯威士兰和整个南方世界贫穷的、更深层的结构性原因。我必须弄清楚为什么经过了几十年的“发展”,世界上还有这么多地方处于极度贫困之中,而另外一些国家却享用着它们难以想象的巨额财富。

我发现,我们一直被灌输的那些关于富国和穷国的观念并不完全正确。事实上,这些我们所熟悉的表达与事实几乎是相反的。如果我

① 也称为仿制药,指原厂药的专利过期后,其他药厂参照其配方和技术生产出质量和药效相同的药。——译者注

们愿意倾听，就会听到一个完全不同的故事，它会改变我们对贫穷的理解和对进步的认知，甚至改变我们对人类文明的看法、对日常生活方式的看法以及对未来理想世界的想象。

人类学告诉我们，当核心神话的结构发生变化的时候，社会的所有其他东西都会随之改变，然后就会出现人们过去无法想象的全新的可能性。当旧的神话坍塌时，变革就会发生。

神话开始坍塌

这个“发展”的故事之所以如此深入人心，其中一个原因就是其关于成功的核心叙事——这对于一个充满恶的世界来说真是一个鼓舞人心的好消息。这个故事的逻辑是，由于富国的慷慨相助，人类在战胜全球贫困的道路上又迈出了一大步，贫困问题将很快被遗弃在历史的垃圾桶里。这个充满希望的故事在过去几十年里不断激励着人们，并吸引着上百万热情的民众投入这项事业。但是近几年，公众的热情似乎减退了，许多人收起了彩色的条幅，静静地从这场狂欢中退场。发展机构发布了一篇又一篇报告，焦虑不安地分析“人们不再相信发展能够减贫”这一事实。英国一家名为“邦德”的发展机构援引相关调查数据并指出：“对许多公众而言，消除贫穷的努力似乎已经失败了，民众对于国际援助和全球发展行动的有效性产生了越来越多的怀疑。”

各大发展机构对这一趋势感到难以理解。在其看来，为发展所做的努力已经取得了瞩目的成功，儿童死亡率、产妇死亡率等问题的改善，意味着我们距离没有贫穷的世界又近了一步。不可否认，它们的确做出了一些可圈可点的成绩。例如，由可预防原因致死的儿童数量已经从1990年的1700万下降到2013年的800万，同期的产妇死亡率也下降了47%。这当然是值得庆祝的进步。[3]但是，如果把这些成绩等同于发展项目的整体成功，民众是不买账的。人们觉得，这些只不过是在边边角角的小小胜利，但整体情况并没有趋于改善，甚至可能在不断恶化。发展机构那些"消除全球饥饿""让贫穷成为历史"的口号始终没有兑现。所以，为什么要继续给它们投钱？为什么要让它们去鼓励虚假的希望？

民众是对的。以饥饿为例，1974年，在罗马举办的世界粮食会议上，时任美国国务卿亨利·基辛格(Henry Kissinger)有过一个著名的承诺——十年内彻底消除饥饿。当时，全世界饥饿人口的数量约为4.6亿。然而，饥饿不但没有消失，反而日益恶化。即使依据最保守的统计方法，目前全球的饥饿人口也有大约8亿人，更切实的估计则为20亿左右，几乎是整个地球人口的三分之一。[4]没有什么比饥饿人口的增加更能反映我们的失败，尤其是想到我们每年生产的食物养活全球70亿人绰绰有余，甚至足够我们再多养活30亿人。[5]

那么贫困问题呢？多年以来，发展机构都在告诉我们，绝对贫困人口的数量在稳步下降。联合国千年发展目标是全球第一个致力于消除贫穷的公开承诺。2015年，联合国发布了千年发展目标的最终报告，称贫困率已经降低到1990年的一半。这个官方发布的好消息迅速在媒体散播开来，并被非政府组织没完没了地引用。但这其实是个非常有误导性的消息。首先，几乎所有贫困的改善都发生在一个地方——中国。其次，这个好消息只强调了贫困人口的比例，而不是绝对数字。世界各国政府当初公认的衡量进步程度的指标是绝对数字，而全球贫困人口的绝对数字与1981年完全相同,是10亿人。过去35年,全球贫困问题没有得到任何改善。[6]

更何况,这个标准依据的是最低贫困线。实际的情况更加糟糕!标准的贫困人口衡量指标是那些每天生活费不足1美元的人口数量。但在许多南方国家,每天1美元根本不足以维持最基本的生存,遑论过一种有尊严的生活。许多学者指出,为了能获得充足的食物,活到正常的寿命,人从出生到5岁这个阶段所需的生活费应为标准费用的四倍。[7]那么,如果我们以这个更加实际的标准去衡量全球贫困状况,结果会怎么样呢?我们会看到,全球贫困人口的数量升至43亿。这是联合国希望我们相信的数字的四倍,占全球总人口数量的60%。我们还会发现,贫困问题正随着时间的推移不断恶化,从1981年到现在,全球贫困人口的总数增加了10亿人,这个数字大约是美国总人口的三倍。这就是全球贫困问题在过去几十年间的演化,这些数字背后,是难以想象的苦楚和困境。[8]

与此同时,不平等问题也日渐突出。1960年,是殖民地时代的尾声,当时世界上最富有国家的人均收入是最贫穷国家的32倍。这是一个巨大的鸿沟。发展机构告诉我们,这个鸿沟会缩小,但是并没有。相反,在之后的40年间,鸿沟已经扩大到原来的四倍:2000年,这个数字由32倍变成了134倍。[9]从地区的视角看,也会得出相同的结论:作为世界霸主的美国与拉丁美洲、撒哈拉以南非洲、南亚、中东及北非的发展中国家之间的财富差距约为1960年的三倍。[10]这就很难说是一个关于“赶超”的故事了。如果从个人角度看,全球不平等的问题就更严重了。2014年年初,乐施会的报告指出,全球最富有的85个人所积累的财富比全球最贫穷的36亿人(占总人口的50%)的总财富还要多。接下来的每一年,贫富差距都在不断恶化。2017年年初,达沃斯世界经济论坛召开之际,乐施会宣布,全世界最富有的8个人和最贫穷的36亿人财富总量相等。

毫不夸张地说,这些事实对于发展机构所标榜的成功故事是一个致命的打击。那些明显与事实相背离的故事是无法长期存在的。总有一天,谎言会不攻自破。

援助和发展产业正在努力应对这一生存危机。非政府组织注意到捐款数字不断缩水,于是开始拼命工作,以期挽回颓势。许多机构雇用了昂贵的公关公司,希望能改变人们的负面看法,使他们重新相信那个老套的故事。一旦"发展"的故事坍塌,代价将会是巨大的——人们对于现在全球经济秩序的信任也将坍塌。如果人们开始接受新的观点,即经过几十年的发展,贫穷不但没有减轻反而加重了,各国之间的贫富差距不但没有缩小反而增大了,那么所有人都会明白,现存经济体系存在着根本错误,它辜负了大多数人,改变迫在眉睫。现存的成功故事让人们长期依附于现有的体系,如果这个故事的合理性不复存在,那么人们也将不再相信它。

穷国为什么穷?

我从2005年开始在弗吉尼亚大学任教,每个学期开始的时候,我都会请学生们一起思考和讨论一个问题:穷国为什么穷?每一年他们的回答都差不多,你也许可以猜到。有人觉得穷是因为懒惰、生太多孩子或者落后的文化和价值观;也有人猜测是因为腐败、政府治理能力差、机构效率低；还有人认为有环境的因素，例如土壤不适宜农耕或气候导致热带疾病滋生。[11]甚至有人觉得，穷没有为什么，它们就是穷，生来如此，这只是发展的第一个阶段，穷国就像没有长大的孩子，它们只是“还没发展起来”。

这种思考方式便是杜鲁门的演讲导致的。这种说法使我们把世界各国看作一些互不相连的个体，就好像在各自跑道上向前跑的运动员，有的人领先，有的人落后；有的跑得快，有的跑得慢。这种差别可能是体制、治理水平或者气候造成的，[12]但无论什么原因，最后的结果由每个国家自己负责。所以，富国之所以富，是因为它们自己的天赋和努力；穷国之所以穷，它们也只能怨自己。这种说辞鼓励我们以一种“方法论民族主义”的视角看问题，即孤立地分析每个国家的命运，丝毫不从整体看问题。

杜鲁门这一步，走得很怪——他忽略了穷国和富国之间的关系，把它们之间的不同看作孤立的、不相关的事件，因而掩盖了西方和世界其他国家交织在一起的漫长历史，也抹去了其中至关重要的政治利益。杜鲁门并不是不知道那段历史。他知道美国从19世纪开始就在粗暴干涉拉丁美洲各国的内政，以保障自己在拉美的原材料供应。美国军队曾因为香蕉和制糖公司的授意，先后于20世纪20年代和30年代侵占洪都拉斯和古巴——这些事杜鲁门都亲身经历过。

当然了，还有欧洲列强，它们早在15世纪就建立了殖民地。事实上，欧洲的工业革命正是基于从各国殖民地榨取的资源才得以实现的。它们从拉丁美洲的山里开采的金银不仅为工业投资提供了资金，而且能够从东方购买土地密集型商品，将本国劳动力从农业生产中解放出来,投入工业生产。之后,美洲新大陆非洲奴隶生产的糖和棉花被运往欧洲,印度殖民地的谷物和非洲殖民地的自然资源也成为它们工业生产的原材料和能源,保障了欧洲工业化的主导地位。没有殖民掠夺,欧洲的发展根本无从发生。[13]

而这种掠夺给殖民地带来了毁灭性的后果。在拉美,7000万土著因此而丧生;在印度,3000万人在英国统治下死于饥荒。印度和中国人民的平均生活水平在殖民地半殖民地时期之前与英国持平,却在殖民地半殖民地时代暴跌。[14]它们在全球GDP中的占比也从65%下跌到10%,而欧洲的占比则是原来的三倍。受利益驱使的欧洲资本主义将人们强行从土地上分离,使他们不再能够维持自给自足的生活,大规模贫穷成为史无前例的社会问题。一些国家会成为发达国家就意味着另一些会成为欠发达国家。

而在杜鲁门的故事里,这些都被小心翼翼地擦除了。

“第四点”最初是讲给西方人听的——以这样的方式解释全球不平等,就能使西方国家免受罪责。但是,20世纪五六十年代,美国、英国和法国政府意识到这套说辞在国外也可以大行其道,于是就将其作为它们外交政策的一个武器。

后殖民时代,在南方国家不断萌发的进步观点让它们深感忧虑。新兴的独立国家领导人拒绝接受杜鲁门关于全球不平等的说辞。他们吸收卡尔·马克思(Karl Marx)、艾梅·塞泽尔(Aimé Césaire)和圣雄甘地

(Mahatma Gandhi)等思想家的观点,指出南方国家的发展困境并不是自然现象,而是西方列强几百年来主导的全球体系带来的后果。他们想改写全球经济的规则,使其对世界上的大多数人来说更公平;他们想阻止外国人掠夺本国资源,重新控制本来就属于自己的丰富原料资源,用于发展自己的工业,而不受西方的干涉。简而言之,他们想要正义——他们认为这是发展的基本前提。

在西方列强眼中,这个举动很危险,威胁到了它们的经济霸权,必须加以制止。它们需要一个方法平息人们的愤怒,于是在美国经济学家沃尔特·惠特曼·罗斯托(Walt Whitman Rostow)的著作中抓住了救命稻草。罗斯托是一位学者,同时兼任艾森豪威尔总统的外交政策顾问。他认为不发达国家的问题不是政治性的,而是技术性的,这与殖民主义和西方干涉都没有关系,而是源自这些国家的内部问题。如果穷国想发展,它们只需要接受西方的援助和建议,实行自由市场政策,沿着西方的"现代化道路"走下去。罗斯托把贫穷的原因归结为国内政治因素,这样不仅转移了人们的注意力,而且彻底把不平等的全球经济体系从人们的视野中抹除了。

1960年,罗斯托出版了《经济增长的阶段》(*The Stages of Economic Growth*)一书,宣称这是一份"非共产主义宣言"。这本书迅速在美国政府高层流行起来。20世纪六七十年代,美国政府在南方国家推行遏制战略,大肆宣扬罗斯托的理论,让全球不平等问题非政治化。罗斯托的理论的确是一个很有效的工具,肯尼迪总统任命他担任美国国务院的高层职位;后来,林登·约翰逊总统又将其升为国家安全顾问。循着杜鲁门的"发展"思路,罗斯托将"发展"的故事变成一次公关实践,只不过这一次它的对象不只是美国人，还有世界其他地方的人们。

但是，罗斯托的故事未能如愿奏效。新兴独立国家无视美国的建议，按自己的发展纲要，通过推行关税、补贴、公共健康及教育领域的公共开支等方式，推行贸易保护主义和财富再分配政策，以发展本国经济。这些政策成效显著。从20世纪50年代到70年代，当地人民的收入提高，贫困率下降，富国和穷国之间的差距史无前例地开始缩小。这没什么好惊奇的，因为这些南方国家所推行的政策，跟西方国家在自己经济建设时期推行的政策是一样的。

美国、英国、法国和其他西方国家对这些国家的发展感到不满。南方国家的政府所推行的政策损害了西方公司的利益，使它们无法再获得廉价劳动力和资源，减少了它们能获得的地缘政治利益。作为回应，它们暗中干涉南方各国的政治，推翻了许多民主选举的领袖，扶持那些更符合西方经济利益的独裁者。只要稍加留意，就会发现这些政变揭穿了杜鲁门和罗斯托之流的谎言，证实了南方国家领导人一直以来希望人们接受的观点。事实上，由西方支持的政变早在20世纪50年代就开始发生了，其中包括伊朗和危地马拉的政变。那时候，罗斯托还在忙于完成他的大作。不过，鉴于他和策动这些政变的艾森豪威尔政府走得很近，他很清楚发生了什么。实际上，他很可能参与了20世纪60年代由美国支持的巴西政变，那时他刚好在美国国务院任职。

尽管遭受到这样的攻击，南方国家仍然在崛起，并不断推进经济正义的进程。在联合国，南方国家的政府呼吁建立更为公平的国际秩序，并且初见成效。由于全球民主的新规则，北方国家似乎无法阻止南方国家的崛起了，但是到了80年代，情况忽然发生了变化。美国和西欧各国发现,它们可以行使自己作为债权人的权力,迫使南方债务国接受它们的经济政策,从而有效地远程控制它们,不需要亲自出面暴力干涉。它们利用债务迫使南方各国接受“结构调整项目”,从而将这些国家呕心沥血实施的经济改革成果付之一炬。它们不允许南方国家实行那些自己曾用过的有助于发展的政策,将它们通向成功的梯子一脚踢走了。

所谓的结构调整,是一种自由市场的休克疗法,它被包装成南方国家成功发展的必要前提,但最终效果适得其反:经济萎缩,收入暴跌,数百万人破产,贫困率飙升。在结构调整期间,南方各国的潜在GDP平均每年损失4800亿美元。[15]现在,越来越多的学者认识到,结构调整是殖民主义时代之后造成南方国家贫穷的最主要原因,而它也给北方国家的经济带来了巨大的好处。

随着结构调整,世界各国都被迫打开了市场。为了更好地控制全球经济,一个新的体系在20世纪90年代中期应运而生。这个新的体系由世界贸易组织负责运行,国家权力取决于市场规模,因此,北方的富国得以奉行符合本国利益的政策,即使这会伤害南方国家的利益。例如,广大南方国家不得不取消农产品补贴,但美国和欧盟国家却可以继续补贴本国农民,以削弱南方国家农产品的市场份额,而这是南方国家唯一一个拥有竞争优势的产业。这种权力失衡的局面在乌拉圭回合谈判中得到世贸组织的支持,根据测算,这给穷国造成每年高达7000亿美元的出口收入损失。[16]

如果我们在分析中引入历史因素,全球不平等的故事就会变得更加复杂,甚至带有一丝罪恶的色彩,那种把富国看作穷国救世主的观点就会显得十分幼稚。穷国并不是出于自身的问题无法攀上发展的高梯,而是因为它们被剥夺了发展的机会。发展机构喜欢用"未被充分开发"(underdeveloped)这个具有被动色彩的词来形容穷国,但是更准确的说法可能是把这个词改成及物动词——"无法发展"(under-developed),即通过外力有意阻碍、破坏或推翻一国的发展。[17]毕竟,贫穷不是天然存在的,而是被创造出来的。

反向援助

当我在课堂上讲这段历史的时候,我发现一些学生常常会感到不舒服。他们回应说:"是的,过去曾经发生过很可怕的事,但我们现在生活在一个更加公平、更有同理心的世界。"作为证据,他们总是引用每年援助预算的数字,指出富国每年会给穷国提供1280亿美元的援助。[18]

这是个很有力的观点。不断增加的援助预算,与那些宣扬全球贫困状况减轻的论调和方法论的国家主义假设一起,是官方讲述的"发展"故事的核心内容。援助的概念至少从杜鲁门时代就开始出现了,但它对世界产生持久影响力却主要拜另外一人所赐——美国经济学家杰弗里·萨克斯(Jeffrey Sachs),他曾任千年发展目标主任和联合国秘书长潘基文的特别顾问。萨克斯为人友善,相貌堂堂,从那种典型的技术官僚开始做起,最后成为我们这个时代推行国际援助的布道师,甚至成了如同摇滚明星一般的人物,两度入选《时代周刊》的"全球最具影响力100人"榜单。他2005年出版的畅销书《贫穷的终结》(*The End of Poverty*),提出了一个简短有力的论点:穷国的贫困问题不需要责难任何人,那只不过是由于地理环境和气候的差别导致的,很容易克服;如果富国能够把国际援助的数额提高到GDP的0.7%,我们就能用不到20年的时间根除全球贫困;穷国只需要支付必要的农业技术、基础医疗、水源清洁、基础教育和用电的费用,它们就能走上发展的正轨。

这里重要的不是提案的内容(基本上没什么人会反对),而是其背后所暗藏的逻辑。如罗斯托曾经坚持的一样,他认定富国不仅不需要对穷国的欠发达状况负责,而且还伸出了援手,试图通过爱的关怀缩小差距。萨克斯的观点让援助的说法重新焕发生机,全世界各大富国政府积极响应,很多富国也随之提高了国际援助的支出。"援助说"受到追捧,是因为它推翻了那些将南方国家的不幸归因于西方列强的说法。美国和英国在2003年入侵伊拉克,至少部分原因是为了获得该地区丰富的原油储备;2004年,布什政府支持了推翻海地让-贝特朗·阿里斯蒂德(Jean-Bertrand Aristide)进步政府的行动,并暗中支持推翻委内瑞拉总统乌戈·查韦斯(Hugo Chávez)的政变。这种强力干预,始于20世纪50年代的艾森豪威尔,并一直延续下来。然而,持续不断的国际援助却成为西方国家"仁爱之心"不可辩驳的证据,这就是认知管理的结果。

如果细细探究,国际援助这个维度也经不起推敲。的确,1280亿美元的援助金是客观存在的,但是如果我们把视野放宽一些,放在特定语境里审视它,就会发现西方国家流出的援助金额远远小于其从贫穷国家得到的财富。对比一下就会发现,用于援助的那点预算只不过是涓涓细流。

2016年年底,位于美国的非营利机构全球金融诚信组织(Global Financial Integrity)和挪威经济学院(Norwegian School of Economics)应用研究中心联合发布了一组数据,能够真正改变我们的认知。它们计算了每一年在穷国和富国之间发生的全部财务数字,不仅包括在之前的研究中收集的援助、外国投资、贸易流通等数据,还包括债务减免、汇款、资本外逃等其他资本转移形式。这是有史以来最全面的资源转移分析。它们发现,2012年,也就是有数字记录的最新一年,发展中国家的流入金额略超过2万亿美元,包括所有的援助、投资和境外收入,但是同一年流出发展中国家的金额是这个数字的两倍多——约5万亿美元。[19]换句话说,扣除收入的部分,发展中国家将约3万亿美元拱手送给了发达国家。如果我们把1980年以来的数据加在一起,净外流数字达到令人震惊的26.5万亿美元——这就是全球南方国家在过去几十年间被榨取的资源。更直观一点说,26.5万亿美元这个数字,大约相当于美国和西欧GDP的总和。

这样巨大的资本外流都包括哪些呢?一部分是债务。如今,贫穷国家每年向外国债权人支付的利息就超过2000亿美元,[20]其中很多都是已经付清的旧债的利息,还有一些是过去贪婪的独裁者积累的债务利息。从1980年至今,发展中国家已经支付了4.2万亿美元用于偿还债务利息,这比它们同期获得的援助多得多。这些钱大多通过现金转移的方式打到纽约和伦敦的大银行,直接进了西方债权人的腰包。

还有一个重要因素是,外国人在发展中国家投资获得的收益会转移回自己的国家。比如,你可以想想壳牌从尼日利亚油田获得的丰厚利润,或者英裔美国人从南非金矿所攫取的巨额利润。外国投资者每年从发展中国家获取的利润大约有5000亿美元,其中大部分都回流到富裕国家。[21]此外,普通欧美人也能通过投资行为获得利润,比如持有南方国家的股票和债券,或者通过养老基金的方式。当然还有许多更小的外流形式,比如,根据WTO关于知识产权的协议,发展中国家每年需要额外支付600亿美元给外国专利拥有者,以获得那些发展经济和公共卫生事业所必需的技术和药品。[22]

但目前,发展中国家资金外流最多的形式是资本外逃。根据GFI的计算,自1980年以来,发展中国家因资本外逃所造成的损失高达23.6万亿美元,其中很大一部分是通过国际收支平衡中的"漏出"完成的,单这一项就使得发展中国家每年损失9730亿美元。[23]还有一种是通过进出口伪报的非法操作完成的。简单来说,国内和国外的公司都会在交易账单中虚报价格,从而神不知鬼不觉地将钱从发展中国家转移到避税港和保密管辖地。进出口伪报使发展中国家每年损失8750亿美元。同样地,转让定价操纵也占每年资本外逃的很大一部分。跨国公司利用这种机制非法转移在不同国家的分公司的利润,从而将钱转移出发展中国家。[24]这种操作通常用于避税,但有时候也被用于洗钱或规避资本管控。

每年3万亿美元的资本净流出相当于每年国际援助总额的24倍。换句话说,发展中国家每接收1美元的援助,它们的净损失就相当于24美元。当然,这是个总额,有的国家比率更高一些,有的国家比率稍低一些。但无一例外的是,这种资本外流剥夺了发展中国家本可以用于发展的利润和金融资源。GFI的报告提出,日益扩大的资本净流出(自2009年以来每年增长20%),已经造成发展中国家经济增长速度的放缓,并直接造成了当地生活水平的下降。

这意味着,穷国是富国的净债权国——这与我们通常的印象恰好相反。但是,如果在更广泛的背景下审视援助资金,我们不应该只看到资本外流,还应该看到发达国家制定的政策给发展中国家造成的损失和成本。例如,20世纪八九十年代强加于南方国家的结构调整,使得这些国家每年损失约4800亿美元的潜在GDP。这个数字约等于现在每年援助资金的四倍。更新近的例子是,世界贸易组织的失衡,造成了发展中国家每年7000亿美元的潜在出口收入损失,这个数字是每年援助资金的六倍。

然而,最重大的损失还不是这些,而是通过贸易造成的剥削。从殖民主义到全球化,北方国家的主要目标一直都是降低劳动力成本和从南方国家购买廉价商品。过去,殖民国家可以直接在殖民地国家强行颁布条款。现在,由于贸易在理论上是“自由”的,富国的优势就在于,它们在贸易中有更强的议价能力。此外,贸易协议使得穷国无法像富国那样保护本国的劳动者。由于跨国企业现在能够在全球寻找最廉价的劳动力和商品,为了在竞争中取胜,穷国只能被迫压低自己的价格。以上种种导致穷国的劳动力和商品的实际价值和定价之间存在着巨大的差距。这就是经济学家所说的“不等价交换”。20世纪90年代中期是结构调整的高峰期,当时南方国家每年因不等价交换造成的损失高达2.66万亿美元(按2015年的价格),这种隐性价值转移的量是现在援助资金的21倍,更使得外国直接投资的数字相形见绌。[25]

我们还可以列举许多其他的结构性损失和成本。比如,行动援助组织(Action Aid)的报告称,跨国企业每年通过免税期的形式从发展中国家抽走1380亿美元。[26]单是这个数字,就超过了全球的援助金额。

外籍人员向本国汇款时,要支付高昂的交易费用,每年给这些家庭造成的成本高达330亿美元。[27]此外,由于援助付款的不确定性,南方国家规划投资和预算变得困难重重,由此造成的GDP损失达到每年270亿美元。[28]还有许多难以计量的经济损失。[29]例如,2000年以来,南方国家被抢走了大约1.62亿英亩①土地(比英格兰土地面积的五倍还多)。当然,发展中国家还需要承受气候变化带来的后果,这些气候问题几乎全是富国造成的,却给穷国带来每年大约5710亿美元的损失。[30]

事实已经很明显了:援助资金微不足道,比起南方国家所遭受到的结构性损失和资金外流的损失,甚至显得有些荒谬。的确,一些援助长远看来能够改善人们的生活,但是远远不足以弥补富国给穷国造成的损失。事实上,有部分损失正是援助机构所造成的。[31]例如,世界银行从南方国家的债务中获利;盖茨基金会通过知识产权制度获利,因为专利制度使得南方国家必须支付高得离谱的费用,才能获得那些能救命的药品和必需的技术;至于摇滚明星波诺,则受益于避税港系统,从而从南方国家获取利润。

这里并不是要反对类似的国际援助。我想说的是,这种国际援助的论调使我们无法看到更全面的图景,掩盖了那些榨取南方国家利益并造成其贫困、阻碍其发展的行为。慈善让真正的问题变得模糊了,它使人们认为西方国家在"开发"南方国家,但实际上恰恰相反。不是富国在发展穷国,而是穷国在发展富国——并且从15世纪末就开始了。所以,这些国际援助的说辞不但误解了贫穷的真正原因,而且加剧了贫穷。就好像杜鲁门时期一样,国际援助成为一种宣传工具,把获益者假

① 1英亩约为0.004平方米。

扮成赠予者,掩盖了全球经济的实际运作模式。

弗朗茨·法农(Frantz Fanon),来自马提尼克岛的著名哲学家,阿尔及利亚反殖民斗争的思想先驱,有过这样的经典表述:

"殖民主义和帝国主义者还没有把它们曾经在我们领土上欠下的债还清。帝国主义国家的财富也是我们的财富。欧洲就是第三世界国家的产物,欧洲人享用不尽的财富正是从不发达国家人民手中抢走的。所以,我们不认为那些给予不发达国家的援助是一种'慈善'。这种援助必须建立在一种双重意识之上,即殖民地国家的人认为这是他们该做的,同时资本主义列强意识到这是它们应该偿还的。"

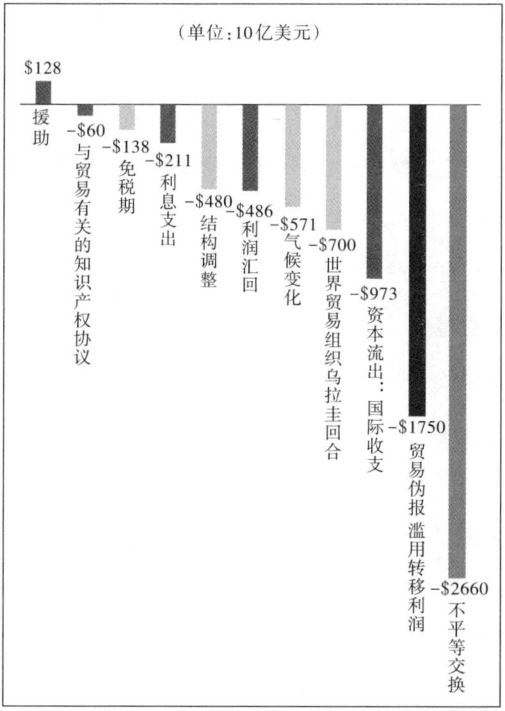

图1 年度受援额、选择性流出(暗灰色)和结构性损失(亮灰色)比较[32]

法农认为,南方国家的贫穷不是自然现象,就像西方国家的富有也不是自然现象。贫穷从根本上说是不断掠夺带来的不可避免的后果,这等于牺牲了大多数人的利益,满足一小部分人的利益。把援助当成消除贫穷的可行办法,无疑是痴人说梦。援助不仅不可行,而且具有欺骗性。富国假装用一只手修复它们用另一只手造成的破坏,一边缠上绷带,一边施加更为深重的伤害,还声称这么做是出于仁义。

几年前,我去过一次约旦河西岸的巴勒斯坦。在一个异常炎热的下午,当地人驱车带我前往约旦河谷,与当地农场主聊聊水源问题。一路上都是磕磕绊绊的砂石路,我们看到,在沙漠的岩石之间竖起一个巨大的白色指示牌,上面宣称美国国际开发署(USAID)要在当地开掘一口新井,以"减轻当地水资源短缺的问题"。指示牌上还印着美国国旗和一句颇为自豪的话:"这是美国人民送给巴勒斯坦人民的礼物。"

那些偶尔经过的人可能会发出赞叹:"美国政府出于人道主义精神,大方地用本国纳税人的钱支持贫困的巴勒斯坦人民在沙漠中艰难求生。"但是,巴勒斯坦并不存在水资源短缺的问题。1967年,以色列侵占了约旦河西岸,在美国的武装支持下,以色列声称对其领土下的蓄水层拥有绝对控制权。以色列抽取了接近90%的水源,用于自己的居民用水和工业化大农场的灌溉。由于地下水位下降,巴勒斯坦的水井都枯竭了。没有以色列的允许,巴勒斯坦人不能深挖水井,或者开凿新井,而以色列从没允许过。如果巴勒斯坦人未经允许偷偷挖井,以色列的推土机第二天就到。因此，巴勒斯坦人只能通过高昂的价格从以色列人那里将本来属于自己的水买回来。

这不是什么秘密，就发生在众目睽睽之下，我访谈的农场主都很清楚这个状况。对他们来说，美国国际开发署的指示牌只不过是在伤口上撒了一把盐。他们并不是缺水，而是有人把他们的水偷走了，而且是在美国的支持下。2012年，就在我到访巴勒斯坦之前两个月，联合国大会通过了第66/225号决议，呼吁恢复巴勒斯坦人对本国水资源的所有权，167个国家投了赞成票，而美国和以色列投了反对票。

我讲述这则见闻，不只是为了说明援助常常没有聚焦重点，也是想要揭示一个更重要的真相。穷国不需要我们的援助，它们只需要我们停止剥削它们。如果我们没有确定全球贫困的结构性动因，改变财富攫取和积累的底层结构，所有促进穷国发展的努力都将继续年复一年失败下去。我们会看到贫穷的数字不断增加，穷国和富国的差距不断增大。这对于数百万善良的、相信“发展”故事的人来说，将是难以接受的事实。核心神话的崩塌，将造成可怕的后果，至少对我来说是这样的。但它也将打开一个全新的世界，充满令人兴奋的可能性，为一个不一样的未来铺平道路。

二、贫穷的终结……被推迟了

一切都堕入迷雾之中。过去的被抹杀,被抹杀的被遗忘,谎言变成了真理。

——乔治·奥威尔

2000年9月的一天,天气凉爽,全球领导人相聚在纽约联合国总部,签署了《联合国千年宣言》(United Nations Millennium Declaration,后文简称《千年宣言》)——现代历史上最重要的国际条约之一。这是一个具有纪念意义的时刻。这是全球领导人第一次共同致力于解决各种发展问题。会议的主要目标是要在2015年使全球贫困和饥饿水平降低一半,这一承诺吸引了全球的目光。

纽约的大会之后,联合国全员开始努力推进《千年宣言》的具体方案,制定出八个具体的、可衡量的目标,这一系列目标被称为"联合国千年发展目标"。第一个目标是贫困和饥饿减半,还包括一些其他目标:

实现普遍的基础教育,减少教育上的性别不平等;将儿童死亡率降低到世纪初的三分之一,将产妇死亡率降低到世纪初的四分之一;遏制艾滋病和疟疾的蔓延。依靠国际援助和来自富国的其他形式的帮助,贫穷国家自身负有完成这些目标的责任(因为预设的前提是贫穷与国内政策有关)。

千年发展目标发布之后,这个项目又通过声势浩大的公关推广成为公众关注的热点,并在全球政策制定中被摆在突出位置。它很快变成21世纪最大的国际间协作行动。每一年,联合国都会发布一份报告,将最新进展告知全世界。12年过去了,在距离截止日期还剩三年的时候,联合国宣布第一个目标已经达成。他们声称,贫困率已经下降了一半,饥饿减半的目标也很快就要完成。

很多人对这份声明感到震惊。当时,全世界都处于近一个世纪以来最严重的经济危机中,西方国家经济萎缩,南方国家的出口贸易受挫,失业率上升。更为雪上加霜的是,前所未有的食品价格飙升也使得那些最贫穷的国家遭受重创。分析人士都认为会有更多的贫困和饥饿发生,然而媒体却在大肆宣传相反的结论。联合国报告发布后不久,《经济学人》杂志发布了一篇广为传阅的文章,题为"值得庆祝的时刻:人类历史上首次实现了遍及世界的贫困人口下降"。同一年,查尔斯·肯尼(Charles Kenny)出版了《越来越好:为什么全球发展事业正在走向成功?》(*Getting Better: Why Global Development is Succeeding*)一书,由比尔·盖茨作序。盖茨本人也在2014年发表公开信,开篇说:"从任何一个维度上看,世界都变得比以前更好了。"瑞典学者汉斯·罗斯林(Hans Rosling)也继续发表热忱的演讲,以华丽的说辞阐释贫困状况如何得到了持续的改善。罗斯林的TED演讲“你所见过最好的统计数字”有超过1000万的点击量。联合国发布的关于贫穷下降的数据很快成为世界上被提及频率最高的统计数据之一。

这就是我所说的关于贫穷的“好消息叙事模式”。这是一个让人愉快的故事,与人们日常看到的令人沮丧的传闻形成了鲜明对比。毕竟,回望过去,意识到事情不像看起来那么糟糕,整个世界从更广的范围上看还是在逐渐变好,这令人们感到欣慰。这个故事守护着我们的文明,印证了我们内心关于“进步”的根深蒂固的信念。

这也是一种强有力的政治工具。好消息叙事模式以不容置疑的方式使我们相信,全球经济体系正在正确的轨道上运行。背后隐含的意思是,如果我们想要根除贫穷,就必须继续现在的状态,而不是做根本的变革。对于那些想要维持现有分配秩序的人——比如说,全球1%的人——好消息叙事模式的确非常有益。有时候这种论点会以非常直白的方式表达。2015年年初,《旁观者》(*Spectator*)发表了一篇博客,题为“乐施会不想让你知道的事:全球资本主义意味着比以往更少的贫穷”。博文中援引了千年发展目标中关于绝对贫困减少的统计数据,并随之以一个图表展现不发达地区营养不良人群的比例不断减小。作者辩称,社会不平等和最富有的1%的人的财富积累问题,其实是言过其实的。最富有的1%的人的财富的确比剩下所有人加起来占有的财富还要多,但这是可以接受的,因为现行体制在使他们变得富有的同时,也降低了发展中国家的贫困率。作者写道:“此时此刻,我们正在经历减少贫穷的黄金时代,所有力图解决全球贫困问题的人都应该承认,不管我们当下在做什么,它的确奏效了——所以,我们应该继续做下去。

我们正向着一个不可思议的目标进发,那就是在有生之年彻底消除贫穷。如果比起伤害富人,你更在意帮助穷人,那你就会为此感到庆幸,并敦促领导人们继续推行自由贸易和全球资本主义。这是唯一能使贫穷成为历史的道路。”

当然,即使我们接受好消息叙事模式的表面价值,它也无法告诉我们,这些成果是否如《旁观者》所言,是自由市场资本主义在全球范围内急速扩张的直接结果。事实很可能是,尽管在这种不利情况下人们还是取得了进步,但很明确的一点是,当谈及全球贫困问题时,政治导向是很强的。如果贫困率以前所未有的速度下降,就能给现有的经济体系一个很强的背书;如果贫困率只下降了一点点,但是不如以前下降得快,那可能就意味着我们的体系不够好;如果贫困率完全没有下降,甚至上升了,那就有了改弦更张的绝佳理由。由于这些因素,我们必须确保了解事实。

千年发展目标的一些论点很有说服力,也的确值得庆贺。5岁以下儿童的死亡人数从1990年的1270万下降到2015年的600万,这意味着每天死亡的儿童数量减少了1.8万,的确是巨大的进步。同样地,产妇死亡率在千年发展目标期间也下降了45%。[33]基础教育入学率在上升,艾滋病和疟疾感染率也显著下降。尽管联合国认为在理论上这些方面还尚未达成目标,但这些数字无疑充分证明了我们所取得的进步。

然而,报告标题中的乐观论调,即认为贫困和饥饿已经减半,却有些站不住脚。如果我们仔细审视,就会发现全球贫困的真实状况远不像我们被引导着去相信的那样乐观——事实几乎是官方口径的反面。这是为什么？发生了什么？关于全球贫困和饥饿的更准确的描述是怎样的？

伟大的消除贫穷行动

要理解减贫的故事问题出在哪里，我们要从头说起。第一个关于减少全球贫困的多边协议签署于1996年，全球各国首脑齐聚美丽的罗马，参加世界粮食首脑会议（World Food Summit），做出了一个大胆的承诺："我们承诺，我们将共同致力于保障所有国家的粮食安全，不断努力消除所有国家的饥饿问题，短期目标是在2015年之前将营养不良的人口数量降低到现在的一半。"这里关键是要注意到，目标是将营养不良人口的绝对数字减半。《罗马宣言》将饥饿而非收入作为贫穷的主要维度，为后来的这类目标在衡量指标和愿景设置方面开了一个重要的先例。

四年后，全球领导人聚集在纽约，签署《千年宣言》，首次提出了收入贫穷的明确目标，这在历史上是首次。这份宣言获得了广泛赞誉，但是那些认真审视的人觉得没什么好庆祝的，因为目标的设定已经悄悄偏离了《罗马宣言》。新的承诺是以2000年的水平为基准线，将全球依靠每日不到1美元的收入维生的人口比例减半，将挨饿的人口比例减半。[34]从绝对数字变成人口比例，目标变得容易达成了，因为可以利用人口增长的便利。只要贫困状况没有在绝对水平上变得更严重，人口比例上的数字就会自动显得更好看。在同一时段内，贫困人口的绝对数字为16.73亿，将贫困人口数量减半意味着减少8.36亿贫困人口；但是将贫困人口比例减半只需要减少6.69亿贫困人口——这显然降低了目标的难度。这是统计学上的一个杰作,几乎没有人注意到这个变化。

这还只是个开始。《千年宣言》通过之后,联合国将其细化为我们都已熟知的千年发展目标。在此过程中,千年发展目标中关于消灭贫穷的目标(以下简称MDG-1)又被掺入了新的水分,而这一次是封闭进行的,没有任何媒体评论。首先,他们将“全世界贫困人口比例减半”变成“不发达国家贫困人口比例减半”。由于不发达国家的增长速度高于全球发展速度,这种计算方式的改变使得计算比例时可以利用分母的快速增长。此外,还有一个重大变化:将计算的起始点从2000年提前到1990年。这给了他们更多时间实现目标,扩大了增长的区间,并使他们可以将千年发展目标开始之前的贫困下降也算成自己的功绩。特别是这种计算方式可以利用中国在20世纪90年代取得的突破,[35]那段时期中国有上亿人摆脱了极端贫困,千年发展目标却把这算作了自己的胜利。[36]

新一轮的统计学伎俩让目标更进一步缩水了。《千年宣言》的目标是减少6.69亿贫困人口,MDG-1将承诺数字减少到4.9亿。还有另外一种方式理解这个变化。世界各国政府最初的判断是2015年全球贫困人口不应超过10.04亿。这是一个绝对上限,超过这个数字,在道德上绝对是不能接受的。但是后来,它们决定将这个上限上调到13.27亿,这就相当于宣称,到2015年忍受极端贫困的人口比原本增加3.23亿是可以接受的。这也意味着它们允许自己在抗击贫穷的战斗中可以不必那么激进,在最初的目标中,每年要将贫困人口比例降低3.35%,而在最终的目标中,这个年度目标变成更容易的1.25%。[37]对比一下,新的目标几乎不需要费力就能达到。

MDG-1背后的道德标准也值得商榷,因为它对道德规范的接受程度非常宽松。但对那些致力于推广好消息叙事模式的人来说,这种道德上的宽松就变得非常有利。通过重新定义目标,千年发展目标能够在贫穷并没有被减半的情况下就声称完成了。

表1　减贫目标

	基准年（年）	基准贫困人数（百万）	承诺至2015年减少人数（百万）	至2015年减少比例（%）	年均减少比例（%）
千年发展目标MDG-1	2000	1673	669	40	3.35
	1990	1817.5	490	27	1.25

数据来源:改编自博格著《世界贫困如何衡量》

关于贫穷减少的好消息叙事模式能够推行,是因为目标的设定方式变了,但那并不是唯一的策略。[38]

怎么才能界定贫穷？贫困线是各个国家通常采用的方式,贫困线本应反映的是一个普通成年人维持生存所需的全部必要资源的总费用。最近的历史告诉我们,贫困线在不同情境下不具有可比性:索马里的贫困和智利的贫穷不是一回事。然而,人们仍孜孜不倦地寻找一个统一的衡量标准去度量世界各地的贫困率。在世界银行工作的澳大利亚经济学家马丁·拉瓦雷（Martin Ravallion)是第一个以统一标准衡量全球贫困状况的人。1990年,他注意到一部分全球最贫穷国家的贫困线集中在每天1.02美元，因此觉得将其作为衡量绝对贫困的最低门槛是合理的。[39]在拉瓦雷的建议下，世界银行将每天1美元作为史上第一条国际贫困线。

但是国际贫困线引起了一些麻烦。根据这条贫困线，世界银行被迫在2000年的年度报告中宣布贫困人口增加了。“每天生活费不足1美元的人口数量继续上升，”报告称，“全球贫困人口总量从1987年的12亿增加到现在的15亿，如果最近的趋势持续下去，到2015年这个数字将达到19亿。”[40]这个消息令人警醒，预言了一个麻烦重重的未来。不仅如此，报告还表明，在20世纪80年代到90年代，世界银行和国际货币基金组织以“发展”的名义向南方国家做出的结构调整实际上使整个状况恶化了。[41]这一结论暴露出了世界银行的严重问题。如果以这种方式去衡量减少贫穷的成果，那么显然地，结构调整应该被叫停，世界银行将不得不承认自己犯下了代价高昂的错误。这意味着停止全世界范围内强制性的市场自由化和私有化，对于跨国公司和南方国家的精英来说无疑是个坏消息，毕竟他们从中获利颇多。这会是一个戏剧性的时刻，世界银行推崇的彻底的自由市场政策将被扔进历史的垃圾桶。

但是，这个报告发布后不久，世界银行的故事就变调了。2001年，时任世界银行行长詹姆斯·沃尔芬森(James Wolfensohn)发表演讲，宣称强制实行自由市场政策实际上降低了不发达国家的贫穷。他说：“在过去几年间，更好的政策促使不发达国家的人均收入获得了20世纪70年代中期以来的最快增长。更快速的增长意味着贫穷的下降：最近几十年，全世界贫困人口的比例稳步下降，从1990年的29%下降到1998年的历史新低——3%。过去两百年一直在稳步增长的全球贫困人口，从1980年以来已经减少了大约2亿人。”[42]

奇怪的是，沃尔芬森在演讲中承认了，人均收入在20世纪70年代中期以前增长得更快，这等于承认了世界银行在20世纪80年代到90年代的结构调整项目减缓了进步的速度。但他同时也声称，这20年里贫困状况得到了改善——正是这个部分吸引了所有人的注意。媒体跟风追捧，不再质疑世界银行的政策，转而盛赞其在抗击贫穷方面取得的胜利。那是2001年。三年之后，世界银行公布了最新的官方数据，宣称抗击贫穷的成果比沃尔芬森当初所说的还要成功：在1981年至2001年的20年间，大约有4亿人脱离了绝对贫困。故事变得越来越动听。[43]

世界银行的贫困数字是如何从上升趋势忽然变成下降的？简单来说，是因为他们修改了全球贫困线。2000年，他们将贫困线从1.02美元提升到1.08美元，尽管新的贫困线看起来只比过去高一点点，但按照新的购买力平价（purchasing power parity）计算，贫困线实际上是调低了。购买力平价每隔几年都会更新，以调整因美元贬值造成的购买力下降。如果美元的购买力下降，人们购买同一件物品需要的美元数量就变多了。因此，贫困线需要周期性“提升”以反映这种购买力的变化。但贫困线的变化不足以反映购买力下降的水平，因此新的1.08美元贫困线的实际购买力低于之前的1.02美元。通过降低贫困线，贫困人口的数字就降低了。新的贫困线一经发布，贫困人口数字一夜之间就下降了，尽管实际上什么变化都没有发生。

启用新的贫困线与实施千年发展目标刚好是同一年，它成为千年发展目标衡量绝对贫困的官方标准。通过这个微小的调整，一位经济学家手腕一抖，就让整个世界看起来变得更好了。

2008年,国际贫困线第二次调整,从1.08美元调整到1.25美元。世界银行的经济学家称,新的贫困线基本与之前的购买力相同,但耶鲁大学教授托马斯·博格(Thomas Pogge)和新学院(New School)经济学家桑杰·雷迪(Sanjay Reddy)等人却指出,两者之间没有可比性。[44]绝对贫困的人口数量再一次一夜之间发生了变化,只不过这一次,增加了4.3亿人。第一眼看起来,这似乎是一个让人震惊的坏消息,对原来一直向好的叙事模式是一个沉重的打击,但世界银行又读出了其中光明的一面,即贫困下降的趋势自1990年以来变得更加明显。根据1.08美元的贫困线,贫困人口在1990年至2005年减少了3.16亿;而根据新的贫困线,这个数字变成了4.37亿,造成了一种假象,仿佛从贫困中被拯救出来的人多了1.21亿。千年发展目标接受了新的贫困线,从而得以把工作数字说得更漂亮。

在有关贫穷的故事里,还有很关键的一点常常被忽略。记得吗,千年发展目标将基准年提前到1990年,从而可以将中国扶贫的成果囊括在内?如果把中国从整体数字中拿掉,会怎么样呢?我们会发现,20世纪80年代至90年代,全球贫困数字增加了,而那时,世界银行正在整个南方世界实施结构调整。现在,极端贫困的数字与1981年完全相同,有超过10亿人。换句话说,尽管现行的好消息叙事模式引导我们相信,全世界范围内的贫困数字正在下降,但真实的情况是,只有中国以及其他一些东亚国家和地区才有实质性的减贫。这一点很重要,因为这些地方是为数不多的没有被世界银行和国际货币基金组织强制推行自由市场资本主义的地方。[45]而在其他地方，贫穷没有得到改善，甚至是在不断恶化。无论世界银行如何美化相关数字，这都是无法掩盖的事实。

饥饿问题怎么样了？

千年发展目标的好消息叙事模式试图将我们的全部注意力都引向贫困问题。但是《千年宣言》的另一个重大目标——减少饥饿——又完成得怎么样了呢？长期以来，我们都没怎么听到关于饥饿问题的讨论，很可能是因为各国政府无法完成这个目标——在实施千年发展目标期间，全世界饥饿人口数量一直在稳定上升。1996年，全世界共有7.88亿饥饿人口，各国首脑信誓旦旦地表示，要在2015年之前将饥饿数字减半。2009年，饥饿人口的数字是10.23亿，增加了约30%。这个趋势变成各大强国的心头刺，毕竟，检验经济体系成功与否的最好方式之一就是证明饥饿在不断减少，如果饥饿人口保持不变，甚至上升了，那就很难说整个体系是没有问题的。

当然，把基准年份提前到1990年以后，饥饿的趋势看起来就好一点了，再加上衡量方式从绝对数字变成了百分比，整个情况看起来又变好了一些。但尽管有这些调整，2009年的饥饿人口还是比1990年增加了21%。联合国被迫承认了失败，发布一份报告，承认饥饿的目标无法实现，“饥饿状况在过去十年间不降反升”[46]。

情况看起来糟透了，直到2012年，联合国负责计算饥饿人口数字的粮食及农业组织（Food and Agriculture Organization，下文简称粮农组织)忽然开始讲述一个与之前截然不同的故事。就在千年发展目标到期前的三年,粮农组织宣布“优化”了计算饥饿人口数字的方法,于是最终调整后的数字又能够讲述好听的故事了:1990年,欠发达地区的人口中有23%营养不良,而联合国很高兴地宣布,这一比例降到了15%。当然,目标仍未达成,有关饥饿的绝对数字有点拿不出手:25年来,饥饿人口从10亿减少到8亿。而减少的饥饿人口几乎都在亚洲,非洲营养不良的人口却增加了。千年发展目标2013年年度报告称:“减少饥饿所取得的进展比我们预想的要更显著,在2015年之前将饥饿人口减半的目标有望达成。”[47]

这个结论是怎么推导出来的?他们是怎么把一场危机改写成一个振奋人心的故事的?都拜所谓的新方法所赐!新模型不反映经济危机的影响,所以其中的数字没有体现由2007年食品价格危机和2008年金融危机导致的爆发式的饥饿问题。而且,粮农组织修改了其对各国粮食供给的估计,[48]“放宽”了关于能量摄取的预设,并降低了饥饿的门槛。这样,比起之前的衡量方式,整个局面看似得到了更快速的改善。[49]所有这一切都使得饥饿的状况看起来比以前好多了,媒体开始大肆宣传新的故事,而毫不质疑其背后统计方法的改变。

即使把关于统计方法的问题搁置一边,也有一个主要问题——联合国对饥饿本身的定义。联合国认为,只有持续超过一年摄入的能量“无法满足久坐不动的生活”(即每天不足1600~1800卡路里)时,才能被定义为“饥饿人群”。[50]问题是,大多数穷人无法做到久坐不动,事实上,他们通常从事繁重的体力劳动,所以需要的能量比联合国划定的标准要高得多。例如,印度的人力车夫平均每天需要3000~4000卡路里的能量。[51]粮农组织本身也注意到这个问题,其2012年的年度报告称,"贫困和饥饿人群很可能从事艰苦的体力劳动",并认为其对饥饿的核心定义是"狭隘"和"保守"的,只关注"能量的绝对匮乏",因而"显然不足以"据此制定相关政策。[52]报告承认了大多数穷人所需的能量应该满足"正常"甚至是"高强度"活动的需要。

所以,如果我们以这些更为准确的标准去衡量饥饿状况的话,会怎么样呢？根据粮农组织的数据,世界上有15亿至25亿饥饿人口,相当于千年发展目标所披露数字的两到三倍,[53]而且即使是基于粮农组织的统计方法,整个趋势也在上升。

这些还不够。粮农组织定义饥饿的另外一个问题是,只考虑了能量。这样,那些严重缺少基础维生素和营养物质的人(全球大约有21亿人面临这样的状况),只要摄入足够的能量,保证心脏能正常跳动,就不算饥饿人群了;那些体内有寄生虫的人,尽管吸收不到足够的营养,也被排除在外了。[54]毕竟这个统计方法只计算能量摄入,而不是实际获得的营养。那些连续数月吃不饱饭的人也不算饥饿人群,因为超过一年才算。粮农组织称:"食物不足的情况应持续足够长的时间,才会造成危害健康的后果。尽管暂时性的食物短缺会对健康造成一些压力,但粮农组织的数据是基于一整年的情况。"[55]换句话说,在没有任何支持性证据的情况下,粮农组织认为持续11个月的饥饿对人的健康没有损害。[56]

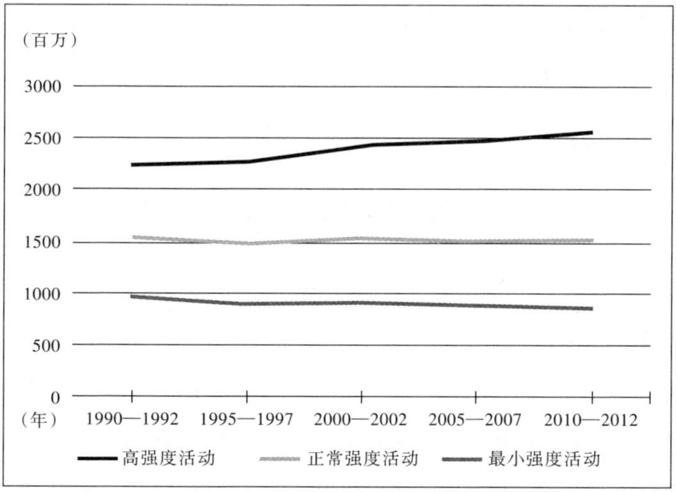

图2 全球饥饿人口

数据来源:粮农组织《2012年粮食缺乏国家》

鉴于此,我们完全可以认为,千年发展目标中的论述大大低估了全球饥饿的规模,它只在意人们是否活着,只是为了让数字好看一些,而几乎不关心这些人过的是什么样的生活。在我们身处的时代,全球每年生产的食物足够提供所有人每天3000卡路里的能量,这一事实被反复提及,然而全球饥饿的悲剧仍在延续。[57]饥饿并不是绝对匮乏导致的,而是分配的问题。过多的食物流向富裕国家,而且有很多都浪费了。美国和欧洲人购买的食物有一半都扔进了垃圾桶。[58]联合国发现,只要将全球食物浪费减少四分之一,并将这些食物派送到需要的地方,就能大大改善全球饥饿问题。[59]

托马斯·博格的观点是,减贫的成败不应该以贫困人口占全部人口的百分比衡量,也不应按照绝对人口数量衡量。他认为:"要定义现在的贫穷,在道德上更合理的方式不是与历史基数相比较,而是与当下的可能性做对比,即现在的贫穷在多大程度上是不可避免的?[60]如果以这个标准衡量,我们这一代人所经历的状况比人类历史上任何一个时代都要糟糕。"

以更诚实的方式审视贫穷

现在,让我们回到千年发展目标中的一个观点——当今世界上有10亿人生活在绝对贫困中。无论怎么看,这个数字都使人瞠目结舌,也尖锐地指出了我们现行的全球经济体系的问题。越来越多的学者开始认定,实际情况要比这坏得多。他们开始质疑,每天1美元的标准是否是衡量贫穷的恰当指标。千年发展目标中采用的每天1.25美元的全球贫困线是基于15个最贫穷国家的国家贫困线设定的。我们为什么要相信那几个最贫穷国家的贫困线?我们为什么要相信这些贫困线能够准确反映这些国家的实情?如果这些国家设定贫困线的机构没有采集到足够多的数据样本怎么办?如果它们出于国家形象的考虑,人为操纵了这些数据怎么办?

就算我们假定这些国家的贫困线都是准确的,用这些贫困线来计算国际贫困线就意味着将贫困线定在了最低的标准上。这个标准使我们无法确知那些比最贫穷国家稍微好一点的国家的真实情况。以斯里兰卡为例,1990年,斯里兰卡政府做过一次调查,发现全国有40%的人口生活在国家贫困线以下,但是同年世界银行利用国际贫困线标准算出来的该国贫困率仅为4%。2010年,墨西哥政府公布的位于国家贫困线以下的贫困人口占总人口的46%,而世界银行的数据只有5%。换句话说,很多时候国际贫困线的采用,使情况看起来没有那么糟糕了。再看印度的例子,世界银行估算2011年印度有3亿人生活在贫困线以下,并称贫困人口的数量一直在稳步下降。[61]但是几乎同期的印度国内调查显示,6.8亿人"缺少基本生活所需的物资"。[62]实际上,2011年,印度有接近9亿人(占总人口的75%)每天摄入的能量不足2100卡路里,比1984年的58%还要高。所以,世界银行不只是大大低估了印度真实的贫困状况,而且是在饥饿比例上升的情况下做出了"贫困下降"的结论。[63]

还有很多地区也是这样,生活水平刚刚超过国际贫困线仍然意味着贫穷。生活水平刚刚超过国际贫困线的印度儿童,有60%的可能性会体重过轻。[64]在刚超过国际贫困线的尼日尔家庭出生的婴儿夭折率是160‰,是世界平均水平的三倍。《世界人权宣言》称:"人人有权享受为维持他本人和家属的健康和福利所需的生活水准,包括食物、衣物、住房、医疗和必要的社会服务。"但是,每天1.25美元的收入根本无法满足宣言中所提到的标准。

那些权威机构也开始意识到这个问题。2014年,亚洲开发银行做出让步,称1.25美元的贫困线定得太低了,完全没有意义,该行考虑将其提升到1.50美元,这个标准至少能够保证基本的营养。即使是这样微小的调整,也会使绝对贫困人口的数字上升至少10亿,推翻千年发展目标得出的结论。[65]

理论上,现行采用的国际贫困线反映的是2005年1.25美元在美国的购买力。但是,根据美国政府的测算,2005年,平均每人每天至少需要4.58美元才能满足最低的营养需求,这还不算住房和其他基本生存需求的花费。[66]而根据英国经济学家大卫·伍德沃德(David Woodward)的观点,这个生存标准在英国"相当于让35个人生活在一个最小的居住单元中,没有任何福利,没有馈赠、租借,不能拾荒、乞讨,没有积蓄(因为这些在计算中都被定义为收入),也没有免费的医疗服务和教育(因为穷人基本上无法获得这些)”[67]。

如果1.25美元不足以保证最基本的营养摄入,无法让儿童安然度过他们的5岁生日,那么我们怎么能公然声称,人们达到这条线就意味着摆脱了贫穷？如果我们真的想消除贫穷,就需要划定一条线,至少保证人们能够达到正常的人类预期寿命的下限,即大约74岁。最近的研究[68]将“伦理贫困线”定在每天5美元,是标准的1.25美元贫困线的四倍。5美元的标准当然不是完美的,因为仍然有一些情境不具有完全的可比性,但这已经是目前可用的最好的全球贫困线。

5美元贫困线得到了多方数据的支持。拉胡尔·拉霍蒂(Rahul Lahoti)和桑杰·雷迪等经济学家认为,人每天至少需要4.5美元才能满足最基本的营养摄入。[69]伦敦的新经济基金会(New Economics Foundation)认为,要将婴儿死亡率降低到30‰(世界平均水平,但仍是发达国家的五倍),每人每天至少需要5.87美元。[70]而且,每天5美元是所有欠发达国家的国家贫困线的平均数。[71]这与世界银行自身反复做出的论断也是相符的,即1.25美元这个标准“过于保守”,仅适用于最贫穷的国家:“发展更好的国家采用更高的贫困线更合适。比较拉丁美洲和加勒比地区各国的状况,将每天4美元设定为贫困线更为合理。东欧和中亚地区经常采用的贫困线则是每天5美元。”[72]还有一些机构认为贫困线应该再高一些。比如,行动援助组织建议采用每天10美元作为贫困线,这是世界银行建议的上限,能够将婴儿死亡率降到20‰(仍然是发达国家的三倍)。哈佛大学经济学家兰特·普里奇特(Lant Pritchett)呼吁将贫困线设定为每天12.5美元,作为满足人类基本生活的全球最低标准。[73]

如果我们采纳这些观点，以每天最低5美元的标准重新评估全球贫困状况，会产生什么结果呢？我们会发现，全球贫困人口增加到43亿人，是世界银行和千年发展目标公布数字的四倍。这个数量，是全球总人口的60%。更重要的是，我们还会发现，随着时间的推移，贫穷的状况在趋于恶化。即使将中国考虑在内，我们也会发现自1981年以来全球极端贫困人口增加了10亿。[74]如果以每天10美元作为标准，则有51亿贫困人口，占全球总人口的80%。[75]随着时间的推移，贫困人口的数字显著上升，从1981年到现在，贫困人口增加了20亿。

关于1.25美元的贫困线设定过低这一点，学界已经达成强烈共识，但这个标准仍被官方采用，因为这是唯一能够证明贫穷得到缓解的方法——至少算上中国是这样的——这也是唯一能够维护现有经济秩序的计算方式。

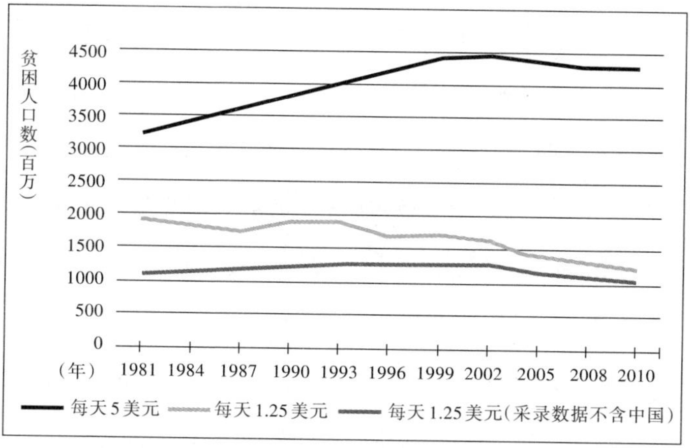

图3 全球贫困趋势

数据来源：波维卡网（PovcalNet），2005年的购买力平价

不平等:测量鸿沟

几乎每个人都在为不平等问题忧心。我们都知道,过去几十年间,各国内部的收入不平等愈演愈烈,多亏有“占领华尔街”这样的运动,人们才能普遍意识到这个问题。但是国家之间的收入不平等呢？大部分经济学家都认为这个问题没什么好担忧的,他们认为,穷国和富国之间的确有一个巨大的鸿沟,但是也有好的一面,那就是这个鸿沟正在快速缩小。

经济学家通常以基尼系数来衡量不同国家之间的收入不平等。基尼系数是意大利统计学家科拉多·基尼(Corrado Gini)在1912年设计的:0代表完全平等,每个人都得到相同的收入;100代表完全不平等,一个人得到全部收入,其他人什么都得不到。简单来说,数字越大代表不平等状况越严重。2016年,世界银行研究不平等问题的顶级专家布兰科·米拉诺维奇(Branko Milanović)发布了一组最新数据,展示了经过人口校准之后的国家之间的不平等状况在过去几十年间急剧下降,基尼系数从1960年的63下降到2013年的47,从20世纪80年代以来下降趋势更为明显。[76]

这个故事在媒体上一石激起千层浪。米拉诺维奇的数据发布几天后,保守派评论员查尔斯·莱恩(Charles Lane)就在《华盛顿邮报》上发表了一篇专栏文章庆祝这一结果,批评教皇方济各和美国前总统候选人伯尼·桑德斯(Bernie Sanders)言过其实,夸大了不平等问题的严重程度。他的观点是,的确,世界上最富有的1%的人的收入像坐火箭一样上升,但这没关系,因为这个体系同样也给普通人创造了更多财富,从而减少了全球的不平等。美国的自由市场全球化模式没有造成不平等,相反,是在减少不平等。事实上,不平等状况的大幅改善,恰恰是美国开始通过结构调整和世界贸易组织在全球推行自由市场政策以后才发生的。

知名的自由主义智库卡托研究所(The Cato Institute)也评论了这件事:"不管你对媒体上的主流声音怎么看……在过去25年里,全球范围内贫困和收入不平等的极大减少都是事实。这对整个世界都是一个好消息,这也是对我们这个世界来说最重要的消息。"

人们会理所当然地以为这个故事是真的。毕竟,我们都知道,中国,还有一些东亚经济体,都向着工业化大步挺进,庞大的中产阶级不断涌现。而这就是问题的关键所在,全球范围内更大的平等完全是源于中国以及其他一些东亚国家和地区的进步。如果把中国拿掉,好消息也就不复存在了。经济学家萨迪尔·阿南德(Sudhir Anand)和保罗·西格尔(Paul Segal)的研究表明,如果我们将中国从全球基尼系数的统计中拿掉,就会发现全球不平等的系数从1988年的50上升到2005年的58——不平等不是下降了,而是上升了。[77]这一点很重要,因为中国以及其他一些东亚国家和地区是为数不多的未被美国政府的结构调整影响的地方。[78]中国没有被强迫接受僵化的自由市场资本主义,而是依靠国家主导的发展政策,以自己的方式逐渐实现了本国经济发展。所以,莱恩和卡托研究所的评论员将全球不平等状况好转的言论建立在中国的成果之上，还将其标示为美国自由市场全球化的胜利，就显得很虚伪了。

第二个问题在于，基尼系数是一个相对的概念，有很强的误导性。它不衡量穷国和富国之间的差距，只衡量不同收入水平增长的相对速率。所以，只要穷国的收入增长速度略高于富国的收入增长速度，基尼系数就会显示出全球不平等状况的下降，尽管实际上绝对差距在增大。例如，某穷国的收入从5000美元上升到5500美元（上升10%），某富国的收入从50000美元上升到54500美元（上升9%），由于穷国的收入增速高于富国，尽管两者之间的差距扩大了4000美元，基尼系数仍会显示全球不平等状况在改善。鉴于此，许多经济学家反对使用基尼系数，认为这是一种过于保守的计算方式。这里的偏差可以通过计算绝对基尼系数来矫正。这正是阿南德和西格尔所做的工作，他们估算出的基尼系数从1988年的57飙升到2005年的72，全球不平等状况显著加重了。[79]

还有第三个更为严重的问题。世界银行在测算世界各国的不平等状况时，认为这些国家都是不具名的个体单位。但是，如果我们换一个角度观察不同地区的差别，就会看到一个完全不同的故事。观察方式有很多种，最好的办法是测量美国这个代表强大和富有的国家的人均GDP和南半球欠发达地区的人均GDP之间的差别。自1960年以来，美国与中东、北非国家的差距扩大了154%，与南亚的差距扩大了196%，与拉丁美洲的差距扩大了206%，与撒哈拉以南非洲的差距扩大了207%。通过下面的图表，你可以得到更直观的印象。

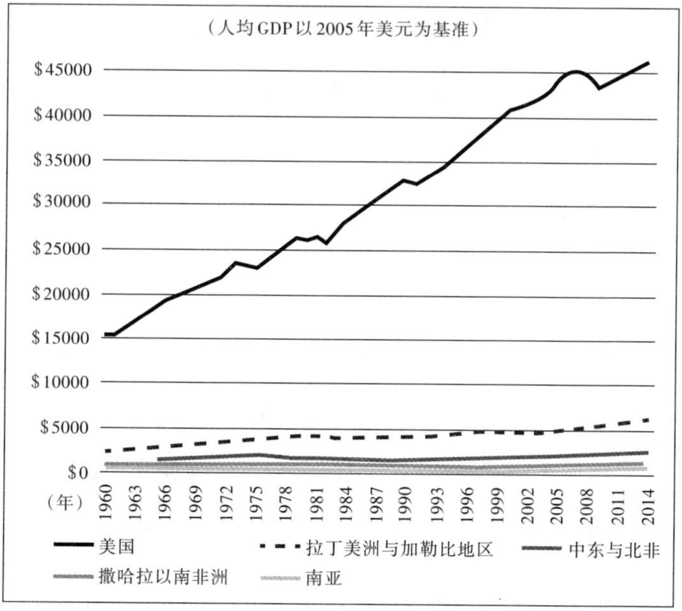

图4 全球不平等曲线(1960—2014年)

数据来源:世界发展指数

上面的图表主要与美国进行比较,但如果我们绘制一个针对西欧的图表,或者将范围扩大到西方国家,将澳大利亚和加拿大等也囊括在内,就会发现最后的结果与此大致相同。从这个角度来说,全球不平等的状况没有得到丝毫改善;相反,穷国和富国之间的差距大约是原来的三倍。过去几十年间,不平等状况不断加剧。2000年时,美国人的收入是拉丁美洲人的九倍,中东和北非人的21倍,撒哈拉以南非洲人的52倍,南亚人的73倍。这些触目惊心的数字告诉我们,全球财富分配是多么不平等!

注定要失败的模式

这给我们留下了几个非常重要的问题。为什么各国政府、粮农组织和世界银行要在目标尚未达成之际就急于邀功？为什么它们不顾事实，想要制造贫穷、饥饿和不平等状况得到改善的假象？当然，可能部分原因是来自内部的压力。没有任何一个组织想让自己看起来很失败。但是，学者们对于衡量贫困和饥饿的方法已经质疑多年，并一直在推荐更为准确的测量方法。那么，联合国为什么没有重新评估数据呢？一个可能的原因是，如果使用更准确的测量方式，现在这些蜻蜓点水的救助就远远不够了，要解决问题，我们需要做得更多。这就需要改变全球经济的规则，使其在根本上对全世界的大多数人更公平。

但是，援助和发展产业已经很难再对问题视而不见了。2015年，经济学家伍德沃德在《世界经济评论》上就减贫问题的未来发表了一些令人吃惊但又发人深省的分析。[80]他指出，基于现有的经济模型，贫穷根本无法消除，不是说实现起来有困难，而是说在结构上根本就不可能。

现在，消除贫穷的主要策略是提高全球的GDP增长，其原理是增长的收益将逐渐惠及全球最贫困的人口，改善他们的生活。但是我们所有的数据都清晰地表明，GDP增长并不会真的惠及穷人。自1990年以来，全球人均GDP增长了65%，然而每天生活费不足5美元的人口增加了3.7亿。为什么经济增长不能带来贫穷的减少？因为增长的收益分配极为不平均。全球人口中最贫穷的60%仅得到了全球经济增长带来的新增收入的5%，另外95%则被最富有的40%的人口享用。这已经是最好的情况了。在这一分配比例下，伍德沃德测算出，要消除绝对贫困(即每天1.25美元的生活费),需要超过100年的时间。如果以更精准的每天5美元的标准衡量,则需要207年。这就是我们在现有的援助和发展产业中能够得到的最好结果了。别忘了,伍德沃德的测算无法获取世界人口中最贫穷的1%的数据,而他们在这漫长的百年之后,将仍然生活于贫穷之中——是的,有9000万人将永远生活在贫穷之中。

以上只是最乐观的情形,没有考虑金融危机以来造成的经济增长变缓,也没有计算过去几年来食品价格飙升对穷人的影响,以及气候变化在整个南方世界造成的粮食歉收问题。这里只是假设没有这些问题,且未来一两个世纪内不会有其他经济或生态上的危机——而这些都是很可能发生的。

这还不算是最糟糕的情况。如果以每天5美元作为标准,那么全球GDP需要提升到现在的175倍。换句话说,我们需要开采、生产和消费的商品应该是现在的175倍。你不妨花一点时间细想一下这意味着什么。就算这种不寻常的增长真的可能发生,后果也将是灾难性的。地球的生态系统将遭到重创,森林、土壤和至为重要的气候都将被破坏。正如伍德沃德所说:“这个结果如果要实现,只能依靠过度开发,但这将引起灾难性的气候变化,这将使减贫的任何潜在成果毁于一旦。”[81]这是一个荒唐的观点,是建立在穷人痛苦之上的残酷玩笑。

另外,更加残酷的是,这种级别的增长意味着要将全球的人均收入提高到130万美元。换句话说,每年的平均收入应达到130万美元,才能保证全球最贫穷的三分之二的人获得每天5美元的收入。这就深刻体现了目前的经济体系下的全球不平等达到了多么严重的地步。

所有这一切都指向同一个简单的事实:如果我们想在不破坏生存

环境的前提下消除贫穷，就需要接受一个完全不同的经济模型，更加公平和理性地分配财富。我们的未来皆系于此。

走向未来

2015年，千年发展目标宣告结束，继之以另外一个全球行动——可持续发展目标。可持续发展目标有颇多可圈可点之处，共包含17个目标，涵盖范围比千年发展目标更广，不仅关注人类需求，还关注生态保护。在千年发展目标的基础上，可持续发展目标在全球贫困和饥饿问题上的立场更为激进。第一条和第二条大目标提出，到2030年全面消除绝对贫困和饥饿。毫无疑问，这个承诺是所有人都喜闻乐见的。然而，减贫主要依靠的还是提升全球的GDP增长，丝毫不提分配问题和由无节制的经济行为带来的生态后果。此外，可持续发展目标仍然采用更低的贫困线来衡量贫穷，尽管它的科学性早已备受质疑。针对在千年发展目标时期就曝出的人为操纵统计数据的问题，在可持续发展目标中也没有设立监管机制加以预防。

又一轮认知管理循环开始了。可持续发展目标宣布后不久，世界银行就公布了全新的贫困线，即每天1.9美元。第一眼看上去，好像世界银行终于承认了旧的贫困线太低，将其提升到一个更合情理的标准。实际上，许多评论人士都是这么认为的。但事实并非如此！世界银行根本就没有提高贫困线，而只是依据最新的购买力平价计算，以弥补美元贬值造成的购买力下降。这一次，新的贫困线实际上显著低于旧的贫困线，从而使穷人的数量看起来比以前减少了。推出新的贫困线之后，世界银行忽然宣布，全球的贫困人口数量在一夜之间减少了1亿人,贫困减少的趋势比我们之前以为的要更迅速。根据世界银行新公布的贫困线,2015年的贫困率降低到10%以下,减贫事业向前迈了一大步。媒体再一次争相报道,毫不质疑。

问题在于,众所周知,购买力平价调整对穷人存在歧视。购买力平价的变动与全球整体的物价水平相关,但是生活在国家贫困线以下的人根本消费不到这么多的商品;相反,他们将收入的70%用于购买食物。自2005年购买力平价最后一次调整以来,食品价格显著上升,这意味着虽然大部分人可以用美元购买更多商品,穷人能买到的东西却变少了。因此,如果世界银行真的要调整实际贫困线,就应该大大高于购买力平价建议的数字,以确保事实上的标准不下降。但是如果世界银行真的这么做,可持续发展目标就更难达成了。

未来15年,世界银行很有可能会继续下调实际贫困线,直到贫困看起来差不多像是根除了。等到2030年到来的时候,它就会宣布目标胜利达成。那时候,会有媒体大肆宣传,政客互相吹捧,公众满足于这个精心编织的好消息,所有对于全球经济秩序的质疑都将沉寂。与此同时,地球上将有43亿人真切地知道那是一个谎言。

如果联合国想在2030年宣布贫穷的终结,这种统计上的小把戏正是其所需要的。就在可持续发展目标启动前,世界银行公布了持续到2030年的最新减贫预测,有点可笑,也有些悲凉。世界银行的各项指标显示,如果撒哈拉以南非洲完全遵照世界银行的建议,积极进行结构调整,那么到2030年,贫困人口的数字就会从2008年的4.07亿下降到3.35亿。这是万里长征的第一步,你要知道,1990年,撒哈拉以南非洲的贫困人口有2.87亿。感受一下这个神奇的变化——经过世界银行

40年的减贫行动，撒哈拉以南非洲的贫困人口将从2.87亿“减少”为3.35亿。换句话说，即使是依照世界银行极低的贫困线，对非洲人民而言，最好的结果也是2030年的贫困人口多于1990年。这就是现行体系带来的结果。

我曾指出，好消息叙事模式对目前的强国政府至关重要，因为它维护了现有的经济秩序，使人们保持对它的认同感。人们很难相信，贫穷在过去的35年间实际上是显著上升的，因为这会使整个体系遭受质疑，没有了这种信任，目前的体系就会瓦解。为了维持好消息叙事模式，他们只能将计划定在一个非常短的时间范围内。比如，千年发展目标就在引导人们忘记1990年以前发生的所有事。这样就方便了，因为即使根据世界银行的1.25美元的贫困线，也会发现贫困人口在1990年之前的十年间稳步上升。无论怎样审视这些数字，20世纪80年代都是南方国家苦难深重的十年。甚至连世界银行前行长沃尔芬森都承认，20世纪六七十年代，发展中国家的日子要好过一些——那是在世界银行和国际货币基金组织插手之前。所以曾经奏效的机制是什么？为什么总有人要求我们忘记这些？

这都是我们需要回答的问题。为了全面认识全球贫困和不平等，我们需要回到比20世纪60年代更久远的时期。沃尔芬森自己也说过，伴随着工业化和西方经济霸权地位的确立，贫困问题在过去200年间一直在稳步加重。为什么？发生了什么？为什么我们听到的故事版本中遗失了这个部分？

第二篇

Part Two

关于暴力

Concerning Violence

三、贫穷是怎么产生的？一个关于创造的故事

世上没有无辜的殖民者。

——艾梅•塞泽尔

发展与援助产业引导我们以短期视角看问题。现在关于贫穷的主流叙事只追溯到1990年，也就是千年发展目标所设定的基准线；最远也只看到1981年，也就是世界银行发布第一组全球贫困统计数据的时候。因此，大部分人对于在那之前的情形一无所知。这种历史视角的缺位，从一开始就成为这个发展故事的特性之一。甚至杜鲁门1949年的演讲也是不顾史实的。“世界上超过一半的人口都生活在近乎悲惨的生活中。”他是这么说的，但是丝毫没有提及这种悲惨的生活是因何产生。如果只是随便一听，你还以为美国政府和西方其他国家忽然第一次发现了穷国的存在，这种感觉就好像碰巧在世界某个遥远的角落里不小心被绊了一跤似的。如果接受了这种主流论调，就会相信穷国一直以来都很穷，穷国和富国之间的差距是始终存在的。

然而,如果我们回溯到1500年前后,就会发现一个截然不同的故事。那时候,欧洲和世界其他地方普通人的生活水平几乎没有差别,甚至南美洲、印度和东亚人民的生活水平在很多方面比欧洲人更优越。1800年,英格兰人的寿命为32岁到34岁,工人阶级家庭的孩子平均寿命只有15岁;而法国人当时的寿命为28岁到30岁,德国则是25岁到31岁。

那时的阿兹特克文明、印加文明和玛雅文明在人均寿命方面与欧洲差不多。与当时的欧洲人一样,他们居住在固定的社群中,拥挤、严重不平等且疾病肆虐;他们完全依赖农业获取食物,需要付出艰苦的劳动,却只能获取很少的营养。然而,考古记录发现,那些靠狩猎采集维生、远离文明社会的社群过得更好,人均寿命高出50%。[82]比起南美洲和欧洲"文明世界"的人们,他们更健康、强壮、高大,能够获得更多的营养。[83]他们死于饥荒的概率更低,因为他们的食物来源非常多样化:他们既种植作物,也采集食物。他们的工作时间更少,工作强度更低。没有强大的贵族和地主强迫他们劳动,以榨取剩余价值。他们不容易感染那些在人口密集的社群中肆虐的疾病。在15世纪的美洲,这样的社群才是主流,约占总人口的80%,而定居的农业社会形态反而是个例外。[84]

中国、日本和亚洲其他地区的证据表明,这些地方的人也比欧洲人活得更久且更健康。实际上,在这一点上,亚洲比欧洲的相对优势一直持续到19世纪。日本人的人均寿命在41岁到55岁,中国人则是35岁到40岁,东南亚部分地区的人口寿命则为42岁左右。换句话说,当时的亚洲人比欧洲人平均多活十年以上。同时,在许多关键的发展指标上,亚洲也超过欧洲,包括先进的运输技术,更大的城市,更好的卫生条件、公共卫生系统和营养条件。[85]至于全球力量对比,16世纪的欧洲才刚刚走出黑暗,只不过是一个落后地区,仅占全球GDP的15%。而中国和印度占据了全球65%的经济体量。

情况是如何发生改变的呢?西欧的几个国家为什么能变得比世界其他地方更加富裕和强大呢?

对这些问题的常见回答,就是我们从课本中学到的说法。英国的一系列技术创新开启了工业革命的新时代,并迅速扩展到整个欧洲和美国。18世纪,飞梭技术问世,提高了纺织行业的效率;瓦特改良了蒸汽机,使得建造动力强大的大型机器成为可能。英国的煤矿多分布在大城市周围,从而能够提供充足而廉价的能源,平坦的土地也使得煤炭和工业制成品能够十分便捷地通过运河在国内运输。科技发明和地理区位优势使英国得以发展各项产业,工业制成品将英国人的生活水平提升到前所未有的高度。

表面看起来,这个故事很有说服力,但是,它只关注英国国内的情况,仿佛这些发展是完全独立于世界其他地方的孤立事件。这与事实大相径庭。真实的情况是,在瓦特改良蒸汽机的时候,英国就已经是整个世界的中心。[86]整个世界体系由两大区域构成:西欧、美洲新大陆是"中心区",亚洲、非洲和拉丁美洲是围绕在"中心区"外围的"边缘区"。这两个区域之间有频繁的交易和紧密的联系。重要的一点是,这些交易并不是公平的,也不是建立在双方协商一致之基础上的,而是在暴力和胁迫下完成的。欧洲的工业创新只是这个故事的一部分。要真正理解鸿沟是如何产生的,我们需要追溯到更早的时候。

世界体系的建立

1492年,哥伦布启航探索新的通往印度的航海线路。当然了,他没有走那么远,而是由于地理数据测算的失误发现了一片新大陆。他在古巴靠岸,并坚持认为(也可能是固执地不肯认错)那是印度。在那里,他遇到了与他自己的文明完全不同的一群人。在航海日志中,哥伦布称:"这些人十分慷慨大方,若非亲眼所见,根本无法相信。你向他们索取,他们从不拒绝。相反,他们愿意跟任何人分享。"[87]他们住在公用的房子里,享受高度的平等,甚至包括两性平等:女性如果受到伴侣的虐待,可以自由地离开。[88]这里的人健康而强壮,哥伦布称他们"体格健壮,外形俊美"。其他见过他们的人则赞叹,他们游泳可以游得很远,连怀孕的妇女都身手敏捷,她们分娩时毫不费力,产后很快就能恢复正常生活。

哥伦布还发现,除了开放和慷慨之外,这里的人们也非常平和友好。他写道:"他们不携带武器,甚至不知道什么是武器。我给他们看一把剑,他们握住剑锋,不小心伤到了自己。"哥伦布迫不及待地想要开发这片脆弱的处女地,他在日志中写下了这样一句话:"只需要50人,我们就能征服这里的所有人,使他们完全听命于我们。"[89]

在第二次远征中,哥伦布带着17艘船和1200名船员扫荡了加勒比地区,将数千名美洲土著押送回西班牙,贩卖为奴。但是他这一次的真正目标是黄金。看到当地土著都戴着黄金饰品,哥伦布认定这里一定有充足的黄金,但苦于无法找到矿源,他采取了暴力胁迫的手段。

他的大本营在伊斯帕尼奥拉岛上，这里现在隶属于海地和多米尼加共和国。在那儿，他强迫当地的阿拉瓦克人每隔三个月带一定数量的黄金给他。凡是不能带回黄金的人都要被砍掉双手，如果逃跑则会被抓回来杀掉。男丁被迫整日在矿上劳作，漫山遍野地寻找黄金。每隔半年就有三分之一的工人死去。在西班牙入侵后的两年里，大约12.5万人被杀死，相当于岛上一半的人口。岛上幸存的原住民大部分沦为种植园的奴隶，几十年后，幸存的阿拉瓦克人只有几百人了。

一位名叫巴托洛梅·德·拉斯卡萨斯（Bartolomé de Las Casas）的欧洲目击者提供了令人瞠目结舌的数据，揭露了加勒比地区这场缓慢发生的种族屠杀："从1494年到1508年，超过300万人死于战争、奴役和矿井劳作。我们的子孙后代怎么敢相信呢？连我这个亲眼所见的人都觉得难以置信……"

哥伦布是后来一大批欧洲殖民者的"排头兵"。在他之后不久，埃尔南·科尔特斯（Hernán Cortés）就于1519年登陆墨西哥，宣称这里是西班牙的领土，并朝着首都特诺奇提特兰，即今天的墨西哥城一路进军。这一次，当地的土著依然以善意和热情迎接欧洲的侵略者，现存资料中完好地记录了他们的慷慨行为。但是，科尔特斯没有被感化。他继续挺进，一路破坏城镇，在广场上屠杀当地居民，用大炮、十字弩和战马等先进武器征服了这里。他到达特诺奇提特兰的时候，那里的皇帝蒙特祖玛以金银等贵重的礼品盛情款待了他，科尔特斯却将他囚禁在宫殿里，控制了整个城市。1521年，蒙特祖玛被杀，整个首都的财富被洗劫一空。

随后到来的是另一位西班牙殖民者弗朗西斯科·皮萨罗（Francisco Pizarro)。1532年,阿塔瓦尔帕(Atahuallpa)皇帝邀请皮萨罗来到位于秘鲁的印加帝国首都。阿塔瓦尔帕那时有八万军队保护,完全没有把皮萨罗的队伍当作威胁。拥有先进武器的皮萨罗最终占领了这座城市,控制了阿塔瓦尔帕。为了保全性命,这位印加皇帝提出,他可以在两个月内先用黄金装满一大间房子,然后再用银子装满。他知道西班牙人多么贪恋这些贵金属。根据当时那瓦特人(Nahuatl)的文字记载:"他们像丑陋的猴子一样搬空了房子里的金子,开心得仿佛这东西能给他们带来新生,点亮他们的心,仿佛那是他们赖以充饥续命的食物。他们追逐黄金,就像饥饿的猪猡寻找食物。"[90]皮萨罗同意了这个提议,阿塔瓦尔帕开始将金银堆满整个屋子。但是他被骗了,收到金银之后,皮萨罗就以抵抗西班牙入侵的"罪名"处决了阿塔瓦尔帕。

几十年后,欧洲人发现了储量丰富的波多西银矿(今玻利维亚境内)。[91]很快,从这里流出的白银就占了西班牙殖民地银产量的99%。从1503年到1660年,共有1.6万吨白银被运往欧洲,相当于整个欧洲白银储量的三倍。除此之外,这段时间内运到西班牙港口的还有185吨黄金。[92]到19世纪初,共有10万吨白银从拉丁美洲运往欧洲——西班牙人用这些白银偿还他们欠其他欧洲国家的债务。[93]

这笔财富有多大呢?我们可以算个账:如果1800年将10万吨白银以5%的利息(历史平均值)进行投资,积累到今天,这笔财富可以达到165万亿美元。这是2015年全球GDP的两倍。当然,欧洲人也会用货物与美洲人的白银进行交换,但是大多数白银都是通过胁迫当地人开采银矿获得的。这对整个欧洲经济而言是一笔巨大的横财。[94]

这些金银从拉丁美洲流入欧洲之后用来干什么了呢?有一部分用

于巩固欧洲国家的军事实力，以保障相对于世界其他地区的政治优势。但是大部分钱都在对外贸易中流向中国和印度。白银是为数不多的能被东方国家接受的欧洲商品；没有白银，欧洲就会陷入巨大的贸易赤字，困在整个世界经济体系的边缘动弹不得。白银交易使得欧洲可以进口本土无法生产的土地密集型商品和自然资源。这可以被称为"生态横财"[95]——通过交换资源，欧洲可以克服自然环境的局限，从而在1800年前后赶上甚至超越中国和印度的发展。中国和印度当时缓解了欧洲在生态环境上面临的压力和局限。通过其他国家的供给解决对土地密集型商品的需求之后，欧洲能将劳动力分配到纺织工厂等资本密集型的产业活动中，而这是其他国家没有能力承担的。

就在欧洲从中获利无穷的同时，拉丁美洲的人们却饱受煎熬。据估计，在欧洲人入侵之前，墨西哥有3000万原住民，安第斯山区的人口数量与此相近，中美洲地区则有大约1300万人口。虽然根据统计来源的不同，具体数字略有不同，但是学界的普遍共识是，1492年拉丁美洲地区的总人口为5000万到1亿。[96]然而，到了17世纪中叶，人口数量就锐减到350万。换句话说，95%的当地人都被杀害了。[97]

种族灭绝的主要形式是殖民者施行的大屠杀，同时也包括强行剥夺美洲土著的财产，摧毁他们的社会和经济体系，使他们的生活无以为继。还有很多美洲人死于奴役，他们被迫在山区的金银矿上进行繁重的劳作，这项工作极其危险，极易中毒，为了将银从岩石中提炼出来，需要使用汞，这种有毒金属导致大量矿工死亡。当然，还有很多人死于天花，正是欧洲人把这种疾病带到了大西洋彼岸，他们有时候甚至会故意把带有天花病毒的床单作为"礼物"送给美洲土著。由于当地人对外来的疾病缺乏免疫力，大量人因此而死亡。像枪炮铁蹄一样，瘟疫也是欧洲人殖民的利器。

美洲土著并不是唯一被迫卷入欧洲扩张进程的族群，非洲奴隶也是欧洲劳工的重要来源。奴隶贸易始于16世纪初，也就是哥伦布在伊斯帕尼奥拉岛首次建立殖民地的时候。随后，欧洲商人掀起了贩卖奴隶的高潮，先是西班牙人和葡萄牙人，后来则由英国人主导，他们从西非海岸用欧洲货物（或者更准确地说，欧洲人从"新世界"攫取贵金属，之后再用贵金属从中国和印度买来商品）交换奴隶。大部分奴隶都是西非各国争端中的战俘，被运往美洲后即被送往欧洲人在加勒比地区开设的种植园以及他们在巴西开发的金银矿。整个18世纪，葡萄牙人通过奴役劳工在巴西开采的黄金比西班牙在过去两个世纪从殖民地开采的黄金总量都要多。[98]

到1853年，奴隶贸易接近尾声时，共有1200万到1500万非洲人被运往大西洋彼岸，其中120万到240万中途丧生，他们的尸体被抛入大海。[99]我们几乎无法想象，这些数字背后是一场怎样的人类浩劫。

西方国家通过这样大规模的免费劳动力获得了多少好处？据估计，从1619年到1865年废除奴隶制，美国奴隶从事的强制劳动共计222505049小时，按照美国最低工资标准和利息率计算，到今天为止，这些劳动应该得到的酬劳是97万亿美元。[100]此外，14个加勒比地区的国家正在通过英国利达律师事务所起诉英国，要求获得奴役赔偿。[101]它们没有披露赔偿的具体数额，但指出1834年英国废除奴隶制之时，曾赔偿奴隶主共计2000万英镑的财产损失费，相当于今天的3000亿美元，却没有给奴隶任何赔偿。值得注意的是，这个数字反映了奴隶的价格，却没有计算奴隶毕其一生创造的价值以及他们所遭受的痛苦和创伤，更没有提及在1834年以前的几个世纪里，耗尽体力后死去的几十万奴隶。

然而，欧洲从奴隶经济中得到的真正利益并不仅仅局限于强迫非洲和美洲土著劳动所榨取的价值。美洲的糖和棉花种植园给欧洲提供了银矿之外的另一笔“生态横财”。例如，糖占英国人摄入总能量的22%，这降低了对本国农业生产的需求，解放了工业生产所需的劳动力。[102]棉花为欧洲工业革命提供了关键的原材料，而且不影响粮食产量，无须占用欧洲的劳动力和土地资源。如果再加上木材进口，美洲仅仅为英国就贡献了2500万到3000万英亩的耕地，大约相当于英国可耕种土地总面积的两倍。[103]这些由奴隶生产的进口货物是支持欧洲经济快速发展最重要的因素，所起到的作用甚至比当地丰富的煤矿更大。没有殖民地的“生态横财”，欧洲根本不可能完成工业化转型。

由于拉丁美洲的经济被控制在殖民者手中，当地只能生产有限的农产品而禁止发展本国工业，所需的工业制品只能依赖从欧洲进口。这样的安排让欧洲获益颇多，拉丁美洲对欧洲出口的工业品有稳定持久的需求。实际上，如果没有美洲大陆的殖民地消化产能，欧洲的工业化根本无法完成。

这种经济秩序对于处在该体系边缘的国家产生了严重的后果。就像我们看到的那样，拉丁美洲直到21世纪仍无法摆脱对欧洲的经济依赖,进出口交换比率持续下降;相对于从西方进口的工业制成品价格,拉丁美洲出口商品的价格不断下降。而在非洲,大西洋奴隶贸易造成了劳动力严重短缺。如果把非洲奴隶在美洲创造的百万亿美元价值抽出来放到非洲会怎么样呢?或者哪怕只是从中抽出一部分,比如非洲国王通过贸易得到的收入。[104]

经济学家常常推测,南方国家发展的困境是由于缺少资本。但事实并非如此!那些本可以为非洲和拉美自身发展提供资本的稀有金属和充足劳动力都被欧洲国家攫取,用于其自身的发展。如果不是因为被欧洲掠夺了资源和劳动力,被迫出口工业原材料,进口工业制成品,这些南方国家理论上也可以像欧洲一样发展。当然,无论其是否可能或应该以另外一种方式完成自身的发展,欧洲式的发展却总要依靠暴力掠夺其他地区的土地和民族完成。总之,如果不读懂西方国家经济增长的动因,我们就无法客观审视西方国家的经济增长。

大掠夺

几十年来,关于西方经济增长的动因,除了主流的欧洲工业革命说之外,另外一个常见的说法是,从世界体系的边缘国家攫取的资源和劳动力,为大规模投资提供了充足的财富。现代经济学之父亚当·斯密称之为先行积累(previous accumulation),即积累资本主义发展所需的资本,没有资本,就没有资本主义的存续。卡尔·马克思称之为原始积累(primitive accumulation),也许是为了突出其野蛮的本质,因为资本积累的过程十分粗暴:"在美洲发现的金银矿,在土著的矿山上进行屠杀、奴役和填埋,征服和洗劫东印度群岛,将非洲变成捕杀黑人的猎场,这些都标志着资本主义生产时代的开始,是原始积累的主要契机。”[105]根据这种观点,殖民掠夺是积累的主要动因,而积累是资本主义发展的先决条件。

然而我们知道,欧洲从殖民主义的第一阶段所得到的真正利益并不只是将美洲殖民地的财富直接转移到欧洲用于资本的原始积累,而是让欧洲获得了进行工业生产所必需的“生态横财”,以及可以销售工业产品的海外市场。这些是财富积累的主要动因。

仅仅是财富积累还不足以解释欧洲工业化的兴起。历史学家告诉我们,有许多国家都积累了巨额财富,但是没有演变成资本主义。资本主义的运行需要其他因素:工人。如果人们不愿意为资本家工作来换取工资,资本主义的萌芽就不会持续。今天,我们觉得这是理所当然的事情,但是在不久之前的时代并非如此。直到中世纪,欧洲大部分人,或者至少城市以外的人,都不愿意通过劳动换取工资。人们不需要通过赚取工资维持生计。大部分人都是农民,或者说是小农场主,通过耕种土地自给自足,大部分时候他们很满意自己的生活。

谈及普通农民的时候,我们通常会有一个预设,就是他们过着十分悲惨的生活。从很多方面来看,的确如此:他们很可能会生病,营养条件不太高,寿命也不长——19世纪末以前,大部分农耕社会的人都是如此。但是,农民始终拥有赖以生存的最重要的东西——土地,从而能够种植农作物,饲养牲畜,狩猎,取水,采煤、伐木用于取暖、煮饭和建造屋棚。有的人直接拥有土地,有的人享有土地的使用权,还有人共享“公共用地”的所有权。农民可能并不富裕,但他们享受居住的基本权利,并受到悠久的历史传统和法律的保护,例如1217年英格兰颁布的

《森林宪章》。那时候，如果有人无法得到生存所需的基本生活资料，简直是难以想象的。

但是，这一传统的保障体系在15世纪遭到攻击，这个变化始于英格兰。当时，有钱的贵族为了能从高利润的羊毛贸易中获利，开始了一场将耕地变为羊圈的运动。自此，封建领主制度瓦解，农民丧失了数百年来享有的居住权，甚至连他们赖以生存的公地也开始私有化，农民不能再按自己的需求划分和使用公地。[106]这就是后来为我们所熟知的圈地运动，它在两三百年的时间里将千万英亩的土地私有化，让这个国家的大量人口流离失所，使几百座村庄烟消云散。像所有强占行为一样，圈地运动的过程充满暴力——焚毁村庄，破坏房屋，踏平农田，强行将数百万农民从他们的田园生活中剥离出来。

亨利八世的改革也为圈地运动注入了一剂强心针。亨利八世下令废除天主教修道院后，教会土地很快就被精英阶层收入囊中，那些原本靠教会土地为生的农民都被赶走了。圈地运动最强的动因还是在农业上。土地主们开始意识到，如果能让农民提高农业产出，他们就可以从农民身上榨取更多价值。因此，他们将农民原本有终生保障的土地权放到了租赁市场上，只把地租给那些产量最高的农民。那些生产力较低的农民就会被赶出去，失去维持生计的手段。这种新的体系让农民承受着巨大的压力，却在当时被认为是一种“进步”。农民为了生存，必须想办法提高土地产出，远远超出他们自身生活所需。因此，他们要增加工作量，改进耕种技术，这一切带来了农业产量的大幅上升，但实际上真正获益的是土地主。[107]

市场逻辑运用到土地和农业上,标志着资本主义的正式形成。这意味着,在历史上人们的生活首次被高效组织起来,以扩大生产力,使利益最大化。[108]但是,这种早期的农业资本主义和今天的资本主义形式仍然不尽相同,还有另外的关键一步。

圈地运动在英格兰如火如荼地进行之际,农民暴动也层出不穷。比如,1450年的杰克·凯德(Jack Cade)起义和1549年的罗伯特·凯特(Robert Kett)起义,其核心矛盾都是土地权问题。1607年爆发于北安普敦郡的起义很快扩散到沃里克郡和莱斯特郡,数千名起义者推倒了立在土地四周的篱笆和栅栏,这一系列起义被历史学家称为"中部地区起义"(Midland Revolt),其高潮是纽顿起义(Newton Rebellion),农民与圈地者之间发生武装对抗,但起义者最终失败,50人在对抗中丧生,起义领袖被公开绞死并分尸。[109]

由于担心类似的暴动会演化为革命,英国王室最终介入,抑制了土地主的势力,保护了农民在公地上的权利。但由于17世纪40年代的英国内战,国王的权力被严重削弱,地主阶级控制了英国议会,有了一定的决策权,因此农民的公地权被废除了。1688年的光荣革命也只不过进一步巩固了地主阶级的特权,使他们能够根据自己的利益制定国家政策。最终,议会本身成了圈地运动的强力机构,立法正式废除了农民进入公地的权利,实施全国性的"土地清空"计划,在全国范围内将所有人驱逐出精英阶层刚刚私有化的土地。从1760年到1870年,通过议会法案完成的圈地约为700万英亩。[110]

英国农民体系的最终瓦解,与工业革命的时间点完全吻合。到19世纪中期,英国已经几乎没有公地,几百万人被迫流离失所,造成了大规模的难民危机,这在今天完全无法想象,简直比那些最反乌托邦的科幻电影还要灰暗。[111]大量英国人无家可归,没有土地也没有食物。那是一场人道主义的灾难,人类历史上第一次有如此大规模的人口失去赖以生存的全部条件。到17世纪中期,"贫困"一词开始被广泛用于形容这个新的状态。18世纪末19世纪初,它才成为英语中的常见词,这也解释了英国工人阶级在19世纪初极低的寿命。

失地的农民无以为继,只有一个选择:出卖自己的劳动力换取工资。他们被委婉地称为"自由劳动力",但这个词有很大的误导性。的确,他们不算是奴隶,但为了工资工作也实在谈不上是自由的选择。一些失地农民在新的牧羊场或资本家的大农场工作,但大部分都搬到伦敦等城市里,依靠微薄的薪水勉强度日。英国市中心的人口以前所未有的速度激增,超过欧洲其他地区的城镇人口增速,因为其他地方的圈地运动尚未见成果。[112]人们在城市里的生活很悲惨,大部分人只能住在贫民窟里,工作环境也非常艰苦,狄更斯在《雾都孤儿》等小说中描写过这些地狱般的场景。

不过,这个英国历史上的灰暗篇章也有一些积极意义,至少对于精英阶层来说是这样的。一无所有的难民为工业革命提供了充足的廉价劳动力,因为他们别无选择,只能接受跟奴隶一样的生存条件和工厂里极低的工资。新开的工厂利用这些廉价劳动力提供了大量廉价商品,满足不断增长的需求。连小孩子都被生活无以为继的家人送到威廉·布莱克(William Blake)笔下的"黑暗撒旦磨坊"工作!由于工作机会相对紧缺,工人之间的竞争使得劳动力成本下降,这使得行会制度下被保护的工匠利益大大受损。为了保住饭碗,工人们承受着巨大的压力拼命工作，通常每天要工作16个小时，比圈地运动前农民在农场的工作量大得多。他们所创造的巨额财富大部分被工厂主收入囊中，工人从中得到的微乎其微。这个体系造成了一种财富向上逆流的效应，即使是最贪婪的封建土地主也享受不到这样的好处。英国的工厂主能够积累的财富让最富有的国王也望尘莫及。

失去土地的工人阶级的出现，为英国经济的大转型添上了最后一块砝码，工人成为世界上有史以来第一个大规模消费群体，因为哪怕是最基本的生活用品，他们也需要依靠市场才能获得，无论是衣服、食物还是住房。圈地运动、失地农民和消费市场的形成，成为工业革命发生的内部原因。至于外部原因，我们已经提到，就是殖民化和奴隶贸易。

重要的是，我们要分清楚资本主义体系和在此之前的各种体系的不同之处。过去，王室、征服者和封建土地主都是通过盗窃或暴力胁迫的方式直接占有他人的财富，换句话说，他们依靠的是直接的胁迫和武力。但是在新的体系下，这样的直接胁迫不再是必需的了。精英阶层只需要利用劳动力市场和租赁市场的竞争压力，就可以使工人的生产力以几倍于其工资增长率的速度提升。这就是利润产生的基本机制，也是财富源源不断向上流动的传送带。[113]

我们通常会认为，资本主义的产生是自然的，不可避免的，好像其基本逻辑始终存在于人类社会，只是逐渐成熟，最终演变成为工业革命罢了。但历史告诉我们，事实并非如此。资本主义的产生需要在国内外使用暴力和大规模致贫,让大批人失去财产(像英国农民一样)或是被奴役(像非洲和美洲土著一样)。即使在英国本土,人们也并没有张开双臂拥抱这个新体系。相反,人们抗议和反对这种体系,因为它破坏了人们长久以来对于基本居住权、生存和生活方式的认知与期待。圈地运动的目标不只是让人们失去土地,而是从根本上毁灭这些文化期待。

为什么英国历史有助于我们理解全球贫困呢?因为圈地运动的过程不仅标志着大规模贫困这一历史现象的开始,更解释了贫困发生的底层逻辑。

帝国主义的新逻辑

资本主义的兴起不仅改变了欧洲的格局,也改变了其通向帝国主义的路径。最初,帝国主义的形成只能通过直接胁迫的方式获取财富。比如,西班牙人和葡萄牙人在美洲攫取金银等贵金属,驱使奴隶在种植园和矿场劳动;又如,加拿大的法国人和南美的荷兰人通过控制商路获利。以上所有的做法都是想办法获取已有的财富,但是英国的帝国主义是以一套完全不同的逻辑实现的。一切始于爱尔兰。

1585年,英国殖民者第一次尝试将圈地运动的做法搬到国外。他们强行夺取了爱尔兰农民的土地,让经过农业密集化训练的农民耕种,直接复制英国国内的做法。这个过程也产生了大量的贫困人口,人们被迫退居到小块的边缘土地上,许多人眼看生计无望,就搬到英格兰和苏格兰从事劳动生产,以换取收入,而以前他们完全不需要这么做。到

19世纪初，圈地运动已经强行推进了两三个世纪，爱尔兰农民拥有的土地极为有限，只能种植土豆果腹，因为只有土豆能提供足够的热量，保证他们不被饿死。

1845年的土豆疫病使得严重依赖土豆的爱尔兰遭受了致命一击。随后的七年间，有100万人死去，超过整个爱尔兰人口的10%，这就是我们后来所说的爱尔兰大饥荒。而这次饥荒其实是可以避免的，如果农民对自己的祖传土地保持原有的权利，他们就会有更多耕地用于种植各种各样的作物，饥荒也就不会发生。换句话说，饥荒是人为原因导致的。[114]但即使是在新的农业体系下，爱尔兰也在积累充足的食物，只不过这些食物都被英国人拿走了。大饥荒期间，爱尔兰每天出口到英格兰和苏格兰的食物有30至50船，而当地却不断有人饿死。[115]

爱尔兰是英国帝国主义扩张的第一块试验田，但绝不是最后一块。英国殖民者在美洲复制了同一套模式，甚至连从事农业集中化的人都是同一批。英国人怎么能够堂而皇之地将大批人的流离失所解释为“进步”呢？这就是启蒙哲学家约翰·洛克(John Locke)的功劳了。17世纪末，美洲殖民地投资者、大地主洛克写了《政府论》(*Second Treatise of Government*)，针对产权制度发表了一个全新的强有力的理论。他说，尽管土地最初由所有人共同拥有，但是当你对其付出自己的劳动之后，土地就变成你的私有财产了。这个“产权的劳动理论”被用于维护那些侵占美洲人土地的行为，因为在那里，似乎没有人从事农业生产，那么只要有人愿意耕种，这些人自然就应该获得这片土地的所有权。

但问题是，很多时候英国殖民者想要窃取的土地是有人耕种的，例如爱尔兰。于是，洛克又说，真正决定产权的不仅仅是耕种的行为，还包括使用生产工具提高产量的行为，也就是农业集中化和利润驱动。就这样，英国人通过这些英国式的农业资本主义原则洗白了自己侵占别国土地的行为。根据洛克的理论，这种行为扩大了公共利益，因为整体产量提升了。尽管这使得土地上原本的居民流离失所，它却提升了整个人类的福祉，将人们从黑暗时代带入了光明的资本主义文明。[116]对进步的追求再一次压过了人类居住的基本需求，甚至被写入宗教教义，使这些经济原则披上了道德的外衣。

然而，这种新的帝国主义带来的后果是毁灭性的，世界其他地方所遭受的不幸甚至超过了爱尔兰。英国人于17世纪进驻美洲东北部，很快就没收了当地人的土地。马萨诸塞湾殖民地的统治者约翰·文斯洛普(John Winthrop)承认，原本是印第安人住在那里，但他们无力"掌控"这片土地，所以就不能拥有土地权。这种强占土地的行为导致英国人与土著之间不断发生武装冲突，造成了数十起血腥大屠杀。[117]到了19世纪，年轻的美利坚合众国将这种抢地行为系统化，于1830年颁布了《印第安人迁移法》(Indian Removal Act)，强制当地居民离开。当时原本有大约12万美洲土著生活在密西西比河东岸。到1944年，只有3万名土著幸存，许多土著被杀，大部分都被美国政府强令搬到西岸。在这条血泪之路上，有15000人丧生。这次大规模的圈地运动给白人定居提供了超过2500万英亩的土地，为南方的烟草和棉花种植以及北方的谷物集中种植扫清了道路。

发生在爱尔兰和美洲的事有一个共性，那就是都被圈地运动和所谓进步的逻辑所驱动，但还有第三个例子同样值得玩味：印度。19世纪末，同样的圈地和进步需求给当地人造成的悲剧远远超过爱尔兰人和美洲土著——如果悲剧可以互相比较的话。那是一个真正骇人听闻的故事，尽管鲜为人知。

印度的殖民化始于17世纪初，当时还是公司行为，由东印度公司主导，以图巩固其对好望角以东贸易航路的控制权。但东印度公司的权限不断扩大，到19世纪，已经对南亚次大陆的大部分地区拥有直接的行政管辖权。东印度公司最终把管辖权让渡给英国政府，而英国政府利用该权力所干的主要就是依据进步的逻辑重建印度的耕种体系。

与在美洲不同的是，这一次英国人不再亲自耕种，而是迫使印度人接受新的农业体系。印度人所种植的农作物不再是为了自给自足，而是用于满足出口市场的需求，他们被迫种植的作物有鸦片、靛蓝、棉花、小麦和水稻。对许多人来说，为了生存，除了接受这个转变别无选择，因为只有这样，他们才能偿还英国人所强加的重税和债务。为了进一步鼓励这种变革，英国人强迫印度的村庄出售自己储存的谷物，废除了当地人长期以来互相支持和储备粮食以备不时之需的传统做法，并以迅雷不及掩耳之势将公地圈占起来。1870年以前，印度的森林由所有人共同使用，农民在森林中获取木材满足烧饭和取暖所需，并获取草料以饲养耕牛。到了1870年年末，几乎所有森林都被英国人圈占，用于建造船只和铁路。除了森林，他们还将领地内的水源私有化，将土地和水源的产权一起作为市场交易的商品拍卖掉。

在英国人的管辖下,那些延续数世纪的传统做法都因“干涉市场化进度”而被废除。将一切置于市场中,就有很多办法可以从土地上榨取更多利益,英国人希望通过这种做法强迫印度农民更加高产。然而,农民很快发现市场对他们是不利的,因为印度的关税控制在英国政府和股东的手中。[118]许多小的农场主很快在竞争中落败,他们的土地被规模更大、效率更高的公司吞并了。

这些变化对印度农民来说是致命的,但真正的灾难直到1876年才显现出来。那一年,厄尔尼诺现象导致当地发生了持续三年的干旱。事实上,19世纪时厄尔尼诺在南亚次大陆并不算罕见,当地农民已经学会如何有效应对这一现象。饥荒年月,他们依靠储备的粮食和公共森林资源渡过难关。但是这一次,他们失去了传统的保障体系,并因此面临着灾难性的后果。由于森林被圈占,农民无法获得饲料喂养牲畜,耕牛大批死亡,农田也因为失去粪肥而减产;由于水源被圈占,人们无法使用原来的灌溉系统。[119]这一切都导致这次旱灾产生了致命的后果,而人们原本是可以安全地渡过灾害的。

最终的死亡数字骇人听闻:1000万印度人死于饥荒。南丁格尔女士在1877年,也就是旱灾的第二年写道:“每多了解这次饥荒一点,对这恶行造成的亘古未有的痛苦和灾难的感受就更深一点。”然而,情况还在恶化。20年后,从1896年到1902年,厄尔尼诺再次造访印度,造成了更大规模的死亡。2000万印度人死于饥荒,加上之前的1000万,共有3000万人因此殒命。如果将这些逝去的生命从头到脚竖着排起来,能够绕英格兰的国土85圈。

像爱尔兰一样,印度的大饥荒完全可以避免。即使没有传统的保障体系,英国人也可以通过他们修建的铁路和桥梁从别的地区运送粮食到灾区。毕竟,即使是在饥荒最严重的时候,这里也仍有净余粮,足够养活印度的全部人口,只需要将粮食运到需要的地方。但是,铁路系统遵照市场逻辑,只按商人的吩咐将粮食从各地运往中心仓库,然后运往欧洲,不许灾民靠近。伦敦证券交易所的粮食价格正在飙升,粮食商都想抓住这个发财的好机会。1877年和1878年,也就是第一次旱灾最严重的两年里,他们将640万吨印度小麦运往欧洲,而非缓解当地的灾情。1875年至1900年,印度的年均谷物出口量从300万吨激增到1000万吨。[120]

与英国当局当时的辩称不同,19世纪末的印度饥荒并不是天灾。这是将国外的市场逻辑强加于当地之后可以预见的后果,它彻底破坏了当地人的基本食物保障,以数以千万计的人命为代价换取利润。饥荒的发生不是当地经济体系的问题,相反,是由于印度接入了新兴的资本主义体系。正如历史学家迈克·戴维斯(Mike Davis)所言:"换句话说,我们在谈的不是因迟滞落后的经济体系造成的土地饥荒,而是在1870年至1914年,因劳动力和农产品被并入以伦敦为中心的世界经济体系而造成的人间悲剧。"[121]在灾难中死去的几千万人,并非因为脱离了现代世界体系,而恰恰是因为他们被强行拖入了这个新的经济和政治体系之中。他们死于自由放任的资本主义的黄金时期。

当然了,英国人强加于他们的自由市场体系毫无"自由"可言,而是通过强力,在英国政府制定的贸易规则下进行。迫于债务和缴税压力(不仅使用当地的灌溉系统需要缴税,连打一口新井都要缴税),当地农民转而种植经济作物。和在英国时一样,在印度推行新的市场体系需要使用暴力,这造成了社会混乱,并破坏了持续几百年的互助体系。同样,那些失去土地的人流入劳动力市场,为英国人的工厂打工。

英国人是怎样破坏亚洲发展的

殖民地的圈地进程,促进了个别地区的发展,却破坏了更多地区的发展。殖民主义影响的不只是土地和农业,更重要的是工业。欧洲列强不仅将殖民地变成粮食和其他土地密集型商品的出口大本营,还想在这些地方倾销欧洲的工业制成品。

在英国人看来,和印度打交道的障碍就在于,印度本国的工业基础较强。例如,印度的纺织业很发达,品质世界领先,这使得英国难以在全球纺织品市场上占有主导权。为了清除这个障碍,殖民地政府不择手段地阻挠和破坏印度本土的工业发展,试图打击印度手工工场,使其无法与英国工厂竞争。殖民地政府阻止印度人接受训练成为技工,并在政府采购时优先采购英国公司的商品。英国人还压伤织工的手指,弄坏他们的织机。但破坏印度本土工业最厉害的工具是单方面关税:一方面对印度出口的商品加收关税,保护英国本土市场;另一方面,英国商品却能够长驱直入地涌向印度。最终,印度这个曾经充分自足且因出口而闻名的国度,变成"世界历史上最大的供货者垄断市场"。[122]

这是一个巨大的转变。根据经济学家安格斯·麦迪逊(Angus Maddison)的数据,英国人来之前,印度控制着全球经济27%的份额,等到英国人离开的时候,印度经济仅占全球经济体量的3%。[123]

等到跟中国打交道的时候,英国人以暴力打开他国市场的技法已经日渐纯熟。1793年,英国的第一个公务使团造访中国。他们迫切希望得到更多茶叶、瓷器和丝绸,但经济上无法支付这些交易。中国人只接受白银交易,他们对英国人出售的商品也不感兴趣,并一直试图保护本国工业不受外来竞争的冲击。英国商人只能接触非常有限的中国市场,活动范围局限在广东省的几个通商口岸。然而,英国的白银储量很快就枯竭了,还有堆积如山的工业制成品亟待出售。他们需要进入中国市场。

英国公使和乾隆皇帝之间的会谈并不顺利。皇帝认为英国人是尚未开化的野蛮人,对于他们带来的各式玩意儿也不感兴趣。为了表明立场,乾隆皇帝写了一封信给英王乔治三世——这可能是世界上最著名的信件之一了:

“其实天朝德威远被,万国来王,种种贵重之物,梯航毕集,无所不有,尔之正使等所亲见,然从不贵奇巧,并无更需尔国制办物件。[……]天朝物产丰盈,无所不有,原不借外夷货物,以通有无。特因天朝所产茶叶、瓷器、丝绸为西洋各国及尔国必需之物,是以加恩体恤,在澳门开设洋行,俾得日用有资,并沾雨润。[……]”

外交受挫后,急于扭转贸易赤字的英国人开始通过中国的黑市,倾销他们在印度种植的鸦片。当中国政府严厉打击了这一不法交易后,英国人的军队开始入侵中国。

鸦片战争开始了,从1840年到1842年是英国人入侵;1856年到1860年则是英法联军入侵。对海战毫无经验的中国被打得一败涂地。直到中国统一废除对欧洲的贸易限制,并割让大块领土给欧洲人,英法才同意停战。随后签订的条约给欧洲提供了全面的贸易优待,却没有给中国任何同等优待。根据这些不平等条约，欧洲人不但可以向中国市场倾销他们的工业制成品，而且还可以保护本国免受中国商品的冲击。最终的后果是毁灭性的。中国占世界经济总量的比重从鸦片战争前的35%降到了史无前例的7%，而且由于失去了对粮食市场的控制权，在遭遇旱灾时和印度一样发生了饥荒。[124]由于被卷入了以伦敦为中心的世界经济体系，3000万中国人在19世纪末的这次饥荒中殒命。

现在，英国人为自己在印度的殖民和对中国的干涉辩护时称，这些行为给印度和中国带来了"发展"。但是我们所列的证据揭示了截然相反的事实。正是殖民时期的强制行为，造成了英国和亚洲之间的"发展鸿沟"。18世纪中叶，欧洲人民的平均生活水平还略低于亚洲，[125]即使是在19世纪，中国的人均收入也领先于西欧，整个亚洲的人均收入也高于全欧洲。[126]中国包括妇女在内的识字率高于欧洲国家，人口出生率也更低。18世纪，印度南方及很多其他地区的工人收入高于欧洲，生活更有保障。印度工匠的饮食质量高于欧洲人的一般水平，[127]而且由于权利得到保障，他们的失业率更低。

从1757年东印度公司接手，到1947年印度独立，殖民时代的印度人均收入没有任何提高。19世纪后半叶，随着英国的全面干涉，印度的人均收入下降了超过50%。下行的还不只是收入，1872年至1921年，印度的平均寿命下降了约20%，整个次大陆的发展被显著破坏。[128]

在殖民时期，印度和中国占全球GDP的比重不断下降，欧洲的占比却从20%飙升至60%。所以，不是欧洲在发展殖民地，而是殖民地发展了欧洲。

非洲：欧洲的压力阀

欧洲各国在工业化的过程中，开始互相竞争，以争夺工业生产所需的原材料和销售商品的新兴市场。这使得它们必须开发新的殖民地。19世纪最后几十年，席卷欧洲的金融危机造成了持续的经济衰退，使得开发新殖民地的需求更为迫切了，它们需要将多余的资本投入新的赚钱渠道中。

与此同时，欧洲还面临着不断升级的社会动荡。英国工业革命早期造成的大面积贫困开始威胁到社会稳定，紧张的社会关系几乎要升级为阶级战争。英国统治阶级意识到，发展殖民活动能够暂时缓解国内的压力，而且无须让渡自己手中的权力。因此，他们没有减少圈地，也没有提高工人的工资，而是寄希望于在国境之外找到一个缓冲带。从英国最著名的殖民主义者塞西尔·罗得斯(Cecil Rhodes)的描述中，我们可以窥见当时的时代精神：

“昨天，我在伦敦东区(工人阶级聚居区)参加了一个失业者的集会，现场充斥着极具煽动性的演讲，人们高喊着‘面包！面包！’。在回家的路上，我凝视着这一幕，比以往任何时候都更加确信帝国主义的重要性……要解决这个社会问题，或者说让4000万大英帝国民众免于血腥的内战，我们这些负责殖民的官员就必须开发新的领地，安置过多的人口，为工厂生产的商品提供新的市场。我一直在强调，帝国扩张是关乎生计的根本问题。想避免内战,就必须成为帝国主义者。”

于是,非洲成为新一轮帝国主义扩张的首要目标。过去,除了海岸贸易点,非洲大陆基本上被欧洲忽略了。英国人控制了南端的好望角,法国人控制了北部的阿尔及利亚,非洲广阔的内陆地区则是为数不多的几个未被欧洲主导的世界体系控制的地方。那时,欧洲人对非洲内陆地区几乎一无所知。后来,探险家戴维·利文斯通(David Livingstone)和亨利·斯坦利(Henry Stanley)等人渐渐描绘出非洲的河道,展现了这块大陆上丰富的资源,于是对新领地的搜刮开始了。

很快,欧洲各国就为了抢占殖民地打得不可开交。早期的焦点是刚果盆地,比利时、葡萄牙、法国和英国都对这块土地宣示主权,为了避免冲突升级,欧洲各国官员决定达成共识,将误会降到最低。1884年,他们举行了一系列会议,史称柏林会议,将非洲大陆的国界划定,针对哪块区域属于哪国写明了纲要,针对何谓“有效圈占领地”确立了规则。

柏林会议大大加快了瓜分非洲的速度。1870年,非洲只有10%的领土被欧洲人控制;到1914年,90%的非洲土地沦为欧洲殖民地。英国控制了从好望角到开罗的大片土地,再加上尼日利亚和西北海岸的部分地区。法国控制了西非的大部分地区、马达加斯加和赤道部分地区。德国人占领了纳米比亚、赞比亚和喀麦隆。葡萄牙人占领了安哥拉和莫桑比克。比利时人占领了刚果[今刚果(金)]。一切尘埃落定之后,非洲的独立国家只剩下埃塞俄比亚和利比里亚。

讨论非洲殖民史,需要展开大量笔墨,在此只通过刚果和南非两个典型案例略加解释。刚果反映的是欧洲人为了抢夺自然资源诉诸的残酷暴行,南非则反映了欧洲人通过有计划的强占策略,将当地人口纳入资本主义市场，成为被剥削的廉价劳动力。

比利时国王利奥波德二世从19世纪末开始掠夺非洲资源，是最早一批入主非洲的欧洲人，并带动欧洲其他地区纷纷效仿。他的公司“国际非洲协会”拥有私人武装，并受到比利时政府支持，控制了非洲中部广阔的刚果。利奥波德辩称，自己是出于人道主义和慈善目的，或者说是为了促进当地的“发展”。柏林会议接受了这种说辞，批准了他对刚果的统治权。然而，在“发展”的烟幕弹背后，利奥波德却将刚果变成了原料产地，先是象牙，19世纪90年代汽车工业发展时则是橡胶。采集橡胶需要大量劳动力，为了获得足够多的劳动力，利奥波德将当地人变为奴隶，强迫他们采集橡胶。如果有人没有完成任务，就会被剁去双手，这和哥伦布为了得到金子对阿拉瓦克人的所作所为如出一辙。作为西方20世纪早期工业化的重要组成部分，汽车工业的发展是依靠对殖民地施暴完成的，其表现不仅限于橡胶。利奥波德想要全面控制刚果的经济，于是要求非洲人只能将产品卖给政府，由政府控制所有商品的价格和收入。

在利奥波德的残酷统治下，1000万刚果人失去了生命，相当于全国一半的人口。[129]许多人死于比利时侵略的过程中，还有很多人死去是因为殖民统治破坏了当地经济和社群结构，大批人流离失所，死于饥荒和致命的热带疾病。通过象牙和橡胶贸易获得的财富，被用于修建比利时本国富丽堂皇的桥梁、公园和火车站等，这些工程至今仍作为欧盟总部所在地布鲁塞尔的骄傲。

非洲南方的殖民过程遵循的则是一套新的逻辑。在19世纪，荷兰人和英国人开始在南非定居，但有一个难题一直无法解决：他们的农场、金矿、钻石矿井劳动力严重短缺。非洲当地人对自己原本的生活方式非常满意：在传统的土地保有制下，大部分人都拥有自己的土地，种植粮食，饲养牲畜，满足家庭所需，他们不想背井离乡，在种植园和矿井中疲于奔命。当时开出的薪水远远不足以调动人们的积极性做出这样巨大的转变。殖民者很快意识到，要让非洲人进入劳动力市场，唯一的办法就是强迫，将他们现有的体制摧毁，使他们在饥饿面前不得不接受这种改变。

历届殖民地政府都采取了同样的措施。早在1857年，殖民者就开始向非洲人强制征税，从而迫使非洲人将家庭成员送到矿井和种植园工作。不交税的人将受到惩罚，也就是说，这套机制背后总是要靠暴力威胁才能运行。此外，他们还开始模仿英国的圈地运动，将非洲人大规模地赶出自己的土地。1913年的《当地人土地法》(Natives Land Act)将非洲人的土地所有权限制为“当地保留地”或“家庭自留地”，全部加起来仅占全国总面积的10%。非洲人逐渐被系统化地从自己的土地上驱逐，聚集到保留地。由于保留地都是一些边缘的贫瘠土地，无法满足大量的人口需求，迫于无奈，非洲人只能迁移到欧洲人的地盘，靠出卖劳动力换取工资。

更为雪上加霜的是，还有一系列的“迁移法案”，使得非洲人和他们的家人不能在白人的区域内定居。欧洲殖民者声称这是种族隔离政策的一部分，实际上，这对他们来说真正的好处是可以付给非洲工人极低的薪水。如果工人及其家人居住在欧洲人聚居区，他们的工资就必须提高，以满足工人及其配偶和子女的生活所需。此外，雇主和政府还需要为其社会福利需求买单，如健康保险和养老保险。这些本来是雇用和保有劳动力的正常开销。但是,如果将工人的家庭限制在保留地内,雇主就可以只付给非洲工人"单身工资",仅够工人自己所需,但完全无法养家糊口。缺少的部分需要依靠在保留地耕种土地来补贴,照顾病人和年迈工人的费用也需要通过保留地的收入解决。[130]这样,就大大节省了欧洲雇主和政府的开支。

然而,非洲劳动力廉价的原因还不只是保留地政策。殖民者禁止工会组织,"肤色限制"使黑人无法从事薪水更高的工作,新一轮失地让更多人进入劳动力市场,从而使得薪水可以持续走低。在殖民者看来,这真是一套天才的制度。欧洲的公司——包括戴比尔斯(De Beers)和英美资源集团(Anglo American)这样的矿业巨头,都通过这种高度剥削劳动力的方式攫取了巨额利润。但占人口绝对多数的非洲当地人未能从中获益。如今,当地超过50%的黑人都生活在极度贫困之中,矿井和种植园都被少数几家白人(主要是英国人)所有的大企业垄断。

牺牲地带的僵局

从15世纪末到20世纪初,欧洲列强一直将殖民地视为牺牲地带(sacrifice zone),即可以为了本国发展牺牲掉的地方。[131]只要能够满足公司和国家的经济利益,死多少人都不足惜,造成多少痛苦都不为过,道德多么沦丧都可接受。殖民者贬低那些黑色和棕色皮肤的人,说他们不如白人进化得彻底,所以这些痛苦对他们来说不算什么。

殖民主义对亚洲和非洲的经济造成了重创。从1870年到1913年,除日本外的亚洲国家的人均收入每年只增长0.4%,非洲则是0.6%。经济学家认为,这样低的增长率数据意味着严重的危机。相比之下,这期间西欧的人均收入增长率为1.3%,美国是1.8%,是殖民地国家的三到四倍。[132]这种收入增长率上的差别是全球不平等的主要驱动力。在这之后,欧洲占有了亚洲和非洲三分之一到一半的国内资本,以及超过四分之三的工业资本。[133]

在拉丁美洲,欧洲殖民主义持续了三百年,直到19世纪初,西蒙·玻利瓦尔改写了故事。玻利瓦尔等人发起了艰苦卓绝的反对西班牙统治者的革命,终于在1821年彻底赢得了委内瑞拉的独立。1822年,厄瓜多尔独立;1821年,秘鲁独立;1825年,玻利维亚独立。但是,这些国家的独立运动多被当地的独裁者控制,他们希望延续欧洲人在当地的经济统治方式。因此,独立也只是名义上的,几乎在欧洲列强离开拉美的同时,美国人在1823年推行门罗主义。由于担心欧洲重新将拉美殖民化,美国通过门罗主义宣称,任何殖民化拉美的企图都被视为对美国自身的侵犯。然而,门罗主义并非为了支持拉美新兴独立国家的善意之举,其真实目的是为了保护美国在该地区的利益。1904年,西奥多·罗斯福总统发布了"罗斯福推论"(Roosevelt Corollary)[134],意在对拒绝服从美国经济利益的拉美国家进行武装干涉,从而将拉美市场开放给美国的贸易公司,为美国提供自然资源和农产品,并消化美国工厂生产的商品——这正是英国人在印度和中国实行的战略。

这不仅仅是抽象的权力宣示,更是一种独特的美式殖民主义,一种间接、有意识地与欧洲帝国主义直接的干涉方式区分开来的经济统治形式。这是一种特殊的殖民主义。美国人用"罗斯福推论"维护他们在19世纪早期的十多次干涉,包括对古巴、墨西哥、洪都拉斯、哥伦比亚、尼加拉瓜、海地、多米尼加共和国和波多黎各的多次入侵和占领。

这些军事行动就是现在为人所知的香蕉战争，大多数情况下是为了保证美国水果公司得到充足的土地和廉价劳动力。比如，美国海军陆战队于1903年至1925年七次入侵洪都拉斯，压制当地进步党派，安插符合美国香蕉生产者利益的傀儡领导人。此外，1906年至1934年，美国占领古巴，主要是为了确保美国制糖公司的利益。当然也有其他原因——1903年美国入侵哥伦比亚，是为了控制巴拿马，为开凿巴拿马运河奠定基础。1912年到1933年占领尼加拉瓜，主要是为了阻止尼加拉瓜政府或任何其他国家的政府建立自己的替代性运河。还有出于债务原因的入侵。多米尼加共和国威胁要拖欠美国的债务时，美国入侵了多米尼加，控制其港口，将该国的海关收入直接转入美国国库。那次占领从1916年持续到1924年，最后美国扶持了当地的军事独裁政府，以维护其在当地的利益。

人们将这些看作一系列罪行，但事实还远不止于此。通过这些历史片段，可以窥见一个持续数百年的、牺牲绝大多数人的利益以满足一小部分人利益的世界经济体系。20世纪早期，新秩序已基本形成，欧洲和美国位于中心，可以从其他边缘国家攫取廉价的原材料，然后将工业制成品销售给它们，同时通过不平等的关税条款确保自己在竞争中受益。

这个系统有两个内在逻辑，造成了西方和其他国家之间越来越多的不平等。首先是发展中经济体的贸易条件随着时间的推移而恶化。[135]换句话说，它们的初级商品出口价格相对于它们的进口制成品价格在逐渐下降，这意味着它们花了更多的钱，却得到了更少的东西，财富在向外转移。[136]第二个问题是发展中国家的工人工资仍远低于西方国家，即使在纠正了生产率和购买力偏差的情况下也是如此。因此，南方国家创造的价值远远超过它们的实际所得。这两个内在逻辑共同导致了经济学家所说的中心国家与边缘国家之间的"不等价交换"。[137]

到殖民时期结束时，由于不等价交换，边缘国家每年损失220亿美元，相当于2015年的1610亿美元。[138]这是边缘国家每年接受的援助和投资额的两倍，[139]这也成为全球不平等的主要驱动力。1820年，第二次帝国主义浪潮开始之际，最富裕国家和最贫穷国家之间的收入差距仅为3∶1；到19世纪中叶殖民主义统治结束时，差距为35∶1。

在大多数大学的经济学课程中，学生们被告知，穷国和富国经济之间的差异可以通过比较优势和供求关系来解释。标准的理论是，价格和工资是由市场根据每个国家的生产要素自动设定的；贫穷国家拥有丰富的劳动力，工人工资很低，因此它们的比较优势在于劳动密集型产业（先是采矿和农业，然后是轻工业）；富裕国家拥有丰富的资本，工资更高，故而专注于高级商品的资本密集型生产。在正统经济理论中，这被视为一种天然的秩序。

但是，只要我们带入历史的视角，这个理论就会分崩离析。首先，为什么贫穷国家拥有相对丰富的劳动力？因为数百年的殖民统治，使得其自有经济体系遭到破坏，数百万人流离失所，被迫进入劳动力市场，导致失业率上升，工资下降。一直持续到19世纪的奴隶制也使得工人工资被进一步压低,因为他们需要在自由劳动力市场上互相竞争。为什么贫穷国家资本不足?部分原因是它们的贵金属被掠夺,还有部分原因是殖民者强行摧毁了当地工业,因此它们除了消费西方出口的商品外别无选择。正统经济理论认为国际不平等是一直存在的,但历史清楚地记得,这些不平等是被人为创造出来的。正如乌拉圭记者爱德华多·加莱亚诺(Eduardo Galeano)所说:"殖民经济是根据欧洲市场建立起来的,并且服务于欧洲市场。"

四、从殖民到政变

克隆一个帝国，有多少种方法？

——沙哈·帕特尔，《安比是如何变成佩斯利的》①

殖民主义给南方国家造成了巨大的经济和人道主义灾难，同时也给欧洲和后来的美国带来了巨大的财富。但这些新的财富并没有被平均分配，而是几乎完全被少数精英占有。1870年至1910年，社会最富有阶层的财富陡然增长，在第一次世界大战前夕达到历史最高水平。1910年，美国最富有的1%的人占有了国家财富的45%；而在欧洲，这个数字是65%。[140]再扩大一点，数字更加惊人：在美国，最富有的10%的人占有了国家财富的80%以上；在欧洲，这个数字高达90%。这种不

① 肯尼亚诗人沙哈·帕特尔的作品。诗中说，佩斯利图案起源于波斯和印度之间的地区。印度被殖民期间，英国对印度纺织品征收重税，这种图案转而在苏格兰工厂里以“佩斯利”的名义生产。——译者注

平等程度已经骇人听闻了，然而今天的情况却再次达到了相似的极端。

第一次世界大战减缓了经济增长，并消耗了最富有之人的财富。但没过多久，又恢复了原来的局面。1919年《凡尔赛条约》签署之后，战胜国获得了德国的赔偿，法国和英国瓜分了奥斯曼帝国，大大扩张了它们的殖民地范围。战时工厂被改造，用于进行大规模消费品生产，从战场上归来的士兵加入了劳动力大军。接下来的十年被称为“咆哮的20年代”，这是一个财富爆发、充满活力的时期——尽管获益的仍然主要是精英阶层。[141]

但这并没有持续多久。1929年，华尔街股市崩盘，引发全球经济大萧条，载歌载舞的时代即将结束。这次崩盘被称为“黑色星期二”，是由于市场投机推动股票价格上涨造成了巨大的泡沫。20世纪20年代的经济繁荣时期，人们对市场的信心支撑着这种狂热，但是无耻的股票经纪人蛊惑人们以非常少的首付款购买股票，直到整个系统都建立在巨大的债务漏洞之上。在宽松的货币政策下，投资者买入越来越多的股票，推动价格上涨，然后导致新一轮的股票购买狂潮。最终，泡沫总会破裂，而无法支撑巨额坏账的金融体系也随之崩溃了，经济陷入停滞，人们对市场的信心跌至历史低点。

但危机也有光明的一面。从旧的经济秩序的残骸中出现了一系列强有力的新思想。这些思想将改变历史进程。这些思想不仅在西方传播，也在南方各国得到传扬。随着欧洲退出非洲和亚洲，民主运动席卷拉美，专制政府和美帝国主义被推翻，南方国家的命运开始发生变化。[142]从20世纪50年代到70年代，怀着经济独立的理想和对更公平的财富分配的追求，一场新的运动开始在曾经的殖民地发展，而且，它真的奏效了。人们的收入增加,生活水平提高,富国和穷国之间的差距自1492年以来首次开始缩小。这简直就是一个发展奇迹。但不是每个人都对此喜闻乐见。那些口口声声支持全球发展的人,到头来却是激烈对抗全球发展的敌人。

西方的新政

当大萧条向西方世界袭来之时,原本稳定的经济思想陷入混乱之中。当时,大多数经济学家认为市场能够自我调整。美国的胡佛总统也认为,解决大萧条的办法是削减政府支出,平衡账目,以恢复投资者的信心。还有的经济学家认为,应该降低工资,以鼓励企业雇用更多的工人。的确,这些措施在理论上会使经济复苏,但事实上反而使大萧条变得更严重了,因为尽管生产成本降低,但购买力也下降了,公司担心生产没有意义。

大萧条持续到20世纪30年代,经济仍未复苏,传统的经济观点开始瓦解,新的经济理论从废墟中生长出来。人们开始意识到,这个问题与资本主义的内部矛盾有关。资本家通过提高生产力和降低生产成本来寻求利润最大化。最简单的降低生产成本的方法当然是降低工人的工资。但如果不加控制,工资过低,工人们就会买不起他们生产的商品,导致需求下降,市场上就出现了没有人购买的过剩商品。于是,商品迅速失去价值,企业停止生产,经济放缓。当我们任由资本主义自行发展时,就会导致极度的不平等,整个系统就失灵了。

以上批判来自英国经济学家约翰·梅纳德·凯恩斯(John Maynard Keynes)。根据研究,他提出了一种截然不同的应对大萧条的方式。凯恩斯认为,政府不应该削减支出,降低工资,恰恰相反,要增加政府支出,增加货币供应并提高工资。他认为,这些措施会刺激总需求,从而推动经济复苏。[143]我们可以将其称为"需求侧"经济学。

1933年,富兰克林·德拉诺·罗斯福当选美国总统,开始推行新政,由政府出资修建重大工程,其中包括纽约的林肯隧道和蒙大拿州的佩克堡大坝,使大量失业的美国人重新获得了可观的收入。[144]大规模的政府支出带来了凯恩斯所谓的"乘数效应":政府资金转化为工人工资,工人重新拥有了购买力,于是也给私营企业创造了新的机会,使它们重新焕发生机。第二次世界大战中的实践也证明了这一点:政府的战时支出也有同样的效果,大量的军备需求促进了就业(美国在二战期间达到了充分就业),增加了工人工资,刺激了市场需求。经济快速增长,并且由于穷人工资增加,富人缴税更多,社会不平等现象也大幅降低。[145]

那的确是一个黄金年代。自由放任资本主义的大厦正在全面崩塌,凯恩斯和他的追随者们大胆地鼓吹一种全新的经济学理论。民主国家应该对市场加以调控,引导市场实现理想的社会目标,以确保经济稳定,提高人民的生活水平。市场应该为社会服务,而非社会为市场服务。这种新制度要依赖资本与劳动力之间的阶级妥协:国家保障工人的福利和工资待遇,以换取他们心甘情愿地卖力工作,工人有了足够的资金,用于消费大规模生产的商品,以此保持经济的稳定和增长。[146]

作为新政的一部分,美国还实施了普遍的社会保障计划,提供便宜的住房,并根据《退伍军人权利法案》(GI Bill),为退伍老兵提供大额的大学学费补贴。在英国,以煤矿工人为主力的工会势力大增,克莱门·艾德礼(Clement Atlee)带领工党执政,推出国民医疗服务体系,提供免费教育和公共住房,实行租金管制和全面的社会保障体系,并将煤矿和铁路国有化。许多右翼政治家都愿意接受这些措施,给予工人阶级更好的待遇,因为他们担心社会不满引发苏联式的革命。他们也希望这样做可以遏制法西斯主义,因为在德国,正是由于严重的经济危机导致法西斯主义势力找到了可乘之机。凯恩斯主义的目标是,确保整个工业世界的稳定和福利,防止另一场世界大战的爆发。

1944年布雷顿森林体系的建立也是出于这个目的。世界银行为饱受战争蹂躏的欧洲提供其重建和发展所需的资金,国际货币基金组织为经济衰退的国家提供资金,以增加政府开支,避免因低需求引发社会危机。

凯恩斯主义为20世纪50年代和60年代的经济高速增长创造了条件,而且这种增长是跨越阶层的相对公平的增长。这个成功是史无前例的。当然,它并不完美,还有很多人被遗忘。例如,中产阶级妇女仍被困在家庭之中,依赖丈夫的收入生活。[147]黑人在签订劳动合同时无法得到公平的对待,并且得不到体面的学校教育和公平的住房资格——这一点在美国尤为突出,因为那时民权运动尚未成功,非洲裔美国人无法享受最基本的法律平等。同性恋者也经常受到迫害和被边缘化。简而言之,西方的凯恩斯主义仍是一种妥协,主要适用于符合特定社会规范的人,即异性恋的白人男性。在某种程度上,它需要依赖妇女和社会少数派的廉价劳动力,当然,还有通过殖民手段攫取的额外财富作为资金支持。

南方的奇迹

凯恩斯主义的兴起恰逢欧洲殖民主义的最后几十年。事实上,殖民主义开始站不住脚并逐渐瓦解,也有部分原因是受强调公平和福利的凯恩斯主义的影响。第二次世界大战后,执掌欧洲的进步政党几乎都对殖民主义缺乏兴趣,因为它与日益增多的关于平等、国家主权和人权的讨论相冲突。[148]二战结束后,联合国通过了《世界人权宣言》。欧洲的殖民地在战争中投入了巨大的资源,贡献了数百万人的军队,为战争的胜利起到至关重要的作用,他们认为自己理所当然地也应该从这个新的秩序中受益,与欧洲人一道获得平等的权利。

莫罕达斯·甘地、马库斯·加维(Marcus Garvey)等反殖民思想家几十年来一直在宣传独立观念,终于在20世纪中叶取得了成果。在一次又一次的非暴力不合作运动的浪潮下,1947年,英国终于从印度退出。法国从叙利亚和黎巴嫩撤退。1952年的埃及革命也结束了英国对当地的殖民统治。五年后,加纳赢得了独立,并引发了一波非洲的独立浪潮。1960年,法国开始从西非的殖民地撤退。美国总统富兰克林·罗斯福实施了睦邻政策,尊重拉美国家的主权,这使得拉丁美洲首次获得了争取独立的空间,中止了门罗主义下美国对拉美长期干预的历史,[149]使得拉美各国通过革命恢复动能、推翻美国支持的傀儡政权成为可能。

南方国家第一次可以自由决定自己的经济政策。由于目睹了凯恩斯主义经济学在欧洲和美国的成功,它们很快就接受了凯恩斯主义的基本原则:由国家主导发展,增加社会支出,保障工人收入。除此之外,它们还增加了一个关键部分:从自己国家的利益出发发展经济,而不再仅仅为了外部力量的利益。

这是一个"发展主义"的时代。拉丁美洲的南部锥形地区(南美洲的巴西、巴拉圭、乌拉圭、阿根廷和智利)成为最早的成功案例。发展主义运动的中心在智利的拉丁美洲经济委员会①。该委员会成立于1948年,由进步的阿根廷经济学家劳尔·普雷维什(Raúl Prebisch)牵头。[150]普雷维什是提出依赖和不等价交换理论的思想家之一,他认为,发展不充分和全球不平等是殖民主义主导的世界体系的恶果,限制了南方国家初级商品的出口,使其无法提升工业上的竞争力,并且由于其出口的初级商品相对于从西方进口的制成品价格不断走低,差距也越来越大。[151]

根据普雷维什的理论,拉丁美洲的各国政府开始实行进口替代战略(import substitution strategies),大胆尝试工业化,自行生产那些本来一直花巨资从西方进口的商品,以摆脱对西方列强的依赖。例如,阿根廷的胡安·贝隆总统,1946年当政就大力投资基础设施建设,实行石油资源国有化,并打下了坚实的重工业基础。[152]此外,由贝隆夫人牵头,阿根廷还在公共教育、医疗健康、社会保障和住房方面加大投入。直到今天,由于在消除贫穷、力挺工人和扶持中产阶级方面的巨大贡献,贝隆总统和夫人仍受到广泛的赞誉。

发展主义在其他地方也有体现。在非洲的大部分地区,它以非洲社会主义的形式出现,将经济资源的共享视为非洲"传统"价值观的重要表现。在非洲社会主义的引导下,加纳的夸梅·恩克鲁玛(Kwame Nkrumah)和坦桑尼亚的朱利叶斯·尼雷尔(Julius Nyerere)等人都在努力加快实现社会的正义。而在北非和中东,发展是以阿拉伯民族主义

① 1984年改名为拉丁美洲和加勒比经济委员会。——译者注

的形式实现的，例如埃及总统贾迈勒·纳赛尔(Gamal Abdel Nasser)和伊拉克、叙利亚的复兴党派领导人。印度的发展则是在总理贾瓦哈拉尔·尼赫鲁(Jawaharlal Nehru)及其继任者的领导下实现的。东亚国家则通过保护本国经济，为新兴工业提供补贴以建立强大的企业，从而能够在与西方的竞争中胜出。所有这些战略都依赖于提高外国商品的贸易关税、限制外国资本流动以及限制外国对本国资产的所有权。土地改革往往是一揽子计划的核心。这些国家的政府一般都会将自然资源和关键行业国有化，以确保其公民尽可能多地从中获益。

这些发展主义政策正是模仿了美国和欧洲在经济巩固时期所采取的措施。[153]这些措施在南方国家同样成效显著。[154]在20世纪60年代和70年代，南方国家实现了3.2%的人均收入增长——这个速度是西方工业革命时期增速的两到三倍，是这些国家在殖民统治下增速的六倍多。这是一个后殖民时代的奇迹。财富的分配也比以前更公平，例如在拉丁美洲，最富有的五分之一和最贫穷的五分之一人口之间的差距缩小了22%。[155]发展主义也使人们的生活品质提高了。殖民主义结束时，南方国家的人均寿命只有40岁；到20世纪80年代初，人均寿命以史无前例的增速上升到60岁。[156]此外，20世纪70年代中期，识字率、婴儿死亡率和其他关键的人类发展指标也得到了迅速的改善。[157]

更重要的是，在发展主义充分落实的地方，富国和穷国之间的收入差距首次开始缩小。 1960年，美国的人均收入是东亚的13.6倍，到20世纪70年代末，变成10.1倍，减少了26%。同一时期，美国和拉丁美洲的人均收入差距降低了11%，跟中东和北非的人均收入差距降低了23%。[158]南方国家正在稳步缩小同北方国家的差距。

除了积极发展本国经济,南方国家也在彼此接触,互相支持。1955年,刚独立的亚非国家聚集在印度尼西亚的万隆,互相交流,建立经济合作关系,抵制西方列强各种形式的殖民主义和新殖民主义,努力发展第三条道路,捍卫自己的利益,反对美国和苏联的霸权,拒绝在冷战中站队。1961年,它们再次在贝尔格莱德举行会议,尼赫鲁、纳赛尔、恩克鲁玛、南斯拉夫总统铁托和印度尼西亚第一任独立总统苏加诺联合发起了不结盟运动。不结盟运动几乎囊括了每一个南方国家,并成为维护和平与主权、反对国际干涉和种族主义、呼吁经济正义的强大力量。三年后,它们组建了77国集团,以维护它们在联合国的利益和愿景,并发起了联合国贸易和发展会议(United Nations Conference on Trade and Development),旨在制定更公平的全球经济准则。

南方国家蓬勃发展,带领着这个星球上的大多数人走向一个更美好的世界。

有人可能会认为欧洲和美国乐得看到这样的成功。毕竟,南方国家所推出的新政——关税、国有化、土地改革、资本管制等,都能切实带来发展,而西方政府宣扬的杜鲁门主义一直声称要支持发展。

但它们并不高兴。西方国家已经习惯了从全球南方国家轻易获得廉价劳动力、原材料和市场,但发展主义的兴起使它们难以获得曾经的好处。进口替代政策意味着西方消费品出口商必须支付更高的关税才能将产品销往南方国家。[159]有时候,出于保护当地工业的考虑,民族主义政府还会将西方国家的产品扣押在海关。想在当地发展业务的西方投资者会被拒绝入境,即使进入当地市场,也常常要缴纳比原来更高的税。而资本管制意味着要把在当地赚到的钱转到自己国家,需要支付更高的费用。同时,工会运动的兴起和宪法对工人权利的保障,使他们必须为工人支付更高的工资。一些国家的政府还通过价格管制确保公民对日常商品的购买力。而西方人更大的忧虑在于,他们担心自己的土地和财产会被国有化。

换句话说,发展主义革命和南方政治势力的兴起,都在瓦解欧洲和美国曾经建立起来的世界体系之根基。

政变时代

西方各国政府和公司不愿意让这种情况继续下去,它们需要对抗革命力量,以重新获得曾经享有的资源和市场。但是,凯恩斯主义所激发的思想解放和南方国家追求经济独立的激情是无法阻挡的。西方国家有时候能通过艰难的谈判赢得税收和投资优惠,但大多数情况下这是不可能的。为了彻底终结发展主义,它们采取了更激进的措施。

1953年,艾森豪威尔就任美国总统,开始坚决反对发展主义,因为他认为这有损美国跨国公司的商业利益。[160]他雇了两个与他持相同观点的人进入白宫:约翰·福斯特·杜勒斯(John Foster Dulles)担任美国国务卿,他的弟弟艾伦·杜勒斯(Allen Dulles)则成为中情局的负责人。杜勒斯兄弟此前曾在沙利文律师事务所和克伦威尔律师事务所工作过,他们代表的是摩根大通、古巴甘蔗公司和美国联合果品公司等大公司的利益,而这些公司认为,它们会因发展主义承受重大损失。但艾森豪威尔政府知道，他们很难去攻击一个明显基于平等、正义和独立原则的运动，他们必须找到让美国公众接受的方法。最后，总统通过大量使用冷战言论来实现这个目标，他把发展主义描绘为通往共产主义道路上的第一步，并将发展主义政府与苏联联系起来，引起美国公民的关注。

伊朗成为艾森豪威尔的第一个目标。那时，伊朗民选领导人穆罕默德·摩萨台(Mohammad Mossadegh)是发展主义运动的坚定支持者，他身材高大，颇有威严，在巴黎接受过教育，作为一名进步政治家，在国内声名鹊起。摩萨台为失业和受伤的工人提供了补偿和福利，废除了强制农业劳动。他向富人征税，用于资助农村发展项目。而他最著名的一件事是积极推进谈判，争取从当时的英伊石油公司(现为英国石油公司)手中夺回对本国石油储备的所有权。由于英伊石油公司拒绝配合审计账目，伊朗议会经过投票，一致同意将该公司的资产国有化。

这件事进一步提升了摩萨台在国内的知名度，但也激怒了英国政府。于是，英国迅速转向美国寻求援助。武装干涉是一个方法，但它们担心苏联可能会向伊朗提供援助，引发代理战争。因此，它们通过了一个叫作"阿贾克斯行动"的秘密项目，该项目由美国中央情报局特工克米特·罗斯福(Kermit Roosevelt，西奥多·罗斯福的孙子，正是他根据门罗主义创立了"罗斯福推论"，为美国的国际干预铺平了道路)牵头。这是一个绝妙的计划。它们先是贿赂政客煽动反政府情绪，并花钱雇一些示威者走上街头，制造摩萨台不受欢迎的错误印象，然后说服军方废除摩萨台，并将权力移交给伊朗国王穆罕默德·礼萨·巴列维(Mohammad Reza Pahlavi)。这一招奏效了：在1953年8月的政变中，摩萨台政权被推翻，国王成立了新的军政府，享有绝对的权威。在接下来的26年里，他一直统治着伊朗，大部分时候能得到美国的支持，并实行对西方石油公司十分友好的政策，就像西方的另一个附庸国沙特阿拉伯一样。摩萨台余生都被软禁在家中。

“阿贾克斯行动”是美国推翻外国政府的第一次尝试，但绝对不是最后一次。[161] 1954年，杜勒斯兄弟才开始大规模的行动。

1931年，豪尔赫·乌比科（Jorge Ubico）受美国政府支持，开始在危地马拉实行军事独裁统治。作为回报，美国联合果品公司获得了大片肥沃的土地，其中大部分是从当地玛雅农民那里攫取的。忍受了多年的野蛮统治之后，人们通过革命推翻了乌比科政权，为第一次民主选举铺平了道路。1945年，胡安·何塞·阿雷瓦洛（Juan José Arévalo）开始在危地马拉正式掌权。作为一名哲学教授，阿雷瓦洛与他的前任完全相反：乌比科代表精英的利益，阿雷瓦洛则站在穷人的立场上。他推行了一系列有利于穷人的政策，例如推行最低工资法等，试图扭转乌比科在位期间因土地兼并导致的大规模贫困。阿雷瓦洛在位的六年间，危地马拉实现了前所未有的政治自由和社会稳定。随后，阿雷瓦洛卸任，在新的选举中胜出的是他的一位部长——哈科沃·阿本斯（Jacobo Árbenz）。

阿本斯拥有瑞士血统，绰号“金发大个子”。他继续实行前任的进步政策，并颁布了《土地改革法案》。当时，不到3%的危地马拉人占有着该国70%的土地。阿本斯的计划是将大片未使用的私人土地国有化,重新分配给在乌比科时期深受债务奴役之苦的失地农民,让他们远离饥饿。顺便提一下,其中约有45万英亩的土地属于美国联合果品公司。尽管政府承诺给美国联合果品公司全额赔偿,后者仍拒绝合作。[162]相反,美国联合果品公司游说美国政府推翻阿本斯政权,利用冷战言论煽动美国公众的支持,称阿本斯是苏联的傀儡,危地马拉唯苏联马首是瞻。杜勒斯兄弟在美国联合果品公司领了38年薪水,因此中央情报局很愿意做这件事。于是,他们发动了"PBSUCCESS行动",轰炸了首都,推翻了阿本斯,让军事独裁者卡洛斯·卡斯蒂略·阿马斯(Carlos Castillo Armas)取而代之,从而结束了危地马拉十年的民主制度。新政府迅速放松了对外国投资的管制,推翻了阿本斯时代的政策,并监禁了数千名异见人士。[163]此后一直到1996年,危地马拉都由一系列受美国支持的军事独裁政权统治。在此期间,军政府将当地玛雅人驱逐出他们自己的土地,危地马拉成为西半球贫困率最高的国家之一。反对者均遭到残酷镇压,约20万玛雅人因反对兼并土地而惨遭杀害。[164]

美国对危地马拉的入侵标志着富兰克林·罗斯福的睦邻政策的终结,和平状态仅仅持续了20年。艾森豪威尔也因此有效地恢复了门罗主义,并恢复了美国在该地区习以为常的强力压榨。

巴西也遭遇了同样由美国支持的政变。1961年,前足球运动员、民族英雄若昂·古拉特(João Goulart)当选总统,推出了著名的《基本改革计划》,将投票权扩大到不识字的国民,为穷人提供成人教育,对转移本国利润的跨国公司征税,并重新分配了超过600公顷的非生产性土地。这些改革使巴西的穷人受益,却引起了精英和美国跨国公司的不满。1962年,巴西政府将经营不善的电信运营商国有化,而该运营商是美国国际电话电报公司(ITT)的子公司。ITT首席执行官哈罗德·吉宁恰好是中央情报局局长的朋友,便向其投诉,倒不是因为在乎这家子公司,而是担心拉美其他国家效仿古拉特的做法,使ITT在拉丁美洲其他地区的利益受到影响。肯尼迪总统对此表示反对。但林登·约翰逊就任总统后不久,中央情报局就在英国的帮助下采取了行动。1964年,在一次名为"萨姆兄弟"的行动中,美国支持了一场军事政变,废除了古拉特政权,拉开了当地长达21年的军政府统治的序幕。[165]新政权为西方国家公司争取利益,放松对外国投资的管制,这种快速的市场自由化破坏了古拉特在消除贫穷方面取得的成果,使美国和欧洲公司重新获得了曾经的利润。一时间,民怨沸腾,军政府因而限制了公民的民主自由,公开折磨和暗中杀害异见人士。[166]

关于西方主使的对拉丁美洲的干涉还可以举出许多例子。1953年,英国推翻了圭亚那在世界历史上的第一位民选马克思主义总统。1961年,美国企图推翻古巴的革命政府,最终以失败告终,被称为猪湾事件。1965年,约翰逊总统下令入侵多米尼加共和国,以平息民众对军政府的反抗。20世纪80年代,美国军队进入萨尔瓦多,支持当地军政府镇压民众革命,并默许其派遣敢死队、实施酷刑和大规模流放平民。而在尼加拉瓜,整个20世纪80年代,美国都在为右翼叛乱分子(一般称为反政府力量)提供非法的财政和军事支持,以推翻民选的丹尼尔·奥尔特加(Daniel Ortega)政府,因为他是一位支持发展主义和社会民主的政治家。除此之外,美国还在不同时期支持了玻利维亚、厄瓜多尔、海地、巴拉圭、洪都拉斯、委内瑞拉和巴拿马的右翼独裁政权。这些行动的战术支持多来自美洲学校,这所院校建立在美国佐治亚州的一个军事基地内,长期以来承担着训练拉美刺客和独裁者的重任,从而为美国在该地区的利益服务。[167]美洲学校至今仍在运行,即现在的西半球安全合作研究所。

美国对发展主义的遏制并不仅限于拉丁美洲。巴西政变一年之后,印度尼西亚也发生了类似的但更具破坏性的事件。小学教师的儿子苏加诺(Sukarno)领导了印度尼西亚的民族主义斗争,使印尼摆脱了荷兰的统治,获得独立。苏加诺担任总统后,推行了典型的发展主义政策,保护本国经济免受廉价的外国进口商品的冲击,将财富重新分配给穷人,并驱逐了国际货币基金组织和世界银行。西方列强对苏加诺的这些政策以及他参与发起不结盟运动的举动表示不满。因此,当苏加诺开始将美国和欧洲的资产(如石油和橡胶加工厂)国有化时,它们抓住机会,开始实施干预。

由于苏加诺总统削弱了军方的力量,苏哈托(Suharto)将军对其颇为不满,于是当美国中央情报局明确表示支持政变时[168],他站了出来。1965年,苏哈托发起了大屠杀,这是20世纪最严重的大屠杀之一。在美国的武器和情报支持下,他抓捕和杀害了50万至100万名苏加诺的支持者。到1967年,苏加诺的势力已经败落,苏哈托控制了整个国家。他的军事统治持续到1998年,并一直支持西方公司的利益。《时代周刊》将20世纪60年代的政治变革描述为“西方在亚洲多年来最好的消息”。苏哈托政权依靠的是一群印尼经济学家的经济政策，这些经济学家都曾受到福特基金会的资助，在加州大学伯克利分校学习。他们被称为“伯克利黑手党”，与苏哈托密切合作，致力于实现经济自由化，扑灭了所有发展主义火种。

非洲的典型例子是加纳。1957年，加纳成为非洲最早赢得独立的国家之一，解放领袖夸梅·恩克鲁玛（Kwame Nkrumah）当选为首任总统。作为发展主义思想家，恩克鲁玛为加纳打下了工业制造基础，大大减少了该国对欧洲进口商品的依赖。他将矿产国有化，对外国公司加强管制，还推出了免费的医疗和教育，并鼓励人们在农村地区开展基础设施建设。恩克鲁玛还为非洲其他国家的解放奔走呼号，阐明了泛非主义的愿景，呼吁加强非洲大陆的经济和政治合作，彻底弥合西方殖民国家出于自身利益所导致的非洲分裂。但他的愿景并不仅限于非洲。像苏加诺一样，他也是不结盟运动的创始成员，目睹了20世纪50年代和60年代初由西方支持的政变，并对西方干涉南方国家内政的做法表达了强烈的批判。1965年，他在自己的标志性著作《新殖民主义：帝国主义的最后阶段》（*Neo-Colonialism: The Last Stage of Imperialism*）中表达了这一观点，并声援了南方各国的民众。

所有这一切使恩克鲁玛成为被攻击的目标。早在1961年，英国和美国就开始策划让他下台，这个计划终于在1966年实现了。在恩克鲁玛外出进行国事访问期间，一场由中央情报局支持的政变推翻了恩克鲁玛政府，新的军政府取而代之，并接受了国际货币基金组织和世界银行的经济管理，将国家资产私有化，减少对外国公司的限制，迫使加纳重新回到了曾经的原材料出口国的角色。而恩克鲁玛的余生，都在几内亚首都科纳克里流亡，再也没有回家。

其他一些非洲国家——主要是撒哈拉以北的非洲国家，也尝试了发展主义革命，但由于西方的迅速干预，很多国家都没有得到机会。帕特里斯·卢蒙巴（Patrice Lumumba）是一名年轻的泛非主义者，1960年，他当选为刚果（金）独立后的第一任领导人，任职仅两个月。在艾森豪威尔总统的授意下，比利时和美国策划了一场暴力政变，将卢蒙巴暗杀。美国担心失去对刚果（金）巨大矿产资源的控制权，包括其发展核计划所需的铀和制造喷气发动机所需的钴。卢蒙巴被射杀后还被切成碎片，在桶中烧成灰烬。西方政府安插了蒙博托·塞塞·塞科（Mobutu Sese Seko），他是世界上最臭名昭著的独裁者之一。[169]在美国、法国和比利时的援助下，他统治了近40年，得到的大部分援助都进了他自己的离岸账户。在蒙博托统治期间，刚果（金）改名为扎伊尔，人均收入平均每年下降2.2%，这是巨大的倒退，刚果人民的贫困程度甚至比比利时殖民统治时期还要严重。[170]

1962年，领导乌干达独立的米尔顿·奥博特（Milton Obote）成为该国第一位民选总理。他并非誉满天下的那种人物，随着任期越来越长，他也变得越来越偏执、暴力和独裁。但无论如何，他还是决定实行发展主义政策。1969年，议会批准了他的《平民宪章》（Common Man's Charter），宪章中声明："我们承诺，为乌干达共和国的所有儿女建立具有充分安全、正义、平等、自由和福利的社会。我们反对为了少数人的利益大肆压榨物质和人力资源，[并决心]毫不留情地战胜贫穷、无知、疾病、殖民主义、新殖民主义和种族隔离。我们必须按照民主原则行事，政治权利必须归属于大多数人而不是少数人。”[171]作为乌干达的前殖民者，英国对这种左翼的转变很不高兴，特别是当奥博特政府要将包括一些著名的英国银行在内的私营公司国有化的时候。1971年，英国在以色列的支持下进行了干预，推翻了奥博特政府，替代者为英国殖民军前军官伊迪·阿明(Idi Amin)。阿明废止了宪章，宣布实行军事统治，强行驱逐亚洲人。而且，根据国际特赦组织提供的证据，他杀害了超过50万名异见人士。

葡萄牙对其非洲殖民地的统治一直持续到1975年，那时，南方其他国家早已赢得了独立。葡萄牙人协助暗杀了阿米尔卡·卡布拉尔(Amí Lcar Cabral)，他是非洲最知名的知识分子之一，领导了几内亚比绍和佛得角的解放运动。他们还在安哥拉反对阿戈斯蒂纽·内图(Agostinho Neto)——领导了安哥拉独立的多才多艺的诗人和忠诚的社会改革家。内图向美国寻求帮助，以对抗葡萄牙的殖民统治，但美国拒绝了，因为他们希望保留殖民地政府统治下对安哥拉石油的使用权。后来，安哥拉最终赢得独立，内图成为总统，美国担心内图作为发展主义者会将石油储备国有化，因此大力扶持内图的对手若纳斯·萨文比(Jonas Savimbi)，使安哥拉内战一直持续到2002年，整个国家成为一片废墟。

还有南非。20世纪80年代，美国和英国一直积极支持南非的种族隔离政权，因为它们担心纳尔逊·曼德拉和非洲人国民大会上台后，会将该国巨大的黄金、钻石和铂金储备国有化，而这些曾经都是由美国和英国公司所控制的。

法国对后殖民时代非洲的干预远超其他西方国家。1960年,法语区非洲获得正式独立,法国却不想将资源的控制权拱手让给当地人。当时的法国内政部部长弗朗索瓦·密特朗(François Mitterrand)曾以少见的坦诚公开表示:"没有非洲,法国在21世纪将无所作为。"为了避免这样的结果,戴高乐总统及其继任者对刚刚独立的非洲国家进行秘密干预,安插傀儡领袖,这些人在法国被戏称为"黑人州长"。这个行动被称为"法兰西非洲",由非洲事务首席顾问雅克·佛卡尔(Jacques Foccart)领导的秘密小组牵头,法国国有石油公司埃尔夫(现在的道达尔公司)资助。他们操纵了喀麦隆的第一次选举,亲自挑选了阿赫马杜·阿希乔(Ahmadou Ahidjo)担任总统候选人,并毒杀其竞选对手。为了维护法国的利益,法国让阿希乔掌权了22年。法国人还挑选了加蓬的第一任总统莱昂·姆巴(Léon M'ba),并在他去世后又扶植了奥马尔·邦戈(Omar Bongo)的独裁政权,他们支持该政权长达42年,以换取该国的石油,这是法国长期以来财富的主要来源。在科特迪瓦,法国则扶持费利克斯·乌弗埃-博瓦尼(Félix Houphouët-Boigny)掌权,从1960年一直持续到1993年。

还有很多其他非洲国家都被迫卷入了"法兰西非洲"的丑闻,其中包括尼日利亚、几内亚、尼日尔、刚果(布)和中非共和国,最重要的是,还有布基纳法索——这是为数不多的曾经成功实施发展主义计划的非洲国家之一。直到1994年,这个充斥着政治腐败和政变策划的庞大网络的全貌才被查清。法国地方法官埃娃·若利(Eva Joly)在她对埃尔夫公司的具有里程碑意义的调查中揭露了这件事,英国《卫报》称之为"自第二次世界大战以来欧洲最大的欺诈调查”。但这并没有阻止法国继续干预非洲事务。据说,就在2009年,法国还操纵了加蓬的选举,以确保邦戈去世后他的儿子能够继位,以保证法国继续获取加蓬的资源。

这一现象使一些关于非洲政治的普遍看法变得更为复杂。在西方人的刻板印象中,非洲是一片被腐败的独裁者所困扰的大陆,他们觉得这是因为非洲人过于“原始”,不配享受西方式的民主。但事实是,殖民主义结束以后,非洲人建立民主国家的过程一直遭受各种阻挠。非洲的强人统治是拜西方所赐,并不是他们自己的意愿。西方列强无数次破坏了非洲争取独立的尝试,却一直在维护自己作为民主和主权的灯塔形象,真是相当具有讽刺意味。

与此同时,再回看美国

西方精英发现,凯恩斯主义在国内得到的普遍认可,也阻碍了他们的利益。凯恩斯主义带来了更高的经济增长率,减少了贫困,改善了社会福利。但是,在镀金时代和“咆哮的20年代”收获颇丰的精英阶层,却因这些政策受到损失。在美国,最富有的1%的人所占的国民收入份额减少了一半,降至8%;最富有的0.1%的人情况更糟,20世纪60年代和70年代,他们的收入占国民总收入的份额达到了历史最低点。

这部分原因是政府向精英阶层征收了更高的税。20世纪四五十年代,美国的最高边际税率为90%左右(如今的政客们都认为提高税收会减缓经济增长,但历史数据显示,美国在实行90%的税率期间经济增长率更高)。还有一部分原因是,工人们通过工会更积极地为自己争取权益,要求提高工资,更公平地分享利润。20世纪四五十年代,美国有大约35%的工人加入了工会,比以往任何时候都高。

那些被迫承受高额税负和工资的精英迫切需要一套解决方案,[172]于是,他们在弗里德里希·哈耶克(Friedrich Hayek)和米尔顿·弗里德曼(Milton Friedman)的思想中找到了方法。弗里德曼是一位美国经济学家,出身于一个东欧移民家庭,他的父母在新泽西经营一家纺织厂。他的父亲强烈反对工会和新政——或者说任何可能损害其商业利益的事情,弗里德曼也持相同的观点。自20世纪30年代以来,弗里德曼不停呼吁废除新政,特别是其中的定价和工资机制。他的观点主要受到哈耶克的影响。哈耶克出生于奥地利,是伦敦政治经济学院的一位经济学家,因其1944年的著作《通往奴役之路》(*The Road to Serfdom*)而闻名。哈耶克认为,任何对经济的干预都将不可避免地导致法西斯德国和共产主义苏俄那样的极权主义。但这些观点当时几乎没有人赞同,那时每个人都是凯恩斯主义者,大萧条的苦难回忆仍在,人们不愿意回到危险的资本主义自由放任经济时代。尽管如此,二人仍继续传播他们的思想,希望最终能够占据主流。1947年,他们与其他持有相同意识形态的人一起组建了朝圣山学社(Mont Pélerin Society),该名字来源于其所在的瑞士精英度假小镇。这个自由市场经济学家的俱乐部创立的宗旨就是尽快将自己的思想推广给社会公众。[173]

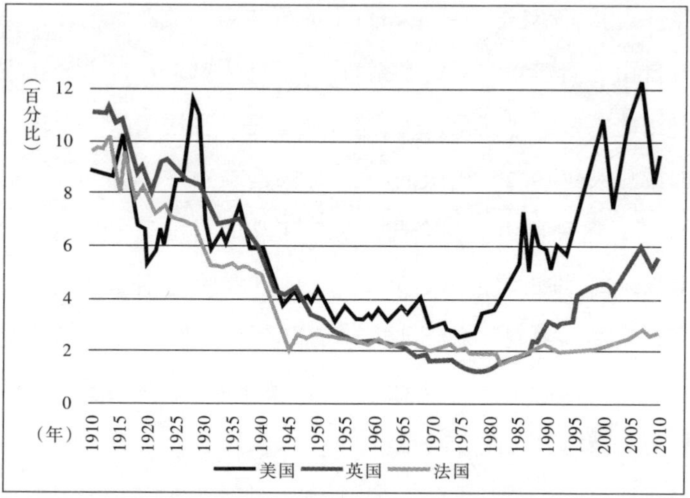

图5　最富裕的0.1%的人所占的国家收入比重

数据来源：托马斯·皮克提在www.quandl.com上发布的数据

1950年，哈耶克和弗里德曼接受了芝加哥大学经济系的职位，这里很快成为自由主义经济学复兴的中心。作为经济系系主任的弗里德曼一直不遗余力地推广他的思想，他怀着对完全纯粹的市场的信仰，认为经济应该恢复到“自然”状态，现在的状态是由于人为干预所造成的扭曲，一旦摆脱了这种干预，市场就能够顺畅和完美地自行运作，以最有效的方式分配财富和商品。弗里德曼想象了一个完美的乌托邦式的世界，一切都根据简单的、合乎逻辑的经济模式运行，每个人都追求自己的利益，就能为所有人带来最大的利益。对弗里德曼而言，高通货膨胀和失业等经济问题都是由于市场未达到真正的自由而导致的，因此要消除任何形式的人为干预。

弗里德曼之所以如此坚定，是因为他坚持认为自由市场不仅符合自然经济规律，而且符合民主和自由的价值观。他致力于在市场自由和个人自由之间建立牢固的联系，声称所有人都应该自由地在市场上表达自己的愿望。他甚至认为，这本质上是一种民主参与。这些观点最终都被写入他1962年出版的《资本主义与自由》（*Capitalism and Freedom*）一书。这种自由的观念与凯恩斯主义的自由观念是不同的。凯恩斯主义认为，真正的自由是免于匮乏的自由，而这种自由需要对精英的财富积累加以限制。对于弗里德曼和哈耶克来说，任何这样的约束都是邪恶的，因为它破坏了美丽的系统，破坏了自由的可能。这个理论因纯粹的优雅而引人注目。

对于弗里德曼及其追随者来说，他们的敌人不仅是美国的凯恩斯主义者，而且还有欧洲的社会民主主义者和南方国家的发展主义者。他们认为，所有这些都是被污染的资本主义，需要得到净化。限定价格以维持低廉的基本商品价格，施行最低工资法保护工人免受剥削，不允许教育、医疗等服务进入市场以确保普惠大众——这些政策改善了人们的生活，但弗里德曼认为这些破坏了市场的均衡，实际上是有害的。[174]国家应该放弃价格管控、补贴和最低工资法；要把那些可以盈利的服务交给市场，其中包括教育、医疗、养老和国家公园；政府还应削减社会支出，避免对劳动力市场形成干扰；税收应该使用固定税率；应该允许企业在世界任何地方自由地销售产品。他声称，实施这些政策将带来前所未有的增长和繁荣。

这种经济意识形态后来被称为新自由主义。它的"新"在于，使经典的市场自由主义从大萧条之后所经历的死亡中复苏，并增加了一些新元素，其鲜明特征在于将市场自由等同于个人自由的观念，这也成为其在西方政治中获得成功的关键。新自由主义放弃了中立,转而支持一个更具政治色彩的观点:旗帜鲜明地反对补贴工人阶级或支持工会,认为应当补贴富人,保护和支持大公司。

20世纪70年代,上层阶级和企业界都在拥抱新自由主义思想,以弗里德曼和芝加哥大学为代表的新自由主义经济学,为他们的经济行为赋予了合法性的光环。[175]很快,芝加哥大学就得到了巨额的企业捐款。但唯一的问题是,普通民众对此是不会买账的,因为凯恩斯主义给他们带来了巨大的好处,要在美国和欧洲进行这样激进的变革,根本得不到所需的政治资本。

智利的实验

20世纪五六十年代,美国格外关注智利,因为这里是拉丁美洲经济委员会(今拉丁美洲和加勒比经济委员会)的所在地,还是劳尔·普雷维什等人的故乡,已成为拉丁美洲发展主义学说的中心。美国担心这些思想会蔓延到整个美洲大陆。

为了遏制这种趋势,美国政府于1956年启动了"智利计划",其目标是,在芝加哥大学培养约100名来自智利的经济学学生,向他们教授新自由主义理论,以抵制发展主义思潮。十年后,这个计划扩大到整个拉丁美洲,并最终促成了芝加哥拉丁美洲经济研究中心的成立。这是一场意识形态的战争,其目的是让这些学生蔑视社会安全网络、贸易壁垒、新兴产业保护、价格控制、公共服务以及当时进步的拉丁美洲经济学家正在推动的许多其他政策。20世纪90年代,智利的一位部长胡安·加布里埃尔·巴尔德斯(Juan Gabriel Valdés)认为,这是"美国将自己的意识形态有组织地转移到在其直接影响范围内的国家"的一个突出例子。有趣的是,这个计划最初的构想始于杜鲁门总统就职演说中的"第四点",后来在福特基金会的资助下由美国国际合作管理局(后来的美国国际开发署)推进。换句话说,它是美国首个官方"国际发展"计划之一。

然而,尽管美国国际开发署和福特基金会为这一计划投入了数百万美元,它们还是失败了。发展主义继续在拉丁美洲快速发展,许多选民都希望能够实现更多的国有化、土地改革和南方国家之间的合作。

这种趋势在智利最为明显。萨尔瓦多·阿连德(Salvador Allende)是一位思维敏捷、真诚坦率的医生,他总是戴着厚厚的眼镜,因其发展主义的进步观点而广受欢迎。当选民推举他为总统时,智利的大部分人口仍处于赤贫状态,一小部分精英控制着大部分土地和财富。阿连德履职时,承诺建立一个更加公平的社会:为工人争取更好的工资,发展公共教育、医疗和住房,让租金更便宜。由于中央情报局和美国企业曾试图操纵选举结果,支持阿连德的竞选对手——右翼政客豪尔赫·亚历山德里(Jorge Alessandri),他的胜利就显得更加了不起了。[176]

阿连德政府履行了诺言,设立了最低工资标准,降低了面包的价格,在校园里推行免费餐饮,增加廉价住房的供应,并将公共交通扩展到工薪阶层的社区。他将铜矿国有化,并将个人的土地所有权限定在80英亩以下(完全补偿了所有的私人所有者),将土地重新分配给农民。[177]

这些措施奏效了。工人工资上涨,贫困率下降,入学率达到了创纪录的水平。但美国并不高兴,因为阿连德的国有化和土地改革计划威胁到了美国的经济利益。毕竟,美国企业在智利投资了9.64亿美元,平均收益率为17.4%。尽管阿连德承诺,对因此而损失财富或投资收益的人提供全额补偿,但这仍无法让美国安心。美国担心阿连德的声望将使拉丁美洲的左翼势力进一步增强。当时,美国有20%的外国投资都流入拉丁美洲,美国公司在拉美开设了5436家子公司,利润巨大,它们不希望看到智利周围出现更多的阿连德式政府。[178]

起初,美国试图通过采取非军事措施向阿连德施加压力,迫使其中止国有化进程,不惜一切代价遏制智利的发展。尼克松总统对中央情报局局长理查德·赫尔姆斯(Richard Helms)下令:"让他们的经济哀号。"[179]美国政府停止向智利提供贷款,并鼓励私人银行也这样做。美国停止进口智利的铜长达六个月,耗尽了智利的外汇储备。美国中央情报局则通过国际电话电报公司旗下的《水星报》传播反对阿连德的观点。但这些措施都没有得逞:直到1973年,阿连德仍然在位。事实上,他的政党在这三年中反而获得了更多的支持。美国别无选择,只好转而采用更具侵略性的做法,也就是其在危地马拉和印度尼西亚曾使用的策略——政变。计划由美国中央情报局支持,由奥古斯托·皮诺切特(Augusto Pinochet)将军于1973年9月11日正式执行,代号为"福贝尔特计划"。

按照中央情报局的命令,一架英国制造的轰炸机盘旋在位于圣地亚哥的总统府上空,用迫击炮和导弹轰击总统府。在滚滚的尘埃和烟雾中,府邸变成废墟,萨尔瓦多·阿连德的生命连同他的人民的希望一起逝去了。在他去世前的几分钟里,阿连德向全国发表了他的最后一次演讲。他说:"我的心中没有痛苦,只有失望。我将用生命回报人民对我的信任。但我相信,我们在成千上万的智利人心中种下的种子不会永远被埋藏。智利的工人们,感谢你们对我这样一个渴望伸张正义的人的信赖。我对智利充满信心。尽管恶势力占了上风,其他人仍在勉力战胜这黑暗和痛苦。"

当时阿连德正躺在办公室里的红色沙发上,他的一半颅骨都被炸飞了,地板上是他炸碎的眼镜。而在5000英里①外一间类似的办公室里,理查德·尼克松点了点头。

皮诺切特的掌权迅速而野蛮。根据中央情报局解密的文件,轰炸总统府后,他立刻逮捕和监禁了8万至10万名阿连德的支持者,其中大多数是农民和工人。3200人失踪或被处决,其中许多人死在被改造为大规模死亡集中营的体育馆里。20万人逃离故土,成为政治难民。[180]

智利的政变与早期受美国支持的政变类似,但它有一个至关重要的新元素:美国不再简单地安插一个维护美国企业利益的新领导人,而是要完全按照自由市场的原则重塑当地经济。因此,美国必须要清理掉所有反对的声音。根据1975年美国参议院的一项调查,"中央情报局的合作者参与制订了一揽子经济计划,成为军政府进行经济决策最重要的依据"。中央情报局资助了一批智利经济学家[181]——他们均毕业于芝加哥大学,被称为"芝加哥弟子"——为皮诺切特的政权提供建议,以践行米尔顿·弗里德曼的经济学理论。事实上,弗里德曼本人也是皮诺切特政权的重要顾问。

弗里德曼在智利的实验结果是毁灭性的。政变后立即出现了恶性通货膨胀,通胀率最高时达到341%。为了缓解通胀,"芝加哥弟子"减少了货币供应,导致经济衰退,失业率升至近19%(阿连德时期为

① 1英里约为1.61千米。

3%)。[182]在接下来的几年里,他们着手将包括银行在内的近500家国有企业私有化,甚至出售公立学校和社会保障体系。关税壁垒一度被取消,直到连支持政变的工厂协会都开始抱怨廉价的进口商品损害了它们的利益。他们还取消了社会补贴和价格管制,导致生活成本飙升。他们削减政府在社会服务方面的开支,增加军备开支,连《经济学人》杂志都称其为“自残式的狂欢”。[183]

1978年之后,受国外投机性融资的推动,智利的经济有所恢复,但1982年,恶性通货膨胀再次袭来,失业率达到35%,经济再度崩溃。局面极其糟糕,作为回应,皮诺切特不得不解雇多名“芝加哥弟子”,[184]将许多私营公司和银行重新国有化。事实上,经济之所以没有完全崩溃,正是因为智利国家铜矿公司没有私有化,持续提供了该国85%的收入。直到1988年,智利经济才得以恢复,弗里德曼和“芝加哥弟子”觉得,终于可以宣布实验成功了。但这成功是对谁而言的呢?智利当时的贫困率为41%,平均工资降低了14%。[185]最低工资降低了42%,饥饿现象十分普遍,最贫穷的40%的人食物摄入量从每天2000卡路里降至1600卡路里。[186]即使到了1993年,人均国内生产总值也比政变前低12%。唯一的受益者是精英群体。银行和外国投资者终于摆脱了束缚,实现了“自由”,最富有的10%的人收入飙升,他们占据国家财富的比重上升了28%,智利成为世界上最不平等的国家之一。

智利人民还不是这种新战术的唯一受害者。在美国的支持下,同样的经济战略还被应用于拉丁美洲的其他地方。20世纪70年代,“芝加哥弟子”是巴西政府的主要顾问,主持了与智利相似的经济改革。1973年,美国支持的军政府统治了乌拉圭,采用的也是芝加哥学派的经济学原则。在阿根廷,美国支持的军政府在1976年夺得政权,采取了同样措施——禁止罢工,取消价格管制,将国有公司私有化,并用酷刑平息反对的声音。结果,工人工资下降了40%,超过一半的人口生活在贫困线以下。[187]这些曾代表着南方国家公平发展希望的灯塔,已经发生了翻天覆地的变化。负责芝加哥大学拉丁美洲项目的经济学家阿诺德·哈伯格(Arnold Harberger)为这些国家的经济政策担任顾问,[188]他同时也为玻利维亚的军事独裁政府提供咨询。

从这些充满罪恶的故事中可以看出,新自由主义经济政策对人们的生活有显著的破坏性,很难在民主政府中实施。在大多数情况下,实行这些政策的唯一方法是通过军事独裁统治和国家恐怖计划压制人们的反抗。为了放松对经济的管制,必须施行严格的政治管制。完全的市场自由需要完全的政治不自由,甚至需要大规模监禁和集中营。

新自由主义回家了

智利是芝加哥学派对抗独立革命的第一次胜利。但是,要在美国和欧洲实施新自由主义政策仍然是不可能的——凯恩斯主义广受欢迎,而且民主也没有像智利和其他拉丁美洲国家一样遭到破坏,选民不会同意任何回到自由主义的企图。然而,这种共识在20世纪70年代开始发生变化。尽管凯恩斯主义在20世纪50年代和60年代带来了高增长,但到了20世纪70年代初,美国和欧洲开始面临“滞胀”危机——高通胀和经济停滞的结合。通货膨胀率从1965年的约3%飙升至十年后的约12%。根据凯恩斯主义的理论，当通货膨胀率上升时，失业率应该下降。[189]但这次很奇怪，失业率和通货膨胀率一起上升。这严重动摇了人们对凯恩斯主义的信任，为评论家提供了一个千载难逢的机会——可以推出他们已经实验过的替代方案了。

那么，是什么引发了滞胀危机？大多数学者认为，问题出在尼克松执政期间的一些重大事件。[190]首先，尼克松实施了扩张性货币政策。换句话说，他实际上是在印钞票。除此之外，美国政府在越南战争上的支出过大，正在逐渐失控，国际市场担心美国无法偿还债务，美元开始暴跌，进一步推高了通胀。除了这些麻烦，另一场危机也正在袭来。1973年，石油输出国组织决定提高石油价格，消费品的价格突然暴涨，因为生产和运输商品所需的能源变得更加昂贵了。生产变得更加昂贵，经济增长放缓，失业率开始上升。真是一场完美的风暴。

滞胀危机是特定历史事件的直接后果，但新自由主义者拒绝了这种说法。他们坚持认为，滞胀是凯恩斯主义的产物，是对富人征税过高、经济监管过多、工会过于强大、工人工资过高的结果。他们说，政府干预使市场效率低下、价格扭曲，使市场上的理性人无法采取合理的行动，整个市场体系都岌岌可危，滞胀是不可避免的后果。他们认为这是凯恩斯主义的失败，应该废弃这个系统。这种说法最终占了上风，不是因为它是正确的，而是因为它背后有更多的火力——当舆论还在摇摆不定时，哈耶克和弗里德曼分别于1974年和1976年赢得了诺贝尔经济学奖[191]，那些渴望恢复阶级权力的富人非常愿意支持他们。[192]20世纪70年代的危机成为废除战后几十年的社会契约的一个完美借口。

上层阶级以“沃克冲击”的形式解决问题。时任美国联邦储备委员会主席保罗·沃克(Paul Volcker)认为,结束通胀的唯一方法是大幅提高利率,减少货币供应,以恢复货币的价值。在里根执政期间,沃克将利率从个位数升至高达20%。这大大增加了经营成本,导致了大规模的经济衰退,企业被迫裁员,失业率飙升至10%以上。工会工人的力量被大大削弱了,而他们曾在应对大萧条的过程中起到了至关重要的作用。总而言之,"沃克冲击"对工人阶级产生了毁灭性的影响,工人工资骤降,抵押贷款违约率增加了两倍。但它的确遏制了通胀!

如果针对低通胀的紧缩货币政策是新自由主义在20世纪80年代初期开出的第一个药方,那么第二个药方就是"供给侧经济学"。里根希望为富裕的人提供更多的资金,作为刺激经济增长的一种方式。他们的假设是,人们会将额外的收入投资到各个领域,并产生新的财富,逐渐"渗透"到社会的其他部分。他将最高边际税率从70%降至28%,将最高资本所得税降至20%,这是自大萧条以来的最低水平。但里根并没有为每个人减税,为了堵住为富人减税所留下的漏洞,他提高了工人阶级的工资税。里根经济计划的第三个组成部分是解除对金融部门的管制。由于沃克认为这一政策过于极端,1987年,里根任命艾伦·格林斯潘(Alan Greenspan)为美国联邦储备委员会主席。格林斯潘开始着手废除战后确立的许多银行法规。他甚至废除了《格拉斯-斯蒂格尔法案》(Glass-Steagall Act),[193]而这个法案的目的是约束银行轻率的投机行为,避免再度引发大萧条。

同一时期,玛格丽特·撒切尔也从米尔顿·弗里德曼那里获得灵感,在英国实施了许多同样的政策:通过高利率抑制通货膨胀,实行累退税制——如1989年推出"人头税",并大力放开金融管制。撒切尔特别重视削弱工会,因为她认为工会妨碍了经济高效运转。1985年,经历了一场激烈的争斗之后,她终于击败了全国矿工联盟,并立法限制了工人的权利。她还大幅削减公共支出,并且作为她新的经济政策的核心,推动了包括英国石油公司、英国航空公司和劳斯莱斯在内的众多英国著名公司,以及包括水和电在内的公用事业公司的私有化。

这些政策将美国和英国的社会不平等推向前所未有的水平。生产力稳步提高,工资却停滞不前,更大比例的利润被转移到资本所有者身上。20世纪90年代,企业首席执行官的工资平均增长了400%,而工人工资只增长了不到5%,美国的最低工资水平下降了9%以上。[194]社会最高阶层占国民收入的份额也以惊人的速度增长。美国最富有的1%的人占国民收入的比例从1980年的8%增长到18%,翻了一倍多。英国也有类似的情况:最富有阶层所占财富的比例从6.5%增长到13%。根据美国人口普查的数据[195],美国最富有的5%的家庭,其收入自1980年以来增长了72.7%,而家庭收入的中位数则停滞不前,最低分位的家庭收入下降了7.4%。换句话说,新自由主义政策是退步的,使社会不平等达到了自大萧条以来从未有过的程度。

别再说什么涓滴效应①了。事实证明,让富人更富不会使我们其他人也变得更富,也不会像供给侧经济学所说的那样,刺激经济增长。[196]恰恰相反,新自由主义实施以来,经济合作与发展组织(OECD)中富国的国内生产总值增长速度从20世纪六七十年代的3.5%下降到八九十

① 涓滴效应是指在经济发展过程中并不给予贫困阶层、弱势群体或贫困地区特别的优待,而是由优先发展起来的群体或地区通过消费、就业等方面惠及贫困阶层或地区,带动其发展和富裕。——译者注

年代的2%。[197]这些数字告诉我们，新自由主义作为经济发展的工具已经失败了，但作为恢复富裕精英权力的工具，它成功了。

殖民主义结束后，全球南方国家通过发展主义政策成功地减少了不平等和贫困状况。发展主义的论点与杜鲁门主义截然相反，认为不平等和贫困不是自然现象，也不是道德败坏的标志，而是一个非正义问题，一个需要通过政治手段解决的政治问题。贫穷国家希望得到的不是西方的援助，而是一个更公平的全球经济体系，和自己决定自己国家经济政策的自由。它们拒绝成为任由外国盘剥的场所。

我们可以从发展主义的历史痕迹中学到很多东西。大规模贫困的解决方案其实非常简单，穷人不需要慈善事业，他们需要公平的工资，需要工会捍卫自己的权益，以及保护他们不受剥削的法律；他们需要教育、医疗等体面的公共服务，以及能够为此提供资金的累进税制；他们需要公平地获得土地和分享自然资源。换句话说，真正的发展需要权力的再分配，而权力的再分配大多数情况下会导致资源的重新分配。发展主义政策通常由民主选举的政府主导，尽管其中一些民选政府，如埃及，被贬斥为专制政权，但这些政权大多得到了广泛的民众支持。无一例外的是，发展主义政府都在试图改变经济规则，以确保制度对大多数人是公平的，经济体系的运作能够满足本国国民的利益，而不仅仅是国家精英和外国公司的利益。

简而言之,这期间对贫困和发展不充分的抗争被认为是一场政治斗争。它试图挑战世界上普遍的权力和资源分配,而西方世界不会容忍这一点。当然,并非所有发展主义国家都遭到了报复,比如印度、利比亚、阿尔及利亚、埃及、叙利亚、伊拉克、坦桑尼亚以及中国等一些东亚国家和地区。它们要么是因为太强大,不能公开对其发起战争,要么就是因为没有对西方利益构成足够大的威胁。在上文所提到的案例中,西方政府都是通过心怀不满的国家精英进行干预,以推翻发展主义政权的。西方媒体举起冷战的大旗,将有利于穷人的执政者妖魔化为"共产主义者",这使西方政府得以采取最严厉的干涉而不受惩罚。然而,在此期间被暗杀或被罢免的南方国家领导人中,很少有真正的共产主义者;大多数情况下,他们都持有明确的不结盟态度,支持的是与凯恩斯主义相结合的混合经济形式。实际上,他们只是在模仿对美国和欧洲发展影响深远的政策。如果细细研读这些言论,就会发现西方所支持的右翼政变与冷战意识形态明显没什么关系,对促进民主也没什么作用(甚至是反作用!)。相反,其目标是捍卫西方的经济利益,只是用冷战的面纱来掩盖这个事实罢了。

我们可以想象一下,如果允许危地马拉、巴西、伊朗、印度尼西亚和刚果(金)等国家继续有条不紊地推进有利于穷人的政策,它们将获得怎样的发展。它们如今可能已经非常接近消除贫穷了,甚至可能像部分东亚国家一样完全摆脱了第三世界的地位。可悲的是,它们的这条路被阻断了。

但有一点我们需要格外注意:发展主义并非没有缺陷。快速的经济增长、工业化和“现代化”带来了巨大的社会成本。很多时候这意味着将农民赶出土地,以便为更大更“有效”的事情让路;意味着迁走居民建造水坝;意味着要驱使人们进入劳动力市场,使他们依靠工资生活,并刺激他们消费。快速发展也会带来环境成本,例如过度开垦农田造成的土地退化,发电站和工厂带来的污染,以及采矿业和林业等对生态系统造成的破坏。1980年,在发展主义时期的尾声,连劳尔·普雷维什也开始认识到这些问题,他说:“我们本以为加速增长能解决所有问题,现在看来这是大错特错的。”[198]

换句话说,过分关注经济的快速增长加速了从殖民主义时代就启动的自然和人类生活商品化的过程。在殖民主义时期,“传统”价值观和生活方式常常被视为经济增长和社会进步的障碍,于是被人为铲除了。毕竟,发展主义是一种西方模式,所以接受了西方不惜一切代价增长的观念,并将西方的成就视为发展的顶点。南方国家从一开始就错过了规划另外一条路线的机会——一条以关怀、生态和可持续性为根基的路线,一条可以借鉴而不是否定本土价值观的路线,一条以比GDP更有意义的指标来衡量发展的路线。相反,它们只能接受由西方制定的路线,随着大潮走向气候变化和生态危机的边缘。

第三篇

Part Three

新殖民主义

The New Colonialism

五、债务与有预谋的苦难经济学

征服和奴役一个国家有两种方式，一种是用剑，一种是用债。

——约翰•亚当斯

20世纪五六十年代，西方支持的政变阻碍了一些南方国家的进步，并推翻了一些很有作为的发展中国家领导人。但即使遭遇了这些挫折，南方国家仍在崛起。这些国家的政府意识到，由于它们控制着西方大国所需的大部分自然资源和原材料，它们可以不必接受西方提出的苛刻贸易条件。一些国家采取措施，通过组团合作来提高商品的出口价格，20世纪60年代成立的石油输出国组织就是一个例子，它们能够通过合作推高油价，这令西方大国感到十分沮丧。针对铜、香蕉和铝土矿等商品的其他团体也开始组建，它们原本有着无穷的可能性。

实力不断增强的77国集团大受鼓舞，该集团想通过一项新的提议，让全球经济规则更为公平。这个被称为"国际经济新秩序"(New

International Economic Order)的提案,于1973年在联合国大会上通过。国际经济新秩序提出,发展中国家有权管理跨国公司,有权在必要时将外国所有的资产国有化,有权通过关税保护本国经济,有权相互合作以维持原材料的合理价格,而且最重要的是,享受这些权利的同时,可以不受西方列强的报复或入侵。还提出,应该没有附加条件地获取发展所需的资金和技术,以避免西方债权人的操纵。

该提案在联合国的通过,代表了发展主义的最高成就,这是第三世界政治意识的顶峰。它洞悉了全球不平等最深层次的原因,指出国际经济体系只服从西方列强的利益,而牺牲了几乎所有其他的人。[199]

西方列强对此感到愤怒,对南方国家在联合国取得的进展也很忧虑。它们意识到,在全球民主的新时代,在联合国大会的会场里,它们将无法再控制这个世界的大多数人。虽然用政变抵制南方崛起的战略曾有一段时间很有效,但这只是一种局部行动,况且,20世纪70年代以来,人们对人权和国家主权问题变得更加敏感,西方选民不愿意支持这种新殖民主义的暴力。

它们需要一个新的计划。1975年,美国、英国、法国、意大利、日本和西德的领导人在法国北部的朗布依埃城堡会面,结成联盟。随后加拿大也加入,共同组成了七国集团。七国集团的目标是抵制发展主义和国际经济新秩序的崛起,阻止南方国家抬高原材料价格。当时的美国国务卿亨利·基辛格阐述了其新的地缘政治战略。他提议,联合国最重要的决定不应该在联合国大会上做出,而应转移到由富国控制的安理会。随后,他提出将援助作为控制工具,以此分裂77国集团。他们的策略是将南方最贫穷和绝望的国家列为最不发达国家(Least Developed Countries),并向它们提供援助,以换取它们对西方国家的支持,对抗石油输出国组织和77国集团。[200]援助是一种意图打破全球南方国家协作的策略。

基辛格借用了杜鲁门有关援助的叙述,以削弱南方国家日益增强的政治权力,特别是在联合国的势力。他坚持认为,不应将全球不平等问题和发展问题视为一个政治问题,而应视为国家责任问题。他认为南方国家的贫穷不是由富国造成的,恰恰相反,富国准备提供援助,帮助贫穷国家发展。基辛格迫切希望避免任何实质性的权力和资源的重新分配,试图改变关于不平等的表述,说服最不发达国家放弃全球政治改革的诉求,接受援助。

这些新战略本身是很有可能扭转局势的,但参与不结盟运动的各国是一股强大的力量,它们似乎看透了基辛格的计划。可是,真相我们永远也不会知道了,因为就在七国集团的朗布依埃城堡会议过去几年之后,一些改变国际历史进程的事情发生了,西方列强占据了决定性的优势,局势忽然发生了逆转。几乎是眨眼之间,美国和欧洲就实际控制了发展中国家的经济命运,兵不血刃地再次征服了它们。这一次,不再需要战马和特工,只需要穿着灰色西装、夹着公文包处理贷款的银行家和官员们。

债务危机

这个令人吃惊的转折其实已经暗中酝酿多年,一切始于中东。1967年,以色列对埃及发动突然袭击,点燃了六日战争的战火。在随后的混乱局势中,以色列借机争夺邻国领土,强占了埃及的加沙地带和西奈半岛，吞并了约旦的东耶路撒冷和西岸的领土，以及叙利亚的戈兰高地。这些国家对这次入侵感到愤怒，计划收回它们的土地。六年后的1973年，它们对以色列发起了一次突然袭击。但事情并不像计划的那么顺利。美国介入，支持以色列，将其作为该地区的主要盟友，向以色列提供大量军事援助。[201]这给以色列带来了意想不到的优势，阿拉伯国家对此感到不安，于是通过“石油武器”进行报复。它们与石油输出国组织合作，将油价提高了70%，希望以此迫使美国退缩。但美国没有被吓倒。三天后，尼克松总统要求国会向以色列再提供22亿美元的军事援助。作为回应，阿拉伯国家联盟采取了更加极端的措施，对美国的石油运输实行全面禁运，对西欧实行部分禁运。[202]截至1974年3月禁运结束时，石油价格从每桶3美元上涨到近12美元。

石油禁运给美国经济带来了巨大冲击，引发了20世纪70年代高通胀和低增长的危机。尼克松迫切需要快刀斩乱麻，他考虑入侵中东夺取油田，但在最后一刻，双方经过谈判达成了解决方案。[203]以色列从西奈半岛撤出，以安抚埃及；沙特阿拉伯确保油价保持在美国可接受的水平，以换取美国的军事援助，应对国内的政治对手。但是，这个解决方案中还有另外一个维度。由于石油价格上涨[204]，石油输出国组织的成员国突然发现自己手上拥有超过4500亿美元的现金。它们不知道如何处理这些钱，由于国内没有什么投资渠道，沙特阿拉伯和其他成员国家决定通过华尔街银行“回收”这笔资金，这也可能在某种程度上是受到美国的压力而成为谈判解决方案的一部分。

于是，4500亿美元很快涌入美国银行，但银行也不知道如何处理这些钱。西方经济停滞不前，在美国国内投资很难有回报。它们绞尽脑汁寻找替代方案,最后决定将其作为贷款投放到南方国家。最初的边缘理论迅速变成了一桩蓬勃发展的生意。许多南方国家刚从20年前殖民主义的废墟中挣扎出来,正需要资本发展自己的经济,它们需要更多的资金,以减少对进口的依赖,建立起自己的工业化体系。此外,1973年之后,石油成本升高。简而言之,它们很需要钱。

银行认为政府不太可能违约,因此这些贷款是很安全的投资。正如花旗银行前CEO沃尔特·瑞斯顿(Walter Wriston)的名言:“国家不会破产。”这话在当时是有道理的,特别是考虑到发展主义遍地开花,全球南方国家经济正飞速发展,人们都认为偿还债务不会有任何困难。因此,花旗银行、大通银行、德意志银行等均派出代表到南方各国说服当地政府接受巨额贷款。他们称之为“催促银行”(go-go banking)或“贷款逼售”(loan pushing)。[205]当然,其中许多贷款都是合法的。但一些银行在兴奋中被冲昏了头脑。放贷人夸大了贷款的预期收益,美化了统计数据,以此说服政府借款,即使这些政府知道它们永远无法偿还。这些人的目标常常是独裁统治者,因为他们没有民主责任,更有可能接受这些高风险的贷款,而且他们很容易就能把这些钱塞进自己的口袋里,或通过从公共账户中窃取资金的方式将钱通过政府渠道用于他们自己的业务中。从这个意义上说,美国政府在20世纪五六十年代支持建立的独裁政权——如危地马拉、智利和刚果(金)——突然以一种新的方式证明了自己的价值。

这基本上是一个全球次级贷款市场。对于放贷者来说,重要的不是贷款的质量,而是数量。他们每出售一笔贷款,便以“参与费”的形式获得一笔可观的回扣。例如，放出1亿美元的贷款，参与费为1.5%，他们就可以立刻获得150万美元的奖金。因此，这些"榨汁机"有强大的放贷动力，而不会过多考虑接受者是否能够偿还这些贷款。[206]众所周知，这类激励措施的问题是，会引发掠夺性的贷款行为，导致产生违约风险极高的有毒债务。

南方国家的债务水平飙升，特别是拉丁美洲这个重点放贷地区。1979年，伊朗伊斯兰革命导致第二轮石油价格上涨，发展中国家不得不借入更多资金，以满足其能源需求，于是情况变得更糟了。从1970年到1982年，其债务总额从4000亿美元增加到1.6万亿美元，增加了四倍。[207]许多国家的债务水平甚至超过了国内生产总值(GDP)的50%。如果贷款被用于提高国内的生产能力，可能也不至于太糟。但这些贷款主要用于支付高涨的油价，于是还款成了一个无法实现的梦想。更糟糕的是，南方国家的贸易优势也在持续下降，它们出口的原材料相比从国外购买的工业制成品价格越来越低。因此，用来偿还债务的收入整体上都在迅速减少。西方经济的衰退也减少了对这些国家出口产品的需求，危机迟早要发生。

与此同时，银行的日子过得舒服极了。贷款获得的利息越积越多，使银行获得了巨额利润——每年超过1000亿美元，一直持续到1980年。[208]唯一的问题是，贷款以美元计价，利率各不相同。这意味着美国利率的显著上升会导致这些贷款的利率也上升，这可能会使贫穷国家无法承受，陷入违约危机。1981年，当时任美联储主席保罗·沃克将利率提高至21%的时候，穷国发现它们根本无法以如此高的利率偿还贷款。[209]1982年，墨西哥不得已拖欠了其800亿美元债务中的一部分。[210]此举促使其他负债累累的国家,如巴西和阿根廷纷纷效仿,引发了第三次世界债务危机。

远程控制的力量

在银行家们看来,第三次世界债务危机是一场彻底的灾难。根据自由市场理论,当借款人贷款违约时,损失应由贷方承担,毕竟,它们从一开始就接受了风险。但华尔街在第三世界放的债太多了,它们根本无法承受损失,最后一定会崩盘。它们不想面临这样的结果,于是着手说服美国政府救助它们,理由是如果它们崩溃,那么整个金融体系也会崩溃,信贷市场会枯竭,全球经济将陷入衰退。

它们最终得偿所愿。美国政府介入,利用国际货币基金组织迫使墨西哥等国偿还贷款。国际货币基金组织最初的目的是利用自己的资金向有国际收支问题的国家提供贷款,以便它们能够保证政府支出,避免再次陷入萧条。凯恩斯的目的是确保进入工业化以后,经济在艰难时期仍然可以维持下去。但现在,七国集团要利用国际货币基金组织做另外一件事:迫使全球南方国家停止政府支出,用这些钱偿还西方国家的银行贷款。换句话说,国际货币基金组织成了全球债务的执法者——就像一位扣押你的车的法警,只是它更强大。[211]国际货币基金组织的使命发生了如此根本的转变,是因为这期间国际货币基金组织的领导层——以总裁雅克·德·拉罗西埃(Jacques de Larosière)为代表——将原本支持原始凯恩斯主义的人都清理出组织,让那些支持新自由主义的人取而代之。

具体的运作方式是这样的:若发展中国家同意其给出的结构调整

计划,国际货币基金组织将帮助发展中国家融资还贷。结构调整计划包括两个偿还债务的基本机制。[212]第一个机制是,发展中国家必须将其现有的所有现金流量和资产用于偿还债务。必须削减医疗和教育等公共服务的支出,以及用于农业、食品和新兴产业的补贴;还需要通过出售电信和铁路等国有企业来私有化国有资产。它们需要停止发展主义改革,通过削减开支和私有化省出钱来,交给华尔街以偿还债务。换句话说,公共资产和社会支出成为偿还外国贷款的抵押品——当然,贷款签署时从未就此达成协议。南方国家为银行的冒险行为付出了数十亿甚至万亿美元的沉重代价,而这些钱都来自普通民众。这也相当于将巨额财富从贫穷的南方国家转移到西方最富有的银行。

第二个机制不那么直接。受到结构调整方案制约的国家要彻底解除其经济管制,削减贸易关税,向外国竞争者开放市场,取消资本和价格管制,减少对劳动力市场和环境的监管,以"吸引外国直接投资",使经济更"有效率"。西方称这些自由市场改革将提高经济增长率,加快债务偿还速度。正如银行家们所说,各国能够"在增长中摆脱债务"。债务国也被迫转向出口型经济,以获得更多硬通货来偿还贷款,这也意味着,它们放弃了在发展主义时期已经颇有成效的进口替代战略。此外,结构调整计划还要求债务国保持低通胀,通过货币紧缩政策避免债务贬值。这对全球南方国家来说是一个沉重的打击,因为它们不仅无法通过通货膨胀减轻债务,而且也无法利用货币扩张来刺激经济增长,创造就业机会。[213]

所以说,结构调整计划引入了一杯由三部分组成的鸡尾酒:货币紧缩、私有化、市场自由化。这些原则不仅适用于墨西哥、阿根廷、巴西和印度等第一批结构调整的受害者,也普遍适用于每个被国际货币基金组织控制的国家,完全不顾各地的经济条件和民众的特殊需求。这个一刀切的方案由高高在上的华盛顿技术专家们传递下来,具有讽刺意味的是,作为新兴的全球经济秩序的中央决策者,他们却声称自己是反对中央决策制度的。

他们承诺,这些政策将缓解债务危机并防止类似的状况再次发生,但这是一种非常微妙的说辞,或者说是一种诡计。结构调整改革本身与危机的真正原因无关。危机的真正原因是外生的——过高的利率和贸易条件下降,南方国家对此无能为力。但国际货币基金组织无意解决这些问题,因为这样做会挑战西方政府及其商业银行的利益。相反,它把危机描述得好像问题是内生的,是这些国家自身的经济问题。因此,国际货币基金组织推动这些国家的国内经济改革,好像这是对危机的回应,而事实上,危机只是一个借口——只是要借此推行华盛顿长期以来一直试图强加给这些国家的经济方案。

从20世纪50年代到70年代,西方列强一直在努力阻止南方国家发展主义的兴起。那些通过局部政变和秘密干涉没有实现的,债务危机替它们实现了。

结构调整计划与芝加哥学派在智利实验时实行的是完全相同的政策,只不过这一次不是通过暴力强制实施的,而是通过债务。于是,债务成了在世界各地推行新自由主义、消除发展主义威胁的强大机制——它甚至比以前采用的政变的方式更加强大,而且不需要处理独裁者和酷刑室这种尴尬的问题。结构调整的好处在于它看起来是一种自愿行为——好像是南方国家为了摆脱债务自愿做出的决定。然而,它们实际上根本不是自愿的。

在这种合法性的背后,西方债权人开始压倒发展中国家的主权,实际控制了这些国家的经济政策。经济决策的决定权从这些国家的国会和民选代表手中转移到华盛顿的技术官僚以及纽约和伦敦的银行家手中。这是一种新的政变,只不过这一次它是无形的,大多数公民对此毫无察觉,他们将继续相信掌权的是他们选出的代表。而实际上,权力——至少是宏观经济战略等核心问题的决策权——已转移到国外,转移到世界体系的核心。通过这种方式,西方霸权能够不动声色地藏在这些国家政府的背后,一切看上去都在正常运转。

南方国家摆脱殖民主义获得独立后,仅仅过了20年,结构调整就终结了它们的国家经济主权。曾经普遍存在于南方国家的经济独立之梦想,很快就成了梦幻泡影。

国际货币基金组织不是推行结构调整的唯一机构。从20世纪80年代开始,世界银行也开始要求将结构调整作为贷款的基本条件。如果各国需要贷款来资助其发展项目——如发电厂、灌溉系统等——它们必须接受国际货币基金组织所列出的相同的条件,作为防止过度负债的补充条款,即使它们本身没有过度负债。由于缺乏其他融资渠道,发展中国家别无选择,只能接受这些条件。

世界银行的有条件贷款,妙就妙在债权人几乎无须承担风险。世界银行在华尔街出售债券,允许商业银行和私人投资者购买南方国家的国债。正如世界银行所称,这些“创新型债务产品”[214]同时具备低风险(通常是AAA级)和高收益(回报率高达15%)的特点。银行为何能够提供如此丰厚又安全的回报?因为它对债务人拥有直接权力。通过结构调整计划中规定的条件,世界银行可以迫使债务人将所有可用资源用于偿还贷款,可以要求他们削减其他支出,并通过出售资产筹集新资金。这是一个万无一失的策略,而且还有一个额外的好处——可以将借贷国的市场开放给外国投资者。

这种贷款模式永远不会出现在正常的商业银行业务中。想象一下,你走进巴克莱银行贷款,你要同意让他们完全控制你的家庭才能获得批准。如果你的利息支付不够快,可以克扣你的工资,变卖你的房产,强迫你的孩子出去工作;在任何情况下,你都不能宣布破产;如果你无法偿还贷款,就必须出售你拥有的所有财产,你不能喂养你的孩子,不能购买所需的药物,所有钱都必须还给银行。[215]这样的条件不会有人接受,我们永远也不可能允许这样的状况发生。然而,这种侵略性条件在发展贷款中却十分常见。

被调整的世界

国际货币基金组织和世界银行向世界承诺,结构调整能够促进经济增长,减少贫穷。但它最终带来了完全相反的结果。结构调整计划并没有像它们说的那样帮助到穷国,而是几乎摧毁了穷国,使它们在发展主义政策阶段获得的所有成果化为乌有。20世纪60年代和70年代，全球南方国家的人均收入平均增长率为3.2%。[216]但在结构调整时期，也就是20世纪80年代和90年代，收入增长率暴跌至0.7%。发展已经停滞，自由化未能帮助南方国家实现经济增长，以此摆脱债务。相反，它们还需要通过货币紧缩政策和私有化的方式筹钱还债。

20世纪六七十年代，拉丁美洲的收入因为发展主义而迅速上升，但在1980年后突然崩溃。在结构调整期间，拉丁美洲的发展陷入长期停滞状态，直到20世纪90年代中期才恢复了危机前的收入水平。撒哈拉以南非洲地区情况更糟。[217]20世纪六七十年代，撒哈拉以南非洲的人均收入增长率为1.6%，虽然不算高，但也比工业革命期间的欧洲更高。然而，20世纪八九十年代，被迫实行结构调整后，这里的人均收入每年下降0.7%，非洲国家的国民生产总值平均减少了大约10%，[218]生活在极端贫困中的非洲人口数量增加了一倍多。[219]

根据马萨诸塞大学经济学家罗伯特·波林（Robert Pollin）的计算，20世纪八九十年代，发展中国家每年由于结构调整损失的潜在GDP约为4800亿美元。这是多少钱呢？同一时期，每年的援助支出总额不到1000亿美元。换句话说，由于结构调整造成的损失大约是援助金额的五倍。这些数字背后，是巨大的经济损失和人类苦难。20世纪八九十年代，每天生活费不足5美元的人口增加了十多亿。结构调整是造成20世纪贫困的最主要原因。

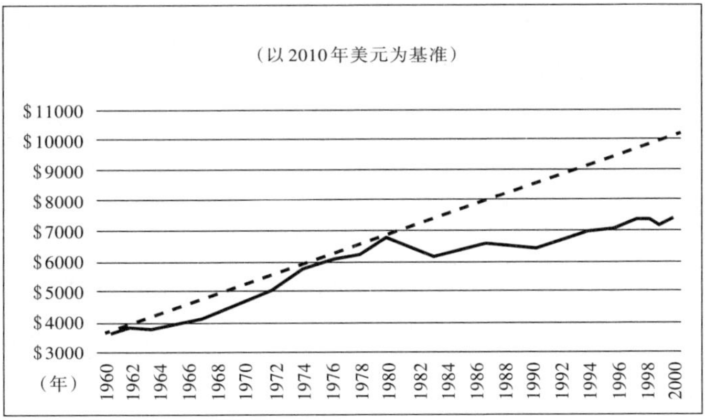

图6 拉丁美洲1960–2000年人均GDP

图表中点线代表若维持1960–1980年的收入发展趋势
数据来源：世界发展指数

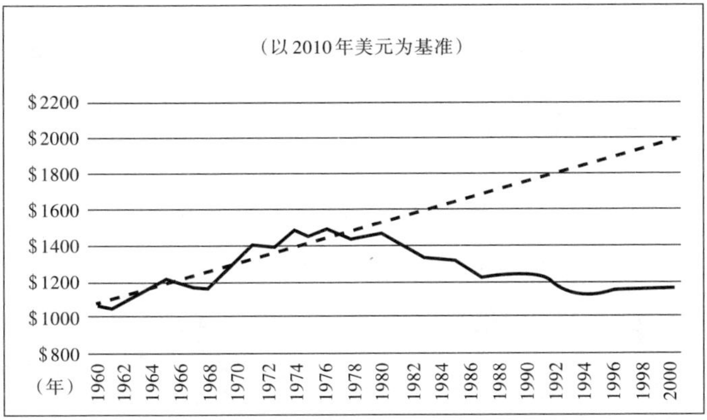

图7 撒哈拉以南非洲1960–2000年人均GDP

图表中点线代表若维持1960–1980年的收入发展趋势
数据来源：世界发展指数

仔细审视几个地区、国家和城市的状况，就可以更好地了解结构调整造成的破坏程度。[220] 20世纪八九十年代，非洲共接受了31项结构调整方案。20世纪80年代，达累斯萨拉姆的人均公共支出每年减少

10%；喀土穆的贫困人口增加了110万人，其中许多人都是在削减开支期间失去了他们在政府公共部门的工作岗位。1981年，哈拉雷的结构调整方案在一年内将当地人的生活成本提高了45%，10万人因营养不良而住院。有“西非老虎”之称的科特迪瓦，由于结构调整计划，贫困水平在1987年至1988年一年内翻了一番。尼日利亚的贫困率从1980年的28%上升到1996年的66%，令人瞠目。在阿尔及利亚，政府被迫将230家公司私有化，并因此解雇了13万名工人，其贫困率也从1988年的15%上升到1995年的23%。

1980年至1986年，廉价的进口商品使得拉丁美洲的小农户被迫离开他们的家园和土地，搬到城市劳动，以勉强维持生计，拉丁美洲的城市贫困率因此上升了50%。根据联合国的统计数据，拉丁美洲的总体贫困率从1980年的40%上升到1993年的62%。到20世纪90年代末，几乎所有拉美国家民众的生活水平都普遍低于20世纪70年代。[221]这种贫困化过程也体现在工人的工资上：从1985年到1995年，大多数国家的平均工资和最低工资都下降了40%，其中巴西的工资下降了67%，哥伦比亚下降了84%。[222]与此同时，失业率也在飙升。例如，20世纪80年代，厄瓜多尔的失业率翻了一番，秘鲁的结构调整则导致城市中的正式就业率在三年间从60%降到11%。随着经济的萎缩，许多人被迫在非正规部门谋生，如墨西哥的非正规就业从1980年至1987年几乎翻了一番。

工资下降和就业市场的不景气，使得工资占国民收入的比重下降——这是国家不平等日益加剧的表现。1980年，拉丁美洲各国工资收入约占国民总收入的40%，但到1996年，这个比重下降到32%。[223]在其中一些国家，情况更糟：

表2 工资占国民收入的比例

	1970年	1980年	1989年
阿根廷	40.9	31.5	24.9
智利	47.7	43.4	19.0
厄瓜多尔	34.4	34.8	16.0
墨西哥	37.5	39.0	28.4
秘鲁	40.0	32.8	25.5

数据来源:佩德拉与维特梅耶《逆向援助时代》

我们看到,工资占国民总收入的比重下降了,这意味着收入从工资收入者转移到资本持有者。换句话说,富人越来越富,穷人越来越穷。我们也可以通过几个城市的具体数据看到这个趋势。1984年,布宜诺斯艾利斯最富有的10%的人的财富量是最贫穷的10%的人的十倍。到1994年,这个数字变成了23倍。在里约热内卢,反映不平等程度的基尼系数从1981年的58增加到1989年的67。[224]最后,拉丁美洲成了世界上最不平等的地区之一。

这是一个太过沉重的现实。失业率上升,食品价格上涨,工资下降,愤怒的人们走上街头。被称为"国际货币基金骚乱"的浪潮席卷全球南方国家,1983年至1985年是第一次浪潮,第二次浪潮则始于1989年,持续数年。其中最严重的一次发生在1989年的委内瑞拉首都加拉加斯,国际货币基金组织强令燃油和运输价格上涨,引发严重骚乱,不久就演变为一场全面的抗议,400人在镇压中丧命。同年,在拉各斯爆发针对国际货币基金组织的抗议行动,结果三天内有50名学生被杀。到1992年,经过结构调整改革的39个国家共发生了大约146次抗议国际货币基金组织的骚乱。[225]此外,1993年,印度50万名抗议者为了反对国际货币基金组织和世界银行的农业政策，发起了当时规模最大的公众示威活动。

但抗议活动几乎没有起到什么作用。抗议的最终目标是反对那些穿着得体的西装在华盛顿整理贷款文件的人，而他们的工作地点在宾夕法尼亚大道旁边，毗邻国际货币基金组织和世界银行总部，距离白宫和国会山仅有几步之遥。他们如此遥远，无法触及，完全与流离失所的农民和街头工人的呼声隔绝，也不受那里任何政治压力的影响，而这恰恰是这种机制奏效的方式。

为什么结构调整对经济增长和国民收入产生了如此负面的影响？现在来看，很容易找到答案。迫使政府以过高的利率偿还债务，并强迫其借新债还旧债，就使得许多国家不得不将大部分预算用于偿还债务。削减社会服务支出，导致医院和诊所系统崩溃；对教育的投资下降，导致人民无法获得发展所需的技能。削减补贴，导致农民无法负担种子和设备的成本，用于食品的家庭开支上升；新兴产业无法获得在全球舞台上竞争所需的支持。私有化导致关键的公共服务变为盈利项目，使得穷人消费不起公共服务。降低贸易关税导致海关收入锐减，外国商品和竞争对手涌入，当地生产商无力支撑，只能破产。放开金融管控导致投资者可以随时抽离资金，这使得金融风险更高，更难预测。

简而言之，结构调整完全颠覆了南方国家政府在发展和消除贫穷方面的政策，而这些政策过去曾产生过巨大的成效。结构调整就是以

"发展"的名义强行施加的反发展。

对结构调整产生的这些后果完全不必惊讶,因为这里面公然采用了双重标准。西方国家的政策制定者告诉发展中国家,要实现增长,它们必须放开自己的经济,但西方国家自己却没有这么做。今天的每个富裕国家都是通过贸易保护主义措施发展经济的。事实上,直到最近,美国和英国还是最彻底地奉行贸易保护主义的两个国家:它们利用政府补贴、贸易关税、专利限制来稳固自己的经济实力,这些都是为新自由主义所诟病的。结构调整使西方国家能够踢开那个曾经使它们爬到高处的梯子,让后来者无法效仿。所以,关于发展的叙事说错了——贫穷国家并不是爬不上发展的梯子,它们只是被别有用心的人撤走了梯子。[226]

然而,有一些南方国家和地区没有实施全面的自由市场原则,所以它们发展得相当好——如土耳其、中国和所谓的"东亚四小龙"。

既然结构调整明显不起作用,甚至是在实际上造成了损害,那国际货币基金组织和世界银行为什么仍然能够继续实施这些政策呢?为什么没有人阻止它们?一个关键原因是,世界银行和国际货币基金组织享有特殊的"免疫"地位。在美国,它们声称自己的豁免权来自1945年的《国际组织豁免法》(International Organizations Immunity Act)[227]。该法案授予外交官、红十字会和联合国等国际组织免受其东道国诉讼的豁免权,以便其不受干扰地开展工作。世界上大多数国家都有类似的法律。国际货币基金组织和世界银行也受此保护,尽管它们与其他国际组织非常不同——毕竟，它们热衷于决定全球南方国家的经济政策。这种豁免权使得任何人都不能起诉它们，哪怕它们的政策造成了巨大的破坏。因此，在操纵其他国家的宏观经济政策时，它们完全不必小心谨慎，因为搞砸了也不必担责。所有风险都属于债务国，任何后果都无法追索赔偿。许多人都曾试图起诉国际货币基金组织和世界银行，要求其赔偿，但都失败了。

国际货币基金组织和世界银行能够无视糟糕的结果，继续推行结构调整计划，还有另外一个原因——与这两个机构的管理方式有关。这两个机构的投票权根据每个成员国的财务所有权份额进行分摊，就像公司一样。重大决定需要85%的选票，而美国持有这两个机构约16%的股份，因此拥有事实上的否决权。排在美国后面的大股东是法国、德国、日本和英国，都是七国集团的成员。中低收入国家的人口约占世界人口的85%，但只有约40%的选票。[228]换句话说，即使每个南方国家都不同意国际货币基金组织和世界银行的政策，它们也无法阻止。当然，更为不利的是，这两个机构的领导人不是民选的，而是由美国和欧洲任命，它们达成了某种心照不宣的协议，因为世界银行行长总是美国人，而国际货币基金组织的总裁一直是欧洲人。

这种少数(白)人通过世界银行、国际货币基金组织以及联合国安理会对全球决策的控制，是“全球种族隔离”[229](global apartheid)的一种形式。全球南方国家长期以来一直呼吁世界银行和国际货币基金组织实现民主化[230]，但几十年来，这个提议一直被忽视。2010年，终于启动了一揽子改革方案，但最终也只不过是装点门面罢了：只有3%的投票权从富裕国家转移到贫穷国家(其中大约一半转移到中国)，而美国仍然保留了否决权。

世界银行和国际货币基金组织的一些内部人士已经离开,并开始揭露一些他们认为错误的行为。世界银行首席经济学家约瑟夫·斯蒂格利茨(Joseph Stiglitz)在其1997年至2000年撰写的书籍中,对该机构提出了严厉批评。威廉·伊斯特利(William Easterly)曾担任世界银行宏观经济与增长部门的高级顾问,辞职后成为结构调整的尖锐批评者。而最受关注的是国际货币基金组织高级经济学家戴维森·巴胡(Davidson Budhoo),他曾于20世纪80年代在拉丁美洲和非洲推行结构调整计划。1988年,巴胡辞职,在给时任国际货币基金组织总裁米歇尔·康德苏(Michel Camdessus)的长信中,他写道:

"我在国际货币基金组织工作了12年,今天,我辞职了。在这里工作的1000天里,我向拉丁美洲、加勒比地区和非洲的政府和人民兜售我们的解药和伎俩。对我而言,辞职是一种真正的解脱,我终于迈出了第一步,试着洗掉沾在我手上的数百万贫困和饥饿的人的鲜血。康德苏先生,那些地方血流成河。它会干涸,会沾满我的全身,有时候我觉得无论如何也无法洗干净这些鲜血,使我摆脱自己以你和你的前任的名义、在你们的授意下所做的事情。"[231]

直到结构调整计划的失败已经明显到不容忽视的地步,又由于此起彼伏的社会运动施加了越来越大的压力,国际货币基金组织和世界银行才有了表面上的退让。20世纪90年代末,它们推出了结构调整方案的替代版本——《减贫战略文件》(Poverty Reduction Strategy Papers)。《减贫战略文件》本意是让各国对结构调整有更多话语权,要求各国把减贫作为接受贷款的条件。但这只不过是一个公关活动,因为基本政策几乎没有变化——唯一的区别是留给社会支出的空间更大了一些。[232]

资本的铁律

在华盛顿特区世界银行总部的大厅里，有一面醒目的墙，上面写着“我们的梦想是一个没有贫穷的世界”。在世界银行所有的主要出版物上，这句话都伴随着它的标志不断出现。而国际货币基金组织的使命是减少经济的不稳定性。如果世界银行如此致力于减少贫穷，国际货币基金组织如此致力于减少经济的不稳定性，那它们为何又一直奉行一些加剧贫困和经济不稳定的政策呢？一些批评者认为，这是因为它们过分相信自由市场，没有充分意识到它们所实行的政策的破坏性，如果它们充分了解了这些政策的后果，就会改变方向。[233]但还有另一种可能的解释，即这些机构继续实施这些政策是因为它们达成了自己真实的目标。

20世纪80年代早期，七国集团的目标是利用世界银行和国际货币基金组织削弱南方国家的经济革命，重新获得当地资源，进入当地市场。从这个角度看，它们成功了。但世界银行和国际货币基金组织还有另一个更深层次的目的，那就是拯救西方资本主义。我们知道，资本主义时不时会在创造新利润上遇到瓶颈。例如，市场饱和的限制——当市场上的供给超过消费者的需求时，购买速度会放缓，企业无法消化这么多的产品；还有生态枯竭的限制——当自然资源不足时，前期投入的成本就会上升；以及阶级冲突的限制——工人要求提高工资，劳动力成本会变得更高，但如果拒绝他们的要求，或者试图降低工资以增加企业利润,就有可能引发社会不稳定。所有这些都使公司越来越难以获得巨额利润。

当资本主义遇到这些瓶颈时,投资者会发现自己投资的选择变少了,因为都得不到预期的高回报。储蓄会导致资本缩水,因为利率通常低于通货膨胀。这就是经济学家所说的过度积累危机(crisis of over-accumulation)。[234]在过度积累危机中,资本会失去价值,这是资本主义的驱动逻辑不允许发生的。为了使资本主义继续下去,必须解决过度积累的危机,必须有新的方法来清理多余的资本,将其引导为某种有利可图的投资。这是一项铁律。

解决过度积累危机有许多方法。一个是"时间性解决方案",即将资本投资到基础设施、教育、科研等长期项目,以提高未来的资本生产率。这正是美国在新政和第二次世界大战之后所做的事:政府通过投资修建道路、桥梁和水坝来消除过度积累的巨额资本,提高工资,并通过《退伍军人权利法案》支持超过220万公民接受大学教育——所有这些都在十年后取得了巨大的回报。这种时间性修复效果很好,但是这会导致财富再分配,并且要过很长时间才会产生好处,所以资产阶级并不是很欢迎这种方法。

还有一种更快、更残忍的解决方案。比如,降低石油价格以降低生产成本,这是美国外交政策中一贯坚持的目标。也可以向市场释放新的劳动力,例如20世纪后半叶,女性进入劳动力市场;或者使现有的劳动力更便宜,例如里根总统在20世纪80年代成功地削弱了工会的力量。还有一种选择,是在原本不受市场控制的领域创造新的市场,例如英国铁路私有化,以及那些取消国民医疗服务的尝试。还可以为债务投资创造新的市场,例如美国推出的学生贷款,或者鼓励消费者用信用卡消费。资本家更喜欢选择这样的解决方案,特别是对于那些迫于法律压力需要最大化股东价值的公司,因为这样可以获得更快的回报。[235]但其中一些措施——例如私有化、减薪和石油战争——可能难以实现,因为这会面临强大的政治阻力。比如:美国和欧洲公民曾自发动员,抗议2003年入侵伊拉克的行为;英国人定期走上街头,捍卫他们的公共卫生系统。

为了避免政治上的高昂代价,政策制定者常常诉诸"空间性解决方案"来解决过度积累危机。换言之,就是在海外开辟新的消费市场、劳动力市场和投资市场。

这正是世界银行和国际货币基金组织派上用场的地方。20世纪70年代后期,西方经济停滞不前,正是通过这两个机构创造了投资外国主权债务的机会,使用了空间性解决方案,基本保证了高回报。[236]至于这笔投资的规模,事实告诉我们,2015年,世界银行在华尔街销售了约580亿美元的AAA级主权债券。这是一个巨大的市场。除此之外,由世界银行贷款资助的大型开发项目均要求接受贷款的国家雇用美国承包商,并从美国企业而不是本土企业购买设备和材料,即使这可能使成本上升30%。[237]通过这样的"捆绑式援助",世界银行的每一笔贷款都会刺激对美国产品的需求。[238]一些研究表明,美国政府每向世界银行投入一美元,美国公司就能通过新的购买行为获得82美分。

除了这些新的投资和商业机会外,世界银行和国际货币基金组织还撬开了外国市场,让西方跨国公司能够获得更便宜的劳动力,从而恢复其利润水平。过去,美国制造商不仅需要支付更高的工资,还必须应对工人的讨价还价。如果工人对薪酬或工作条件不满意,他们就会罢工,向雇主施压,以获得更好的待遇。如果雇主想继续生产,就必须对工人的要求做出让步,或者至少要态度友善地进行协商。但20世纪八九十年代的结构调整迫使全球南方国家开放了市场,再加上集装箱运输等新的运输技术,使这些公司忽然有了另一种选择:它们可以转移到孟加拉国或墨西哥去生产,到这些地方去劳动力成本就大大降低了。

事实上,企业很快发现它们可以在全球范围内寻找更便宜的劳动力,甚至是最便宜的劳动力。而发展中国家则发现,为了成功地吸引外国投资,它们必须相互竞争,不断降低工资,提供更低廉的劳动力和更低的门槛。南方各国一反20世纪60年代的团结姿态,代之以残酷的竞争。七国集团的企业最终在对工人的斗争中占了上风——至少是在制造业等适合离岸外包的行业中。如果工人要求太高,它们就可以威胁把工厂搬到其他地方。而工人们则意识到,要保住工作,就得乖乖闭嘴。这不仅对西方国家,对全世界的劳动力都产生了强大的约束作用。

基于此,结构调整对西方公司来说是非常有利可图的。美国在海外的投资增长到10万亿美元以上。20世纪70年代末,这些投资的收入占国内收入的20%左右;到20世纪80年代末,这个比例上涨到80%左右。更重要的是,在结构调整期间,美国公司得到的投资回报率在上升——从1975年的5%上升到1990年的11%以上。[239]

其中一些利润来自市场上的生产行为,也就是南方国家创造的新价值。但由于结构调整导致了经济增长率下滑,我们可以得出结论,利润的很大一部分其实是来自对现有财富的占用。世界银行和国际货币基金组织要求债务国将公共资产私有化,从而为西方国家的公司创造了优惠购买当地电信、铁路、银行、医院、学校和其他公用事业的机会,以私营方式谋取利益,或将业务肢解后出售以换取利益。公共资产的私有化向市场释放了巨大的资产,资本得以进入这些领域,新的利润机会得以产生。从1984年至2012年,世界银行在发展中国家完成私有化的资产超过了2万亿美元。[240]这样一来,除了世界银行每年在华尔街出售的580亿美元高息债券外,西方投资者平均每年获得的利润高达720亿美元。

私有化为投资者创造了新的机会,但给穷人带来的往往是灾难性的后果。公用事业是公有的,应该向所有人提供服务。但私营公用事业公司的任务是赚取利润,因此它们没有理由为无力支付的人提供服务。20世纪八九十年代的私有化就导致了这样的后果。20世纪90年代中期,世界银行向玻利维亚政府施加压力,要求将科恰班巴市的供水系统私有化。这单生意交给了美国柏克德公司,水价提高了35%。2000年,无法承担高昂水费的科恰班巴市民爆发了抗议活动,这次抗议也成为抵制私有化的标志性事件。但世界银行没有改变其政策。直到2008年,银行的一位主要官员被问到一个问题:“越来越多的证据表明水资源私有化伤害了穷人的利益,世界银行为什么还要支持这种做法?”对此,他回答道:“我们相信,提供清洁水和卫生服务是一个真正的商业机会。”[241]

世界银行和国际货币基金组织对七国集团意义重大。它们不仅是反对发展主义的有力工具,而且还为西方资本主义20世纪70年代后期因自身局限所带来的危机提供了空间解决方案——将贫穷国家转变为投资、开采和积累的前沿阵地,使得西方资本主义克服了增长瓶颈,避免了内部矛盾的爆发——至少暂时如此。当然,这不是解决危机的真正办法,只是空间上对危机进行了转移。但如果没有这种转移,美国和欧洲的资本主义早就因为市场饱和、生态枯竭和阶级冲突崩溃了。世界银行和国际货币基金组织受到美国政府和华尔街的重视,正是因为它们对于资本主义系统的连续性至关重要。[242]

这有助于我们理解为什么世界银行和国际货币基金组织不肯改变自己的政策。尽管它们的官方口号和营销材料宣称要减少贫穷,但这并不是它们的目标。事实上,"贫困"(poverty)这个词在世界银行的章程中一次都没有出现过。相反,第一条就清楚地描述了世行的作用是"促进私人投资"和"促进国际贸易增长"[243]。如果用这些标准去衡量,世界银行没有失败,而是取得了巨大的成功。这也没什么好惊讶的。如果觉得一个控制着华尔街和美国政府数十亿美元的机构一直在"失败",那才是荒谬的。我们通过这个视角来看,就可以理解,为什么世界银行历任的所有行长并不符合人们对一个致力于发展和减贫的组织所期望的那样,他们都不是发展领域的专家,而是美国军队的高层和华尔街高管——美国在全球经济体系中的作用对他们而言具有非常重要的战略意义。以下是按先后顺序排列的世界银行历任行长:

尤金.迈耶(Eugene Meyer),曾任美联储主席

约翰·麦克洛伊(John McCloy),曾任美国助理国务卿

尤金·布莱克(Eugene Black),大通银行前高管

乔治·伍兹(George Woods),瑞士信贷第一波士顿银行前高管

罗伯特·麦克纳马拉(Robert McNamara),曾任美国国防部部长,福特汽车公司高管

阿尔登·克劳森(Alden Clausen),曾任美国银行高管

巴尔伯·康纳伯(Barber Conable),曾任美国国会议员

雷维斯·普瑞斯顿(Lewis Preston),曾任摩根大通银行业务高管

詹姆斯·沃尔芬森(James Wolfensohn),企业律师,银行家

保罗·沃尔福威茨(Paul Wolfowitz),曾任美国国防部副部长

罗伯特·佐利克(Robert Zoellick),曾任美国副国务卿兼贸易代表

美国政府对高层管理人员的选择表明了世界银行真正的目标。直到2012年,奥巴马总统为了挽救世界银行的声誉,才第一次任命真正的发展专家担任世界银行的行长,这位行长就是韩裔美国人金墉(Jim Yong Kim)。

不平等的机器

所以,大多数人对发展援助的理解都是有误的。通过有条件贷款的形式发放的官方援助,其最终目的不是促进南方国家的发展,而往往是阻止它们实施促进发展和消除贫穷的政策,同时为富国的投资者创造新的机会。如我们所见,20世纪八九十年代,南方国家得到的结果是经济增长放缓、工资降低、失业率上升、公共服务减少和贫困加剧。在此期间,由于在国内实行新自由主义政策,富裕国家的收入增长的确也放缓了,但增长率仍然徘徊在2%左右。相比之下,全球南方国家的收入增长率下降至0.7%,富国和穷国的增长率差距变大,全球收入差距扩大。根据联合国《人类发展报告》,1960年世界上最富裕的五分之

一的人其收入是最贫穷的五分之一的人30倍。到1995年,这个数字变成74倍。[244]

事实上,在结构调整时代全球不平等程度出现了加重的趋势。

发展主义政策时期,美国与大部分发展中地区的人均收入差距都在缩小,但20世纪八九十年代,美国与所有发展中地区的人均收入之间的差距都显著增大了。1980年,美国的人均收入是撒哈拉以南非洲人均收入的约27倍,20年后则高达52倍,不平等比率上升了91%。其他发展中地区也是如此:拉丁美洲的不平等比率上升了42%,中东和北非则上升了38%。而在此期间未被强制推行结构调整的南亚,尽管与美国人均收入之间的绝对差距继续扩大,但不平等比率却下降了15%。[245]

由结构调整和全球化引发的竞次效应是这种日益扩大的差距背后的主要驱动因素之一。20世纪60年代,由于发展中国家出口商品的实际价值与这些商品的市场价格之间的差额,发展中国家每年损失1610亿美元(以2015年美元计算),经济学家称其为“不等价交换”。这可以看成是对劳动力价值的低估。如果20世纪60年代发展中国家的工人得到的是西方国家工人的报酬,那么它们每年的出口额将增加1610亿美元。[246]这种差异很大程度上是由于当地的殖民政策将工人的工资长期维持在低水平上,而结构调整使这个系统变得更加不公平了。根据德国经济学家格诺特·科勒(Gernot Köhler)的计算,到1995年结构调整的高峰期,由于过低的劳动力和商品价格,发展中国家的损失扩大到原来的16倍,达到2.66万亿美元(以2015年美元计算)。换句话说,如果在世界市场上给发展中国家的劳动力支付合理的工资,那么它们每年的出口收入将增加2.66万亿美元。你可以将其理解为一种暗中进行的从全球南方国家到北方国家的价值转移——1995年的转移金额是援助预算的32倍,相当于从经济合作与发展组织流出金额的13倍。[247]

差距扩大背后的另一个主要推动力是债务体系。它不仅为结构调整铺平了道路,而且通过债务偿还实现了从处于世界体系边缘的发展中国家向发达国家的财富流动。在结构调整的第一个十年,南方国家平均每年要偿还1250亿美元的外债利息。接下来的20年里,这个数字大致保持稳定,但近年来平均每年高达1750亿美元。自1980年债务危机开始以来,南方国家已经向它们的债权国支付了总计4.2万亿美元的利息。如果再加上本金,20世纪80年代发展中国家每年偿还的债务总额为2380亿美元,并在20世纪90年代急剧上升;到2000年,达到每年4400亿美元;到2013年,则高达每年7320亿美元。整体来看,自1980年以来,南方国家已偿还的债务总额达13万亿美元。[248]下列的图表展现的是偿还外债的规模。

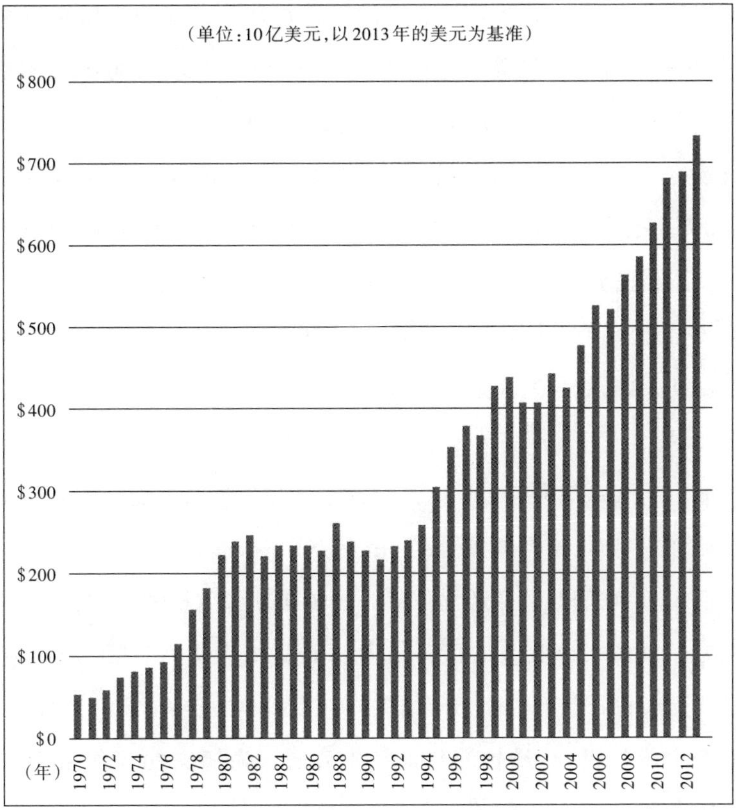

图8 南方国家外债

数据来源:世界银行国际债务数据

问题在于,资金外流消耗了那些本来可能用于消除贫穷的重要资源。例如,黎巴嫩将预算的52%用于偿还债务,只有23%用于医疗和教育。[249]

事实上,全球南方国家每年偿还的债务金额远远超过联合国声称的完全消除贫穷所需的金额。如果足够有勇气的话,你可以取消所有的债务,同时消除全球贫困。

债务负担越来越重的一个关键原因是复利。我们来做个思维实验，如果你借了1万亿美元的债务，以每年10%的复利，50年后债务规模将达到117万亿美元，一百年后将达到13780万亿美元。复利带来的乘数效应几乎超出了我们的想象。从1973年到1993年，南方国家债务从1000亿美元增长到1.5万亿美元。这1.5万亿美元中只有4000亿美元是真正借的钱，其余的都是由于复利新增的钱。[250]因此，尽管发展中国家为偿还贷款做出了巨大的努力，但也只是在慢慢啃食一座不断长高的复利大山，它们甚至还没有开始触及债务的主体部分，还债之路似乎没有尽头。

最后一点希望大家记住的是，"为了减少债务"，发达国家在南方各国实施了数十项结构调整计划，但南方国家的债务存量并未减少太多。事实上，它们的债务还增加了。1980年债务危机爆发时，外债占全球南方国家国民总收入的百分比为25%；[251]结构调整的第一个十年结束时，达到38%；到第二个十年结束时，则为39%。换句话说，即使按照其本身所设的目标，结构调整也是失败的。为解决20世纪80年代开始的债务危机而开出的"药方"最终却导致了疾病的恶化。

债务的隐秘力量

每当我在课堂和讲座中讲到结构调整的历史时，总有人问我这样一个问题："为什么全球南方国家要接受这种做法呢？它们为什么不直接拖欠贷款，而要臣服于华盛顿的远程控制？"

从技术上讲，它们可以选择债务违约，从国际大银行的束缚中解放出来，迫使银行承担风险贷款酿成的后果。但实际上它们不能这么干，因为违约后可能要面临美军入侵的威胁。在目睹了伊朗、危地马拉、刚果(金)和智利的情况后,南方国家的政府都知道,如果它们威胁到华盛顿或者美国大银行的利益,美国就可能会通过支持政变推翻它们原有的政权。这种真实的威胁使发展中国家别无选择,只能遵守华盛顿的规则。

托马斯·桑卡拉(Thomas Sankara)的故事反映了这个残酷的事实,也为其他人敲响了警钟。20世纪80年代,33岁的桑卡拉成为布基纳法索的总统,他被人们亲切地称为非洲的切·格瓦拉。他有着温暖的笑容,总是戴着一顶时尚的贝雷帽,债务是他关注的主要问题之一。1987年,在亚的斯亚贝巴的非洲统一组织总部,面对着来自非洲大陆各国的国家元首和政府首脑,桑卡拉发表了一次著名的演讲,并因此被人们铭记。这位年轻的总统勇敢地说出了其他人永远不敢说的话,有的人在震惊中互换了怀疑的眼神,还有的人看上去很担心,甚至怕他中途遭遇枪击。他的激情感染了在场的所有人,演讲结束后,观众爆发出雷鸣般的掌声,一场革命仿佛呼之欲出。

桑卡拉将骑士的手套扔在了前殖民者法国总统的脚下。他直击要害,通过聚焦核心问题——债务,来挑战后殖民时代的秩序。“看待债务问题要追溯到债务的起源。”桑卡拉说,“债务起源于殖民主义。我们的债权人是曾经的殖民者,他们过去管着我们,现在仍然管着我们。这笔钱不是我们要的,因此我们也不会还。债务是新殖民主义,是在以更巧妙的方式征服非洲。我们都成了金融奴隶,他们让我们还钱,还说欠债不还就是道德有问题。但事实并非如此。”然后他抛出了他的核心观点,“这些债务根本无法偿还。如果我们不还钱,债权人不会死,这是毫无疑问的;但如果我们还钱,我们就会死,这也是毫无疑问的。”桑卡拉被视为危险人物,不仅因为布基纳法索想要债务违约,而且他还将这个想法传播到整个非洲大陆。他正试图激发整个非洲大陆的债务抵抗运动,西方债权人必须阻止他。就在他发表这一通演讲的三个月后,桑卡拉在一场被怀疑由法国支持的政变中被暗杀,继任者布莱斯·孔波雷(Blaise Compaoré)被扶植上台,随之开始了长达27年的独裁统治。

西方国家通过使用暴力来强制全球南方国家偿还债务已有很长的历史。1902年,委内瑞拉拒绝偿还外债,英国、德国和法国派遣海军炮艇封锁了委内瑞拉的港口。1916年,美国入侵多米尼加共和国,夺取了对该国海关机构的控制权,以强制要求多米尼加偿还债务,此举持续了25年。针对桑卡拉的政变只是最近的一个例子罢了。

当然,如果几个发展中国家达成统一战线,同时违约,那么它们成功的机会更大,但这需要全球南方领导人及政治精英保持高度统一和积极行动。毕竟,从个人利益的角度看,他们因为获得新增贷款、工资下降和与西方国家的亲密关系而获益,他们还可以将个人财富存放到海外,以避免债务危机对自身的影响。因此,他们有充分的理由对这个问题视而不见。无论如何,既然结构调整已经开始,他们就不能再选择债务违约了。全球南方国家现在完全依赖外国投资维持生存,违约将意味着被逐出全球金融体系,其经济将立即崩溃。想想2015年的希腊吧:激进的左翼联盟党执政后,原计划启动债务违约,但考虑到会因此失去外国投资进而导致经济衰退,他们还是屈服了。

我不是桑卡拉,我只是一名学者,所以我没有因为反对债务而遭到暗杀。但我确实发现人们对债务问题越来越感兴趣。当我给学生们讲述全球南方国家债务的历史时,即使是最激进的人也认为应该偿还债务。他们的想法是,既然最开始借了钱,不就有偿还的义务吗?我反驳说:"有的贷款是由未经选举的独裁者借的,有的已经偿还了相当于本金三到四倍的金额,还有的还不上钱是因为债权人在当地强加的经济政策失败了,所以他们应当自行承担损失。"

但这一切都没有说服力。"欠债还钱"的观念在我们的文化中根深蒂固,几乎不可能动摇。这不仅仅是一种经济主张,也是一种道德色彩很强烈的观念,它关乎承担责任和履行义务。拒绝偿还债务像是违背了承诺——这是错误的。这就是为什么债务成了一个如此强大的工具。人类学家大卫·格雷伯(David Graeber)说:"要维护建立在暴力基础上的关系,使其看上去符合道义,最好的办法就是用债务语言重新构建这些关系,因为这样做,立刻就会使受害者看起来像是做错事的那一方。"[252]债务国已经做出一些努力,以挑战围绕着债务的语言构建,还原事实真相。20世纪90年代早期,学术界和非政府组织联合发起了千禧年游行运动,后来教会和名人纷纷加入,迫使西方对世界上最贫穷国家免除了900亿美元的债务。1996年,为了应对民众的压力,国际货币基金组织制定了一项针对重债穷国(Highly Indebted Poor Countries)的债务减免计划。很快,伦敦和巴黎的俱乐部也承诺为中等收入国家减免债务。2005年,国际货币基金组织在格伦伊格尔斯举行的八国集团首脑会议期间进一步对债务减免压力做出回应,通过多边减债倡议扩大了债务减免的范围。

听起来不错,但是有一个问题——债务减免的条件非常严格,要求各债务国实现经济自由化和私有化——换句话说,债务减免已成为进一步推进结构调整的机制。[253]正如经济学家杰弗里·萨克斯所说,这相当于“让那些买不起腰带的人勒紧裤腰带”。

如果你想知道谁应该对今天的全球贫困负责任,这就是答案。然而,由于这些带来破坏的机构享有法律豁免权,它们永远也不会被追究责任。

新自由主义的影响不仅改变了资金的流动,也改变了权力的流动。发展的一个关键原则是,它应该增强人们对自己生活和命运的控制,并最终增加人类的自由。[254]世界银行将发展定义为促进“经济和政治自由”以及“选择的自由”。[255]我们对这种说法已经非常熟悉了。然而,上文介绍的历史却带来了完全相反的结果。世界银行和国际货币基金组织以“发展”的名义进行的干预,导致本来属于民主选举决策机构的权力转移到了高高在上、未经选举的官僚手中。具有讽刺意味的是,其正是以“维护经济和政治自由”的名义破坏了经济和政治自由。这种悖论不仅仅以结构调整的方式表现出来,还有其他更阴险的方式。

六、自由贸易与虚拟参议院的崛起

只有自由人才有资格谈判。囚犯是不可能签合同的。

——纳尔逊•曼德拉

全球南方国家被迫实施结构调整,开放市场,并为西方出口贸易和跨国公司扫清障碍。与此同时,它们还必须开始应对另一种新的策略。一个新的组织正在设计中,以管理新的全球商业世界。新组织乍看上去平淡无奇,不过是一群睡眼惺忪的技术专家坐在日内瓦办事处的电脑屏幕前方,但它很快就成为世界上最强大的组织。如今,它甚至享有凌驾于独立国家主权之上的特权。掌握着国际贸易规则的人,也掌握着我们这个星球上巨大财富和资源的流动——世界贸易组织的构建者也很清楚这一点。但这个新系统的秘诀在于,它显得不那么专制暴虐。相反,它从自由的概念出发去构建自己的合法性——承诺保障大多数人在交易中的权利,不受任何国家或君主的限制。

作为一种掠夺资源的策略，实施不公平的贸易规则已经不是什么新鲜事了。为了理解现代贸易体系的隐蔽力量，我们需要暂时偏离叙事的时间线，回到18世纪70年代。那时，在美国东海岸定居的拓荒者正在积极争取摆脱英国的统治，赢得独立。今天，大多数人都未能意识到贸易的力量，但当时美国的"叛乱者"对此非常清楚，并由此点燃了整个国家的怒火。

当时，和所有殖民地一样，年轻的美国也被英国的"不平等条约"控制。伦敦将美国的贸易关税固定在很低的水平上，以便让英国出口商在美国市场上轻松地出售他们的商品。英国称之为"自由贸易"，英国人以近乎宗教的热情拥护它，但其背后其实是双重标准。英国人要求美国及其他殖民地征收低关税，但同时又以高关税壁垒保护自己的工业发展。自14世纪以来，特别是在18世纪，英国以高关税积极保护自己的市场，排斥外国竞争者，以巩固自己的工业基础。[256]

美国人很清楚，这个贸易系统是被操纵的。[257]实际上，他们经常将自由贸易称作英国干涉美国经济的"阴谋"。美国人希望对自己的关税有更大的控制权，从而保护自己免受英国进口商品的冲击，发展自己的新兴产业，这也正是他们赢得独立战争后得到的结果。1776年美国独立后，获得了制定本国贸易法的权力。美国第一任财政部部长亚历山大·汉密尔顿成为华盛顿政府经济政策的主要制定者。通过研究英国的经验，汉密尔顿认识到，一个国家的工业在早期发展阶段需要被保护，避免受到外国竞争者的冲击。于是，美国人迅速提高了贸易关税，并颁布了进口替代政策——与他们后来否定的拉丁美洲的政策类似。

但他们并没有就此止步,还继续追随英国人的脚步,利用卡特尔、补贴和其他形式的国家支持来强化自己的工业力量。汉密尔顿明确拒绝了亚当·斯密和其他英国自由贸易代表人物的理论,因为他们推行自由贸易不是为了所有人的利益,而是为了他们自己的经济利益。汉密尔顿知道,对于像美国这样的年轻经济体而言,强大的贸易保护主义和坚实的国家支持是实现工业发展的唯一途径。

19世纪60年代到20世纪30年代,美国是世界上受贸易保护程度最高的经济体,这也使得美国迅速成为占据世界主导地位的工业强国。为了弥补在美国市场的损失,英国不得不在世界其他地方推广自由贸易,通过鸦片战争进入中国市场,通过行政命令进入南亚和非洲的殖民地市场。美国获得了经济独立,全球南方国家却失去了经济独立。与此同时,西方国家都纷纷遵循着美国体系,在20世纪的前几十年,贸易保护主义成为整个工业化世界的常态。

随后,大萧条和第二次世界大战接踵而至。战争结束后,西方列强聚集在新罕布什尔州的布雷顿森林会议上,共同商议如何防止这样的灾难再次发生,最终成立关税与贸易总协定。会议的关键人物凯恩斯认为,工业化国家的贸易保护主义抬头,导致价格过高,人们的购买力下降,总需求降低,经济陷入停滞。对凯恩斯来说,过度的贸易保护主义是大萧条的主要原因,而正是由于德国和日本的大萧条,才导致法西斯主义的抬头并发动战争。凯恩斯认为,通过谨慎放宽贸易关税政策可以恢复需求,因为这将使价格下跌,人们会再次开始消费,经济将恢复生机。关贸总协定的目标是通过工业国的集体谈判,全面降低关税。这个体系旨在团结一切力量,做到对所有成员有益,所以其中的规则并不严格，成员国之间可以通过谈判以避免可能对经济造成重大损害的政策。

换句话说，关贸总协定最初看起来是一个慈善性质的“机构”，目的在于维持经济稳定与世界和平。就像在同一会议上成立的国际货币基金组织和世界银行一样，它植根于凯恩斯主义原则，最初都致力于实现集体的共赢。

然而，到了20世纪80年代，随着新自由主义意识形态在整个西方世界的崛起，这个系统发生了翻天覆地的变化。由于发展中国家被迫开放了市场，关贸总协定的职权范围也扩大到工业化国家以外的地方，包括南方各国。为此，关贸总协定成员国聚集在乌拉圭城市埃斯特角城，共同决定这个新机构未来的走向。与之前的会议不同，这次主持会议的是来自美国的新自由主义经济学家和政策制定者，他们与凯恩斯所支持的观点截然不同，不再关注团结，而更侧重于经济上的现实政治。会谈结束后，世界贸易组织于1995年诞生了。它与关贸总协定完全不同，旨在向发达地区，特别是美国、西欧和日本的资本流动开放市场，而不是为了维持经济稳定与促进合作。而且，它不再具备关贸总协定的灵活性，而是一个只能全盘接受的协议，或者叫作“单一承诺”：各国必须签署整套世贸组织规则，否则就会被隔绝在世界经济体系之外。

虽然从技术上讲，发展中国家可以自行选择是否加入世界贸易组织，但实际上它们并没有多少选择空间。经过15年的结构调整后，发展中国家的经济已经重组为出口型经济，必须依赖西方市场才能生存。加入世贸组织有利于进入西方市场，但作为交换，它们不得不降低关税，停止补贴自己的工业，并放松对资本流动的管制，允许外国公司和本国公司在同等条件下经营——换言之,它们要做与真正的工业发展需要背道而驰的事情。结构调整将自由市场政策逐一强加到各个发展中国家,而世贸组织则是一举将全球南方国家纳入了新自由主义体系。大多数国家别无选择,只能遵守。

贫穷的理论,贫穷的国家

如果自由贸易与穷国的发展需求背道而驰,为什么大多数主流经济学家还在提倡自由贸易呢?

一个原因是自由贸易理论的确非常容易使人信服。现代自由贸易理论的基石是19世纪早期英国经济学家大卫·李嘉图(David Ricardo)的理论。李嘉图认为,如果每个国家都专门生产与其他国家相比具有比较优势的商品,那么全球经济将以最高效和生产力最高的方式运作。如果葡萄牙生产的葡萄酒更好,而英国生产的布料更好,那么英国浪费时间生产葡萄酒没有任何意义——它应该专注生产布料,从葡萄牙进口葡萄酒。[258]这个理论的现代版本被称为赫克歇尔-俄林-萨缪尔森理论(Heckscher-Ohlin-Samuelson Theory),将对技术的相对禀赋的比较变成生产要素的相对禀赋的比较。这一理论认为,为了在全球经济中实现效率最大化,拥有大量廉价劳动力的国家应该专注于劳动密集型产品,而拥有大量资本的国家应该专注于资本密集型产品。为了确保达成这种结果,唯一的方法就是消除贸易体系中的所有"扭曲",如补贴和关税。一旦暴露于激烈的市场竞争中,行业就会根据其相对竞争力选择求生方式,每个国家自然会倾向于它们相对更擅长的事情,而这将带来贸易、收入和消费的全面上涨。

赫克歇尔-俄林-萨缪尔森理论表面看起来非常合理和正确，但它的问题是，会在潜移默化中拉动全球不平等的进程。这个模型假设每个国家都天然拥有自己的生产要素禀赋。换句话说，它希望我们相信，富裕国家天然就拥有丰富的资本，穷国则天然拥有大量廉价劳动力，好像这是写在星盘里的命运或是由众神传递下来的神谕。事实当然并非如此。我们必须要问："为什么穷国的劳动力这么便宜？为什么富国的资本如此丰富？"

一位著名的德国经济学家曾在1848年做过一个著名的演讲，批判了自由贸易理论和欧洲帝国主义，他说：

"我们被告知，自由贸易将实现国际分工，让每个国家生产与其天然优势最为匹配的商品。先生们，你们也许认为生产咖啡和糖就是西印度群岛的天然命运。但是，两个世纪以前，大自然还没有被卷入麻烦的商业世界，那里既没种植甘蔗，也没种植咖啡。"[259]

这位经济学家是卡尔·马克思。他的观点是，资本和劳动的相对禀赋是历史和政治过程的产物——它们是人为的，不是自然的。由于长期的工会斗争和强大的劳动法，富裕国家的劳动力成本高昂。同时，长期的关税保护使它们能够发展自己的工业，从而拥有充足的资本。另一方面，穷国之所以拥有充足的廉价劳动力却没有资本，源于长期被殖民、被掠夺、签订不平等条约和结构调整的历史。比较优势并非天赋，而是被创造出来的。[260]认为全球南方国家应该专注于出口原材料，而北方国家应该把重点放在资本密集型产业上，就相当于说，黑人天然就更适合在棉田里劳作，而白人天然就更擅长做个监工，黑人就应该是普通劳工，想要投资教育使他们成为其他人，是一种违背其自然能力的

“扭曲”。这种不平等的社会关系被赋予了自然的、无可置疑的光环。

赫克歇尔-俄林-萨缪尔森理论有悖于历史事实。正如我们一再看到的那样,有了相应的政策,一个国家的要素禀赋可以轻易得到改变。如果能够战略性地利用关税和补贴,全球南方国家可以建立起自己的民族工业,增加自身的资本禀赋——实际上,这正是它们在20世纪五六十年代获得独立之后、被迫接受结构调整之前所做的事情。但是,这种产业战略需要谨慎规划和政府干预,而这正是自由贸易者强烈反对的,因为它干扰了事物的“自然”秩序。

自由贸易倡导者试图通过比较优势理论使我们相信,贸易自由化最终会促进贫穷国家的经济发展。

但是,尽管自由贸易可能会在抽象的数学意义上提高效率,甚至可能在短期内提高消费,但它并不能真正有益于长期经济发展。事实上,这个理论本身并没有做出这样的结论,所谓“促进穷国经济发展”只是那些从这个理论中受益的人所使用的一种花哨的修辞。为了实现真正的经济发展,贫穷国家需要建立起进行资本密集型生产的能力。这意味着要有意将其与全球竞争隔离开来,直到它们完全准备好在公开市场上竞争——这正是英国、美国以及其他富裕国家在其经济发展时期所做的。而令人惊讶甚至反感的是,富裕国家现在反过来拒绝向贫穷国家推行这一战略。它们坚持认为,贫穷国家应尽快放开自由化,参与到竞争中来,这样它们才有动力发展自己最具竞争力的产业,从而求得生存。它们说,自我保护只会导致懒惰和自满。

剑桥大学发展经济学家张夏准(Ha-Joon Chang)喜欢用他年幼的儿子真奎的例子来说明这个问题。如果真奎有机会成为世界上最伟大和最成功的人,那么他需要父母多年的保护和投资,使他能保持健康,上好学校,并有足够的时间专注于他的研究,然后他才能独立在世界上生存。但是,如果我们将自由贸易的逻辑应用于家庭呢?我们可以说小真奎生活在一个经济泡沫中,靠父母的补贴过着闲散的生活,靠父母的保护免受严峻的竞争。他需要的是将补贴切断,找到工作并自己谋生,这将使他变得更加高效,更有生产力。"但是,"张夏准指出,"如果我让真奎在6岁的时候就进入劳动力市场,他只能成为一个精明的擦鞋童或者生意兴隆的小贩,但永远不会成为一个脑外科医生或核物理学家,因为这需要至少十几年的保护和投资。"[261]

"同样地,"张夏准说,"如果发展中国家的产业过早地面临国际竞争,它们将无法生存。这些国家需要时间来掌握先进技术,建立有效的组织,提高自身的能力。这就是保护新兴产业的本质。"[262]对新兴产业的保护——至少是一段时间的保护——是贫穷国家拥有比擦鞋童更好命运的唯一途径。

世界贸易组织宣称,其目标是在贸易伙伴之间建立一个"公平的竞争环境"。每个成员国都必须遵守相同的规则——同样的低关税,同样禁止补贴。但实际上,公平竞争只是一种幻想。富裕国家的产业极其强大,极具竞争力,因为它们已经在重度保护下度过了最初的发展时期。但是,穷国的行业未经保护就进入了竞争环境,根本没有希望与富裕国家的同行竞争。这可能是一个公平的竞争环境,但是如果学龄儿童和英超联赛球队进行一场比赛,公平竞争有什么用?双方的规则是相同的,并不意味着比赛是公平的。面对来自北方国家的强大竞争对手,穷国的新兴产业根本无力抵抗,只能被迫回到原材料或农产品出口这种低附加值的产业。这当然不是促进发展的良方。

即使我们假设游戏实际上是公平的,但仔细观察一下就会发现所谓"公平的竞争环境"其实并不公平。即使按照世贸组织自己的标准,这些规则也不公平。理论上,世贸组织要求每个国家将关税和补贴降低到同一水平,但实际上这些要求以更有利于富国的方式做了筛选。在世贸组织的框架下,贫穷国家不得补贴其工业产品,以免"不公平"竞争。因此,许多国家别无选择,只能放弃工业化的希望,转而专注于农业。但是,根据美国《农业法案》和《欧盟共同农业政策》,富裕国家可以每年补贴自己的农产品3740亿美元,然后以低于生产成本的价格将其转移到全球市场,削弱全球南方国家的生产者,压低其市场份额。[263]这种公然的双重标准使穷国的农业也遭受了损失,而这本应该是它们的优势领域。所以,世界贸易组织的规则实际上允许富国补贴,却要求穷国自由贸易。

换句话说,由于世贸组织规则的选择性适用范围,许多贫穷国家连根据自由贸易理论应该发展起来的行业都无法发展,工业发展和农业发展的道路都被阻断了。世界贸易组织通过《农业协议》将这些不平等锁定在了国际法中。

贝宁、布基纳法索、马里和乍得都是非洲主要的棉花生产国。从事棉花行业生产的工人多达800万人,使棉花行业成为这些国家最大的私营领域,养活了这些国家的1300万人口。但是这些国家很快遇到了阻力。由于美国政府向自己的棉花生产商提供补贴,全球棉花价格降低了大约10%。这些国家是世界上最贫穷的国家,它们承受不起这10%的损失。如果想得到发展机会,它们需要公平的棉花出口价格,而不是被美国故意扭曲的价格。众所周知,“棉花四国”已经向世贸组织提出动议,指出美国的补贴违反了世贸组织规则,但美国拒绝让步。

根据世贸组织的规则,“棉花四国”可以选择将美国告上法庭(争端解决机构),法庭可能会做出对它们有利的判决,但世贸组织不能强迫美国做出改变;执法权会交给原告,如果“棉花四国”赢了,它们将有权对美国实施制裁。但是,这几个贫穷国家对世界上最富有和最强大的经济体的制裁会有何作用呢?这就像一只苍蝇惩罚一头大象,美国甚至都注意不到这种惩罚。由于执法权力是根据市场规模不对称分配的,因此富国没有理由按照世贸组织的规则行事,它们可以做任何想做的事。但贫穷国家别无选择,如果它们决定打破损害自身利益的贸易规则,那么富裕国家就可以施加制裁,而这些制裁很可能完全摧毁它们。[264]

有人可能会认为制裁太过严厉,不适用于贸易争端,毕竟,制裁通常是一种直接的侵略行为,常作为经济战争的工具,要求赔偿可能是一种更合理的方法。事实上,发展中国家多次阐述过这一观点,呼吁建立更公平的执法机制,但富国拒绝让步。实际上,正是由于它们坚持使用制裁,我们才明白了世贸组织的关键作用是什么。正如世贸组织谈判代表亚什·坦顿(Yash Tandon)长期以来所说的那样,"贸易就是战争"——这是一场北方对南方发动的战争。

然而,对于许多贫穷国家而言,贸易自由化所带来的真正痛苦比前文所阐述的都更加具体和直接,这些痛苦不需要考虑自由贸易理论就能体会到。简而言之,削减贸易关税意味着海关收入的损失。海关收入通常是贫穷国家的重要收入来源——有时占其预算的50%以上。这是因为关税相对而言更容易收取,个人收入太低无法征税,而政府又缺乏收取资本利得税、遗产税等其他税种的能力。事实上,国际货币基金组织进行的一项研究表明,在过去25年中由于贸易自由化损失的税收,其中超过70%都无法通过其他形式的税收弥补。[265]换句话说,贸易自由化直接砍掉了贫穷国家迫切需要的用于社会服务和减少贫穷的资源。

非自愿却"有效率"的性工作

我在2004年回到斯威士兰时,才第一次意识到贸易自由化对发展中国家的负面影响。2005年1月的前几周,发生了一些非同寻常的事情。纺织工厂一个接一个地关停,超过25000名工人被解雇,其中大多数人没有收到事先通知,很多人还没有收到上个月的工资。在斯威士兰这样小的国家,人们几乎得不到政府部门的工作机会,所以这几乎是一个毁灭性的打击。怎么会发生这种事?工厂都去了哪里?斯威士兰人不知道如何回答这个问题。当地没有发生自然灾害,没有经济危机,政府政策也没有变化,但工作岗位就这样消失了,昔日忙碌的工业园一片寂静。

我也很困惑，花了好几天时间试图弄清楚发生了什么。我检索报纸，并在破败的网吧里拨号上网，连夜搜索消息。故事终于变得清晰起来。在现代历史上，西方国家往往需要保护国内纺织工业免受生产成本更低的国家的冲击。它们对来自韩国和中国香港等东亚国家和地区的进口纺织品实行特别配额，以免太多便宜的衣服流入本国市场。[266]与此同时，西方国家对斯威士兰等非常贫穷的国家给予特殊优惠——如无限制的配额和免除关税——以帮助这些国家的纺织工业发展，并鼓励其他生产者迁移到那里。[267]这些都是它们精心策划的系统的一部分，利用贸易规则促进最需要的工业发展，并在极端贫困和受失业困扰的地区创造就业机会。它的确起作用了：斯威士兰的纺织工业迅速发展，一些亚洲公司转移到斯威士兰，以利用这里的贸易优惠。纺织业很快成为斯威士兰的支柱产业，到2004年，受雇的工人总数达到35000人。对于斯威士兰来说，这是一个经济奇迹。

但是，世界贸易组织成立后，立刻将目光对准了这一体系。跨国公司认为，进口配额和优惠政策“扭曲”了市场，使它们无法在劳动力最便宜的地方经营。亚洲国家同样认为，这给斯威士兰这样的国家带来了不公平的优势。世界贸易组织支持了它们的观点。2005年1月1日，西方国家取消了对东亚纺织品进口的配额。全球纺织品贸易的格局在一夜之间发生了变化。[268]这对亚洲来说是个好消息，世界各地的纺织企业疯狂地搬迁到那里，以利用更便宜的劳动力，但斯威士兰这样劳动力稍贵的国家陷入了困境。斯威士兰的工厂失去了比较优势，要么关停，要么重新安置到东亚。纺织工业在极短的时间内迅速崩溃，成千上万的工人失去了工作。

不久后,就发生了人道主义灾难。由于绝大多数被裁减的工人都是女性,很多人别无选择,只能转而从事性工作以维持生计。2005年对曼齐尼市的性工作者进行的一项调查发现,大多数女性都是在纺织工厂关闭时遭到解雇才进入性工作行业的。她们说道:"我们不喜欢现在的工作,但我们要活下去。""从事性工作的人数正在高速增长,这说明人们急需钱却找不到工作。"正如人们所担忧的那样,这只会增加斯威士兰已经很严重的艾滋病感染率。[269]事实上,斯威士兰今天的疾病问题很大程度上可以归因于2005年后女性失业率的飙升。

对我来说,这是一个顿悟的瞬间,是我生命中重要的意识觉醒时刻之一。那时候我正在与世界宣明会的发展部门合作,为艾滋病患者做家庭护理,在不同地方为当地人做一些小型的收入创造项目,真诚地希望能帮助斯威士兰同胞减轻他们的苦难。但令我震惊的是,斯威士兰穷人的命运取决于日内瓦技术官僚的决定。他们抬起笔,以"自由贸易"的名义写下新的规则,就摧毁了我国人民本已脆弱不堪的生活。我和世界宣明会的所有人都对这种遥远的不可见的力量感到深深的无助。

自由贸易理论家对这种灾难怎么看?他们认为,由于自由化而从无竞争力的行业"释放"的劳动力和资本将很快重新分配到该国更具比较优势的其他行业。这就是"完全要素流动性"(perfect factor mobility)假说。但是,像许多经济学假说一样,现实几乎从不是根据理论运转的。在一个行业中失业的工人通常缺乏快速在其他行业工作所需的技能,最终要么在失业中萎靡不振,要么只能从事技术含量更低、薪水也更低的工作。确保实现生产性转型的唯一方法是提供大量失业救济金和培训计划——然而,很少有穷国能够承担这些。实际上,在结构调整方案下,它们往往也被剥夺了在这种社会援助上花钱的权利。

而资本流动理论认为,资本将从垂死的行业自动转移到其他更具竞争力的行业。但是,机器等固定资产通常太过专业化,不能在另一个行业使用,所以只能一直贬值,直到把它卖掉——就像在曼齐尼郊区那些巨人般耸立的空空如也的工厂一样;至于流动资本,由于可以轻易地转移到国外,所以并不能保证它会一直留在这个国家。事实上,这正是斯威士兰遭遇的状况——纺织品投资者收拾行囊,搬到了东亚。流动资本的流动性太强,而劳动力和固定资本的流动性又不够。

所以,理论与现实并不相符。事实上,为了证明这一理论的有效性,我们只能得出推论:在比较优势的基础上,成千上万的斯威士兰纺织工人非自愿地从事性工作是一种有效率并且合意的结果!当然,虽然斯威士兰遭受了损失,但东亚获得了好处——世贸组织的自由贸易倡导者总是很快指出这一点。鉴于南方国家的历史,这是一个令人难以接受的悲伤的事实。20世纪五六十年代,全球南方领导人通过不结盟运动和77国集团团结在一起,互相帮助,进行了英勇不屈的斗争,但结构调整和世界贸易组织瓦解了他们所有的努力,让穷国之间互相竞争。这是一种从殖民主义时期就开始使用的战略——分而治之,各个击破。

如何从瘟疫中获利

发展中国家在全球自由贸易体系下遭受的痛苦实际上与自由贸易没有太大关系。世贸组织的其中一项协议是《与贸易有关的知识产权协议》(Agreements on Trade- Related Aspects of Intellectual Property Rights, TRIPs),主要涉及版权和专利规则。人们一般认为,促进贸易的方法是降低专利标准,因为这便于各国分享技术,既能提高贸易水平,又能促进技术发展,提高生产力,鼓励创新和交流。但TRIPs所做的是恰恰相反的事情:提高专利标准并将其纳入国际法——具有讽刺意味的是,它们还高举着自由化的旗帜,完全是自相矛盾。

到19世纪末,全球专利的平均有效期约为13年。1975年市场自由化时期之前,平均有效期约为17年。然而,根据TRIPs,富裕国家可以推行一个新的长达20年的标准。这对拥有专利的个人和公司是好事,因为他们可以坐在那里收取更长时间的租金,但它对穷国产生了破坏性影响。因为专利许可费用可能非常昂贵,许多贫穷国家无法负担发展所需的基本知识和技术,如计算机程序、农具和医药等。由于TRIPs的规定,发展中国家每年需要向跨国公司支付600亿美元的专利许可费。[270]

这听起来可能像是一个技术问题,但它可能对人类福祉造成破坏性后果,最有力的事例就是艾滋病危机的故事。

斯威士兰最早的艾滋病病例之一是由我父亲诊断出来的,那是1988年,我还很小。受此启发,他决定开始做更广泛的测试。第二年,他惊讶地发现,他的产前检查诊所中有2%的女性感染了艾滋病病毒。一年后,感染人数增加了一倍;又过了一年,又翻了一番。病毒传播速度极快,到20世纪90年代末,已经有将近25%的人受到感染。我的父母看着他们工作的诊所和医院充满了越来越多憔悴的病人。"太吓人了,"我父亲回忆道,"很快就没有床位了,我们被迫在地板上照顾病人。这是一场彻底的危机。"我还记得我的父母深夜下班回家时筋疲力尽的样子。然而对他们来说,最糟糕的并不是他们遇到的痛苦,而是无法治疗疾病这个事实。无法治疗不是因为没有药——曾经是有过的。第一批抗反转录病毒药物于1987年被美国政府批准使用,也就是在我父亲诊断出他的第一例艾滋病患者的前一年。这种药物治疗每年需要花费15000美元——除了最富有的人之外,普通人根本无法承受。

药价之所以这么高,是因为这些药物受到TRIPs中强大的全新专利制度的保护。过去,制药公司只持有药品生产过程的专利权,而不是药品本身的专利权。这意味着,只要发展中国家能自己找到生产方法,它们就可以针对重要的药物生产通用版本,以低得多的价格出售。TRIPs将公司专利扩大到药品本身,结束了这种做法。在艾滋病危机期间,印度的仿制药公司能够以低至350美元的价格生产和出口抗反转录病毒药物,这本来可以挽救数百万垂死的病人,但世界贸易组织迫于制药公司的压力,积极阻止它们这样做。[271]"这简直是犯罪!"我父亲对我说,"我震惊于制药公司居然愿意让人们如此无辜地死去。"

最终,同样深受流行病困扰的邻国南非选择违反世贸组织的规则,开始使用仿制的抗反转录病毒药物,并以突发公共卫生事件作为抗辩理由。他们坚持认为,没有任何专利神圣到要牺牲数百万人的生命去保护。对此,美国威胁称,要通过世贸组织的法庭对其进行严厉的制裁——全世界都惊恐地看着这一无情的举动。但随后在美国发生了一件事,使案情有所缓和。2001年,一些美国人死于炭疽病。疫病很可能是由生物武器造成的,美国政府担心因此造成大面积传染,为防不测,决定大量储备治疗炭疽的抗生素环丙沙星。但是,拜耳公司拥有环丙沙星的专利,售价非常昂贵。因此,美国政府介入,称此事可能演变为突发的公共卫生事件,迫使拜耳暂停其专利,以便生产通用版本。

大家很快就知道了,即使对美国来说,专利也不是不可侵犯的。如果可以为几个美国人破例,为什么不能为数百万垂死的非洲人破例?

但美国和世界贸易组织仍然拒绝退缩,经过基层社区长达两年多的组织和战略宣传它们才让步。直到2003年,发展中国家才获得制造和进口能够救命的仿制药的权利,以抗击艾滋病和其他突发公共卫生事件。[272]不幸的是,在它们最终让步的时候,这种流行病已经根深蒂固,已有1000万非洲人死于艾滋病。如果能够及早获得负担得起的药品,他们大多都能活下来。

问题不只涉及艾滋病药物,还涉及治疗疟疾和结核病的药物,以及其他对南方国家至关重要的救命药物。在那里,每年有1000万人死于可预防的疾病,很大程度上是因为他们无法获得低价药物。如果这些药物的高价与制造成本无关,那么制药行业如何解释居高不下的药价呢?

每次专利问题遭到质疑时,他们就会推出自己的主要论点,即专利收入是药物开发的首要动力,而且利润可以重新投入研发,以制造出新的更好的药物。但我们知道,84%的药物研究都是由政府和其他公共资源提供资金支持的，只有12%由制药行业提供。[273]从事药物研发的科学家大多不是利润驱动的行业技术人员，而是学术界人士。事实上，艾滋病药物的许多关键技术是在公立大学研发的，然后由公司购买技术，获得专利。制药公司抱怨说，TRIPs针对公共卫生突发事件的破例使得它们的私人产品被公众侵占了。但事实恰恰相反，这些产品大部分是公共资源生产的，然后通过专利制度被私人占用。至于将利润重新投入研发的论点——制药行业将更多的利润花在了营销上而非研究上，这至少表明它们承诺将利润用于研发的说法是值得怀疑的。[274]

TRIPs对公共卫生突发事件的破例是挑战最严厉的自由贸易原则时获得的巨大胜利，但这一次胜利还远远不够。大型制药公司意识到发展中国家仿制药市场所构成的威胁——世贸组织重燃战火，研究出被称为"TRIPs+"的补充条款。其背后的理念是将美国式的专利法扩展到世界其他地区，让所有国家的生产商遵守美国专利法，就像它们在美国经营一样。

民主的终结

那些支持世界贸易组织的人常常说，世贸组织跟国际货币基金组织和世界银行不同，没有单方面强加的意志，它只是提供了一个集体决策的平台和机制。从技术上讲，的确是这样，世贸组织的决策理论上是在协商一致的基础上做出的，[275]但它实际上并没有听起来那么好。在达成共识的过程中，一个国家讨价还价的能力最终取决于其市场规模，因此最大和最强的经济体——如美国、英国、德国和日本——几乎总能胜出。这就是为什么世贸组织的许多贸易规则最终都是不对称的，比如补贴的规则有利于富国,却损害了穷国。[276]另外,许多关键决定是在寻求共识的过程开始之前做出的。七国集团的谈判代表长期以来召开小圈子会议,将大多数发展中国家排除在外,这使得它们在进入谈判过程之前就统一了立场。过去,穷国代表曾试图进入这些专属会议,并要求获得合法席位,但它们往往会被安保人员强行驱逐。

市场规模和秘密进行的特别会议似乎还不足以确保富国在世贸组织中获得强大的优势,它们还有其他优势,即能够负担得起更多工作人员。它们可以在世贸组织的日内瓦总部维持一个常驻谈判代表团,全年参加那里的日常会议,派数百人参加协商会议,维护它们的利益。对于无法雇用足够多此类员工的穷国,它们的声音只能最终被忽视。实际上,许多国家都没有钱派遣相关工作人员去参加那些出台直接影响它们利益的政策会议。最终,国际贸易规则就会偏向富裕国家。

除了南方国家的谈判代表,同样认识到国际贸易体系不公平的,还有北方各国的公民。南北双方对贸易不公正的共同认知导致1999年世贸组织西雅图会议期间,会场外爆发了大规模抗议活动,这次活动也成为反全球化运动的象征,并触发了一系列类似的抗议活动。来自公众的压力越来越大,人们强烈要求世贸组织第二轮谈判解决抗议者揭露的不平等问题,但多哈发展回合谈判的回应只是做做样子。西方国家仍然不愿意停止对农业的补贴,也不肯停止TRIPs中那些最具破坏性的条款。由于它们的顽固态度,谈判自2008年以来一直停滞不前,没有任何复苏的迹象。

面对世贸组织的僵局,富裕国家已经设计了自己的解决方案。它们没有依赖多边谈判,而是采取扩大双边自由贸易协议的方式,由两个或多个国家直接谈判,达成贸易协议,而不必经过任何国际权威机构的认可。

第一个自由贸易协议是加拿大、墨西哥和美国签署的《北美自由贸易协议》(North American Free Trade Agreement),于1994年正式生效,降低了三国之间商品流通的大部分关税。这份协议争议极大,遭到三国选民的广泛抵制。在墨西哥,成千上万的农民开着拖拉机走上首都街头抗议,因为他们担心无法与得到补贴的美国玉米竞争。他们的担心是对的,《北美自由贸易协议》生效后,美国玉米涌入墨西哥,大大损害了当地生产者的利益。大约200万名墨西哥农民被迫停业,离开自己的土地。大部分刚被放弃的土地随即被外国公司收购,整合为大型种植园——与本书第二部分提到的圈地运动别无二致,简直是在伤口上又撒了一把盐。与世界其他地方的圈地运动一样,流离失所的农民别无选择,只能在边境附近的血汗工厂工作,领着极低的薪水,因为《北美自由贸易协议》使得美国公司得以向南迁移,以利用那里更为廉价的劳动力。

有人可能会以为,美国的低价玉米将使墨西哥人能够吃到更便宜的玉米饼(当地的主食),对这个国家的穷人来说,肯定是件好事。但恰恰相反,由于《北美自由贸易协议》解除了对食品零售价格的管制,玉米饼的成本在协议签署后的前十年猛增了279%,加重了饥饿和营养不良的状况。

这是美国公司梦想的场景:将产品出口到新的市场,获得新的土地,赚取更高的零售利润,使用更廉价的劳动力。许多墨西哥大型公司也从中受益——事实上,这也是墨西哥政府同意《北美自由贸易协议》

的首要原因。但是,普通人因此遭受了巨大的痛苦:墨西哥农场工人的收入已下降到以前的三分之一,各行各业的实际工资都下降了,最低工资比之前下降了24%。《北美自由贸易协议》签署十年后,墨西哥的贫困人口数比未签订时增加了1900万。现在,墨西哥有一半以上的人口生活在贫困线以下。根据《纽约时报》最近的报道,“25%的墨西哥人得不到基本的饮食,五分之一的墨西哥人营养不良”[277]。《北美自由贸易协议》生效以来,墨西哥的人均收入增长约1.2%,还不到协议签署前几十年间水平的一半。

美国工人也承受了很多。截至2010年,《北美自由贸易协议》直接导致美国就业岗位减少了682900个,其中大部分是收入很高的受工会保护的制造业岗位。[278]《北美自由贸易协议》最终成为削弱美国有组织的劳工权力的强大力量,导致工人工资增长停滞。[279]

《北美自由贸易协议》对墨西哥和美国许多普通人的生活产生了毁灭性影响,但它的影响不仅仅局限在这两国之内。在《北美自由贸易协议》第11章的文本中深埋了一个新的想法,它侵犯了民主思想和国家主权。

对于投资者而言,异地经营的一个风险是东道国政府可能会将其资产国有化。在发展主义时期,全球南方政府经常采取这种策略,将土地甚至西方公司的产业国有化,从而将财富从外国人手中收回。当美国公司遇到这种情况时,它们唯一的办法就是说服美国政府通过封锁或策动政变予以报复——它们也多次这么做了。这是个烂摊子，而且这么做在政治上有风险：没有哪个政府真的希望留下出于企业利益而入侵另一个国家的名声。因此，1965年，它们想出了一种方法，通过由世界银行监管的国际投资争端解决中心（International Centre for Settlement of Investment Disputes）在法院的有序环境中解决这类纠纷。其核心想法是，国家征用土地或财产时，有义务以公允的价格赔偿投资者的损失。每个争端由三名仲裁员裁决，双方各出一位，并共同指派一位第三方仲裁者。

到20世纪80年代末，世界上大多数国家都加入了国际仲裁体系。拉丁美洲大部分国家由于接受了结构调整方案，不得不违背自己的意愿加入这个国际仲裁体系。尽管早期心存疑虑，但它们最终发现这个系统运行得不错。毕竟，这减少了由西方支持的政变给它们带来的冲击。[280]

但《北美自由贸易协议》生效后，仲裁系统被扭曲了。投资者针对财产征用提起申诉，还声称当地的环境和社会法规侵害了其利润，甚至是“预期未来利润”（expected future profits）。由于《北美自由贸易协议》第11章的规定，许多这样的案例开始出现。一个著名的早期案例与Metalclad公司有关，这是一家在墨西哥经营危险废物填埋场的美国公司。垃圾填埋场污染了当地水源，并导致附近居民患上恶疾，事实清楚，市政府将其关停，并将该区域列为环境保护区域。作为回应，Metalclad发起申诉，声称这相当于征收了其公司的土地和设施。墨西哥被迫支付了1560万美元的赔偿金。在另一起案件中，美国公司陶氏益农（Dow AgroSciences）起诉加拿大政府，因为加政府以可能导致人们患癌为由禁用了该公司生产的杀虫剂。

这些案例都是相同的模式:公司会起诉某一国的法律限制了其“预期未来利润”,即使这些法律的目的是保护人权、公共健康和环境。

我们应该停下来想想这意味着什么。通常情况下,国家享有所谓的“主权豁免”地位,所以不能起诉国家。但在投资者与国家之间的纠纷中,这一原则被中止了。“投资者保护”有效地使企业规避了正常的司法制度,挑战主权国家的法律。换句话说,公司被赋予了管理民主国家的权力,而不是国家管理公司。这是对主权和民主思想的公然侵犯,而具有讽刺意味的是,这种侵犯是打着自由的旗号进行的。就算它们没有提起诉讼,仅仅是威胁要诉讼这个行为本身,就会影响新当选的立法者在制定新法规时的决策。

最令人不安的是,这些新的投资者与国家之间的争端机制本质上是不平衡的。投资者有权起诉各国政府,但各国政府没有同等的起诉外国投资者的权利。国家不能要求公司赔偿,因此对国家而言,最好的结果是诉讼无效。换句话说,这个系统让不民主的公司获得了特殊的权力和自由,却让民主的主权国家受到了损害。

在这些案件中使用主权豁免,充满了讽刺意味。要知道,世界银行和国际货币基金组织要求主权豁免,是为了保护自己免受各国受害公民的诉讼,即使它们并不享有合法主权。直到今天,对这种免疫地位的挑战还没有成功过。因此,主权豁免权被用于保护世界银行和国际货币基金组织等不民主的机构免受公共实体的诉讼。与此同时,拥有合法主权的民主国家却可以被私人实体起诉,不得使用主权豁免原则。这已经不仅仅是矛盾了,而是法律秩序的颠倒。

更糟糕的是,听证会本身并不民主,而是在秘密法庭进行,不像正常的公共法院那样会开展前期调查,确保整个过程平衡和透明。这些听证会的法官都是受雇于私营公司的律师,而非公开任命。[281]受到投资者不良影响的公民和社区不出席听证会。尽管如此,在这里做出的决定仍然能够推翻议会制定的法律和国家法院做出的裁决。对此,来自西班牙的一位仲裁员曾生动地表达了他的震惊:"午夜梦回,每当我想起主权国家居然会同意投资仲裁这件事的时候,我都觉得难以置信。三个个体被赋予了可以审查所有政府行为、所有法庭决议、所有国会立法的权力,没有任何限制,也无须遵循上诉流程。"[282]

《北美自由贸易协议》已成为世界其他地区推出类似的自由贸易协议的蓝本,现在这样的协议已经有数十个了。例如,《中美洲自由贸易协议》(Central American Free Trade Agreement)于2005年通过,其中也包括一个投资者与国家之间的仲裁机制,并已多次使用。萨尔瓦多的公民最近投票禁止了加拿大公司Pacific Rim的金矿开采计划,因为这会破坏该国的部分河流。Pacific Rim因此起诉萨尔瓦多,索赔3.15亿美元以弥补其潜在利润损失。基于《美国-秘鲁自由贸易协议》(US-Peru Free Trade Agreement),美国公司Doe Run最近起诉了秘鲁政府。秘鲁政府认定Doe Run对其境内的严重污染负有责任,例如,该公司的金属冶炼厂排放的铅导致当地162名儿童患上了严重的疾病。Doe Run不仅试图逃避责任,而且居然反咬一口,起诉当地政府要求赔偿。幸运的是,Doe Run公司输了,但这也表明投资者与国家之间的纠纷像《爱丽丝梦游仙境》里的世界一般怪诞。

国际投资争端解决中心共接受了500多起投资者与国家之间的争端,而且这个数字在快速上升。20世纪90年代,争议案件数量每年还不到10例。2011年有51例，2012年共有59例。到目前为止，最高赔偿金额为23亿美元（后来减少到9.8亿美元），是厄瓜多尔被迫向美国石油公司——西方石油（Occidental Petroleum Company）支付的，原因是厄瓜多尔在该公司违反了合约条款的情况下废除了该公司的石油特许开采权。[283]幸运的是，这个系统终于受到了高层的抨击。联合国特别调查员阿尔弗雷德·德扎亚斯（Alfred de Zayas）最近抨击投资者与国家之间的争端解决机制违反了国际法，会危害到人权。[284]美国的100多名法学教授还签署了一封致国会的信，指出这些规定会对国家主权和法治构成威胁。

批评的声音越来越多，但情形仍不容乐观。就在这本书出版的时候，又有两个新的自由贸易协议正在谈判中。一个是《跨大西洋贸易与投资伙伴协议》（Transatlantic Trade and Investment Partnership，TTIP），是美国和欧盟之间的贸易协议；一个是《跨太平洋伙伴关系协议》（Trans-Pacific Partnership Agreement，TPP），试图将《北美自由贸易协议》扩大到南美洲和太平洋彼岸。这些协议比早期的贸易协议更进一步，甚至有点古怪。例如，TTIP的主要目的不是降低贸易关税——因为关税已经处于最低水平了，而是减少那些可能影响企业利润的“障碍”：劳动法、数字隐私法、环境保护法、食品安全标准和金融管理法规。在TTIP下，政府可能无法阻止商业银行从事证券交易，而这正是2008年金融危机的主要原因之一；政府还可能无法限制银行规模，以及对金融交易征收“罗宾汉税”[①](obin Hood tax),而这两项措施都对防止再次发生金融危机至关重要。最令人担忧的是,政府将很难限制化石燃料的开采和消费。如果这个协议通过了,民选政治家会发现,自己无法代表人民行使权力,以对抗经济危机和气候变化的威胁。

同样令人担忧的是,我们只知道TTIP中被举报人泄露的部分草稿,其余部分对公众仍然是保密的,只有由605名企业代表组成的谈判团才知道全部细节。TPP也是同样的情况。开始只有部分章节草案被披露,直到2015年年底才公布全文——结果比很多人预期的糟糕。TPP允许企业废除食品安全、健康和环境相关的法规,推翻华尔街改革等。同时,垄断专利的期限也被延长,包括救人性命的药物和种子的专利期限。

这些条约相当于一场国际范围内的企业政变,它绕过了国家议会和一切形式的民主讨论,蔑视民选政府的观点,为境外立法创造了途径。从这个意义上说,“自由贸易”的意识形态越出了自己的边界,展现为一场彻底的闹剧。自由贸易协议清楚地表明,自由贸易从来就不是关于自由的。事实上,那些真正促进人类自由的事情——工人组建工会的权利、平等获得体面的公共服务以及对健康生活环境的保护——都被视为反民主,甚至是极权主义。这些自由被重新定义为“繁文缛节”或“障碍”,尽管它们几乎总能得到那些践行民主的草根运动的普遍支持。从这个意义上说,由于民主保障选民权利,使选民能控制那些影响他们生活的经济政策,民主本身反而被荒谬地攻击为“反民主”。

① 指一类金融交易税,只针对少数富人征收,目的在于增加财政收入,增加社会福利和公共服务支出,具有“劫富济贫”的作用。——译者注

虚拟参议院

在自由贸易的旗帜下,世界被重新设计,以促进商品的快速流通。我们亲眼见证这些变化发生——港口越来越大,货船越来越多,码头堆放着高大的集装箱,里面装着琳琅满目的商品,从牙刷到石榴,在这里找到任何当地制造或种植的东西都不稀奇。全球商品流动已深入人们的日常生活。但是,自由化还释放出另外一种鲜为人知的流动——资金流动。商品流动侵蚀了全世界民主国家的主权,而资金的流动将这一过程推向一个新的高度。

最初由凯恩斯设计的布雷顿森林体系旨在赋予各国控制跨境资本流动的权力。换句话说,各国可以决定外国投资者在本国投资建立企业或购买本国公司股份时的相关条件。如果外国投资者想撤资,必须经过严格的申请程序。人们普遍认为,这一点对于保障经济稳定至关重要。当一个经济体由于某种原因陷入低迷时,投资者首先想到的就是将资金撤到更安全的地方。当这种情况大规模发生时,发展经济所需的资金会被耗尽,问题只会变得更糟。投资者的大规模逃离,会使轻度的经济衰退演变成全面的危机。凯恩斯的制度允许各国实施"资本管制",以防止这种情况发生。

但是,自由贸易改革逐渐取消了这些资本管制,投资者和放款人能够以闪电般的速度在全球范围内发送大量资金,随时随地按自己的意愿投资和撤资。这对资本基础薄弱的贫穷经济体构成了严重的威胁,即使偶然的资本外逃也可能使经济陷入危机。它还有更坏的影响——取消资本管制,意味着国际投资者获得了很大的权力。假设你是一个投资者且只关心利润，你就会把资金投入那些被委婉地称为施行“商业友好”政策的国家，如具备低工资、低税收、廉价资源等条件的国家。如果在你投资的国家，政府突然决定增加工资和税收，或者决定治理废弃物和污染问题，导致你的利润率降低，那么你会迅速把钱撤出，放到其他地方。过去，撤资并不容易，必须向政府充分解释理由，并支付相关费用后才能撤资，但是现在，几乎没有任何障碍。

这意味着投资者可以奖励那些有利于他们实现利润最大化的国家，同时通过调动资本去惩罚那些优先考虑其他问题——如体面的工资和健康的生活环境——的国家。投资者实施的惩罚杀伤力很大——对于那些依靠外国投资维持生存的贫穷国家来说，资本的快速流出可能是毁灭性的。从这个意义上讲，投资者的行为很像是一个虚拟参议院（virtual senate）[285]，他们坐在伦敦、纽约、法兰克福和香港的高层办公室里，决定着世界各国的经济政策。选民敢怒不敢言。

当然，对投资者来说，要跟踪全世界所有国家经济政策的变化也是很难的。《华尔街日报》和《金融时报》所能报道的商业新闻的数量是有限的。但幸运的是，他们还有一个选择。世界银行发布了颇受争议的《营商环境报告》（Doing Business Report），每年根据“营商便利性”对世界各国进行排名。通常情况下，法律越宽松的国家得分越高。投资者和首席执行官通过排名决定资金转移方向和总部选址，以实现利润最大化。资本家甚至可以通过一个iPhone应用程序，迅速调整他们的投资方向。海地刚刚通过了最低工资法案？那就把您的血汗工厂搬到柬埔寨吧！南非对富人征收更高的税？是时候抛售股票到爱尔兰投资了!《营商环境报告》提供了完整的全球监管政策知识,并通过国家排名赋予投资者不可思议的权力。各国被迫弱化本国的法律,以便吸引全球的资本贵族们。还有一个特殊的在线"改革模拟器",让每个国家模拟如何通过给企业减税或允许"土地掠夺"来提高自己的排名。《营商环境报告》已成为世界银行最具影响力的报告,从2003年至2013年推动了全球500多项实质性的政策变化。[286]

《营商环境报告》的排名基于十个不同的指标,其中大多数都是基于一种古怪的非黑即白的道德判断:监管是不好的,放松监管是好的。以"雇用工人"指标为例:根据这一标准,如果国家制定最低工资标准,要求保障工人的带薪假期和加班费,就会被扣分;如果要求雇主在解雇员工的时候支付遣散费,也会被扣分。《营商环境报告》认为,所有这些都是需要废除的"繁文缛节"。

批评人士指出,这一立场违背了国际劳工组织(International Labour Organization)在《国际劳工公约》中规定的基本劳工权利。于是,世界银行做出让步,将这一指标从评分体系中删除,但还有许多同样令人不安的指标仍在使用。该报告通过"纳税"指标惩罚那些征收企业所得税、财产税、股息税甚至金融交易税的国家,而这些税收对于防范金融危机至关重要。如果国家要求雇主为道路和垃圾收集等服务交税,也会被扣分。《营商环境报告》显然没有想过,各国如何在没有税收的情况下提供公共服务,或者公司在得不到这些公共服务的情况下如何正常运转。

然后是"获得信贷"指标。这听起来很公平——毕竟企业都需要获得信贷——但这个名称具有误导性。这个指标关注的不是贷款的易得性,而是贷款方拿回欠款的容易程度。如果国家通过破产法保护拖欠贷款的学生,其排名就会受影响。那些可以更容易地扣押债务人资产的国家有加分,尽管这么做消除了放款人的风险,可能会导致债务市场过度膨胀。[287]此外还有"保护投资者"指标,旨在推动更强有力的"股东价值"立法,禁止公司做任何可能损害短期利润的事情,比如支付更高的工资或回馈社会。而"地产登记"指标迫使各国减少对土地购买的限制,使得目前发展中国家的企业征地呈愈演愈烈之势。[288]

特别令人不安的是,这些指标的设置没有考虑过如何平衡各种因素。他们希望各国不只是降低最低工资标准,最好是完全废除最低工资的限制;他们不是要求更低的税率,而是零税率;他们不是要求降低贸易壁垒,而是想取消所有关税;他们不是要求减少土地监管,而是想要完全的购买自由。他们给实施这些极端行为的国家加分,却没有认识到,有些规定对社会公平和经济稳定至关重要。《营商环境报告》的指标实际上并不反对这样的规定,而是反对那些不能直接促进企业利益的规定。他们认为,好的法规应该是保护债权人和投资者的,应赋予他们攫取土地和逃避税收的特权。

《营商环境报告》的排名将经济政策降级为一种衡量私人收益的浅层指标。世界银行大力宣扬要致力于创造一个没有贫穷的世界,然而根据这个报告,除了企业利润之外,其他一切都不重要了。人民福祉、环境健康、社会公平——在自由贸易的勇敢新世界里,没有它们存在的空间。在激烈的全球竞争中,各国被迫忽视本国公民的利益,强化企业的特权。而最令人不安的是,这些排名不仅指导了投资者的决策,还决定了发展援助资金的流动——一些援助机构更倾向于给那些排名上升的国家提供优惠支持。别再谈什么促进健康、幸福和民主,也别谈什么工资和就业了,最重要的是“做生意的便利性”。

如果你愿意去深究一下《营商环境报告》排名背后的学问,就会发现这些排名完全不科学。2013年6月发布的官方报告显示,整个系统都没有经过同行评议,[289]而是几乎完全基于西蒙·詹科夫(Simeon Djankov)和安德烈·德施莱弗(Andrei Shleifer)这两位经济学家的论文。他们是这个系统的发明者,都是著名的新自由主义理论家。我们为什么要听从这些未经选举的技术专家?是谁给了世界银行这样的权力,可以根据“做生意”这种狭隘标准对国家进行排名?越来越多的民间社会团体提出这样的问题,世界银行行长金墉在最近的一项审查中甚至建议取消排名制度。

虚拟参议院的崛起是新自由主义的重要创新。过去,新自由主义是通过外力强加给世界各国的,但虚拟参议院通过控制资本流动,让各国主动套上了新自由主义的枷锁。如果一个国家想要获得发展所需的资本,或者仅仅是为了生存,就必须对虚拟参议院俯首称臣,降低工资标准,降低税率,减少监管。面对外国的投资之神,整个世界都变成了人质。

人们通常认为,新自由主义是一种倡导完全自由的市场理论,国家淡出视野,不以任何政策干预市场。但退一步就会清楚地看到,新自由主义的扩张带来了一种强有力的国家干预新形式。要建立一个全球

"自由市场",不仅需要西方政府支持暴力政变和独裁统治,还需要一个由世界银行、国际货币基金组织、世界贸易组织和双边自由贸易协议所组成的全球官僚机构,再加上大量新法律和美国军事力量的支持。换言之,国家权力的空前扩张是必要的,这样才能迫使世界各国违背自己的意愿,开放市场。1840年鸦片战争,英国用炮舰打开了中国市场,自此之后,全球的南方国家就意识到自由贸易从来不自由。相反,如我们所见,自由贸易正在日渐破坏国家主权和民主制度。

长此以往,世界会变成什么样子?不必费力猜测,只要看看世界各地的微型自由贸易乌托邦——那些所谓的"自由贸易区"就可以了。大多数自由贸易区周围都隔着铁丝网和围墙,还有私人保安部队巡逻。大多数时候,民选政治家和国家执法机构无权进入他们的大门。

在这些"飞地"内,劳工法、安全标准、关税、税法,甚至宪法赋予公民的基本权利——这些法律和规范都不适用。在这些地方,资本几乎可以不受任何形式的监管制约。自贸区的概念始于20世纪90年代后期,目前全世界在近150个国家有4300多个自贸区。自贸区背后的逻辑是通过这种形式吸引外国投资,提供就业机会。但钱的流转总是非常快,几乎没有在自贸区以外产生任何辐射影响,接近于零的税率给公众带来的好处也微乎其微。至于解决就业方面,工会往往是不被法律允许的,工资往往低于国家最低标准(低至每小时10美分),工人通常被要求每天工作14小时,而且解雇他们不需要给予补偿。[290]

虽然自由贸易区只是"飞地",但我们由此可以看到,如果自由贸易不受制约地发展,世界可能会变得更可怕。

七、21世纪的掠夺

政变、结构调整、自由贸易和投资争端解决中心,都是富国和实力强大的企业在世界舞台上维护自身经济利益的方式。从广义上讲,每一种策略都或多或少地超越甚至取代了之前的策略,但也并非那么绝对。

例如,直到21世纪,政变策略仍在使用——尤其是在拉丁美洲。2002年,美国暗中支持了一场针对委内瑞拉总统乌戈·查韦斯民选政府的政变,[291]并在2004年支持推翻了进步的海地总统让-贝特朗·阿里斯蒂德政权。[292]2009年,洪都拉斯民选领导人曼努埃尔·塞拉亚(Manuel Zelaya)在美国国务院支持的军事政变中被罢免。[293]这样的公开干预还有很多。2003年,以美国为首的联军入侵伊拉克,主要是为了获得石油和国防合同,并阻止伊拉克以欧元取代美元作为石油交易货币。维基解密(WikiLeaks)公布的外交电报显示,2011年北约对利比亚的空袭,一定程度上是因为法国担心利比亚将用新的泛非洲货币取代由法国控制的非洲金融共同体法郎(FCFA)。暗杀行动也在策划之中。2016年,洪都拉斯本土活动家贝尔塔·卡塞雷斯(Berta Cáceres)被训练有素的美国军队暗杀,因为其试图阻止修建一座跨越瓜尔卡尔克河的大坝。[294]

第三世界的债务也重新成为一个主要问题。由于全球金融危机后大宗商品价格暴跌,全球南方国家的出口收入大幅下降,债务偿还能力也大幅下降。因此,外债支付占政府收入的比例从2013年的6.1%飙升至2016年的10.8%。[295]世界银行和国际货币基金组织仍然在大面积推行结构调整方案,颁布新的减贫战略文件,以确保南方国家能够偿还债务。[296]有时,债权人会采取更极端的措施:2016年,波多黎各濒临破产,美国国会通过了一项名为"波多黎各监督、管理和经济稳定法"(PROMESA)的法案,宣布了对波多黎各内政的行政控制权。[297]法案遭到许多人的谴责,被认为是一种殖民行为。投资争端解决中心完好无损,新的类似于《跨太平洋伙伴关系协议》的自由贸易协议也在谈判中。

实力强大的全球经济参与者曾经用于保障自身经济利益的老办法,现在仍在使用。但当我们审视当今富国和穷国的关系时,有三个新问题更加迫在眉睫,亟须正视和解决。

避税者

只要你说穷国之所以贫穷,是因为它们在不平衡的全球经济中处于不利地位,那么多半有人会回应你说,穷国之所以贫穷,是因为其领导人和官员腐败。腐败的官员使得企业无法正常运转——更重要的是,他们偷走了本应属于公众的资源和财富,从饥饿者的口中抢走了食物。所以,如果它们穷,一点也不奇怪。

这样的观点非常普遍,我也并不惊讶。透明国际(Transparency International)的清廉指数(CPI)备受推崇,每年一经公布,腐败问题就会迅速引起公众的注意。发展机构利用这个机会,指出腐败是全球南方国家贫穷的主要原因。它们宣称,只有杜绝腐败,改善穷国的治理环境,发展才能真正起步。事实上,这一观点也得到了最高层的支持。2003年,联合国发布了第一个《反腐败公约》(Convention against Corruption),称尽管腐败现象在所有国家都存在,但这一“邪恶现象”在全球南方国家的“破坏性最大”,是“经济表现不佳的关键因素,也是减贫和发展的主要障碍”[298]。

看上去似乎的确如此。透明国际发布的腐败地图所描绘的图景非常引人注目,用醒目的红色将全球南方国家标注为高度腐败,而包括美国和英国在内的富裕西方国家,则被标注为轻盈的黄色,代表腐败程度非常低。这种摩尼教①式的观点完美印证了前面的说法:关于非洲独裁者和印度受贿者的陈词滥调,以及除了西方世界以外,其他地方都充满了不择手段的官僚和政府官员。如果贫穷国家充斥着腐败,而富裕国家却没有腐败,那么“腐败致贫”的结论似乎是合乎逻辑的,对那些不了解殖民主义历史、不平等条约、结构调整和贸易规则的人来说,这似乎是一个很好的解释。

现在,让我们抛开全球贫困和不平等的结构性驱动因素,只看腐败本身。毫无疑问,腐败是一个问题。世界银行宣称,《反腐败公约》主要针对政府官员的受贿和窃取公款,这些行为给发展中国家造成了每年200亿至400亿美元的损失。[299]这当然是很大的一笔钱,值得我们注意,也对发展造成了阻碍。但是,如果我们把视野稍稍放大一些,以正

① 摩尼教又称明教,起源于古代波斯,宣扬二元对立的世界观。——译者注

确的角度去看这些数字,就会得出一个完全不同的故事。事实证明,每年从发展中国家流出的非法资金中,腐败所占的比例极小,仅3%左右。根据全球金融诚信组织的估计,多达65%的非法资金外流与另一种类型的腐败有关:商业逃税。[300]当我们以整体的眼光审视商业逃税行为时,透明国际讲述的腐败故事便开始分崩离析。

"资本非法外流"只是一个花哨的名字,用来形容从一个国家到另一个国家的非法资金流动。它可能是一个腐败的官员将公共资金转移到保密管辖地,也可能是一家跨国公司为了逃避纳税而将资金转移到海外。跨越国界偷偷转钱的动机有很多。根据全球金融诚信组织的数据,每年有多达1.1万亿美元的资金从发展中国家非法流出,进入外国银行和避税天堂。[301]这是一个无法想象的数额——超过了发展中国家每年获得的外国直接投资总额(2013年为8580亿美元),是它们获得的官方援助总额(2013年为993亿美元)的11倍。[302]在过去十年里,这些资本外流一直在以每年6.5%的增速快速增长。[303]从2004年到2013年,发展中国家因非法资金外流共损失了7.8万亿美元。[304]这是个大问题。

这一切是怎样发生的?资本非法外流主要通过两个渠道进行:热钱和进出口伪报。

热钱是指资本从一国到另一国的快速流动,以便利用利率和汇率差异进行投机。例如,在美国利率可能提高的情况下,在尼日利亚有投资的人可能会迅速将资金转移到美国以获利。资本的快速投机性流动之所以成为可能,是因为过去几十年,世界银行、国际货币基金组织和自由贸易协议推动发展中国家放宽金融管制。这可能会对市场稳定性产生严重影响,特别是在小经济体中,却为非法跨境转移资金提供了一条途径。2013年,热钱总额达到2110亿美元,占发展中国家资金非法外流总额的19.4%。[305]

进出口伪报是指通过欺骗贸易系统将资金汇入秘密的离岸账户。例如,假设一家南非公司同意从一家英国公司购买100万美元的钢铁。这家南非公司要求英国公司将100万美元的发票寄到一个避税港。然后,避税港以超过货物商定价值的价格——如150万美元,向南非公司重新开具发票。南非公司向避税港支付150万美元,避税港向英国公司支付100万美元,并将其余资金转移到南非公司的海外账户。在南非税务局看来,这笔交易似乎是合法的——但南非公司成功地将50万美元存入了一个离岸账户,逃避了纳税义务。虽然这种做法构成严重犯罪,但避税港仍公开宣传其重新开具发票的服务,并提出可以协助公司设立空壳公司用于洗钱和逃税。在谷歌上快速搜索"重新开具发票服务",就能找到数十家位于塞舌尔、毛里求斯等地的公司,它们随时准备帮助交易者实施犯罪行为。2013年,进出口伪报总额为8790亿美元,占发展中国家非法资金外流的80.6%。[306]

进出口伪报是逃税的常用手段,但它也可以用于许多其他目的。比如,为犯罪活动洗钱,逃避各国为稳定资金流动而实施的资本管制,或者用于夸大出口额,以便享受政府向出口商提供的特别税收优惠。但无论出于什么目的,结果都是使政府无法对收入和财富征税。

全球金融诚信组织的研究人员之所以能查到重新开具发票的情

况，是因为出口商和进口商报告中针对同一项海关交易的发票之间存在明显差异。但这是他们能够发现的唯一一种进出口伪报形式，还有其他形式的进出口伪报无法被查出，如“转让定价操纵”。

要理解转让定价操纵是如何发挥作用的，我们首先必须理解什么是正常的转让定价。转让定价发生在公司在自己的公司结构内销售商品时，比如一家公司的中国子公司向英国子公司销售商品。过去几十年，由于垄断企业的迅速扩张，现在至少有60%的国际贸易是发生在跨国公司内部的。[307]因此，转让定价并不罕见，而是一种常态。正常情况下，只要子公司的报价是正常的市场价格，就完全合法，和公司与外部实体的贸易是一样的。但通常情况下，为了逃税或逃避资本管制，公司会人为地扭曲转让价格，于是转让定价变成了转让定价操纵。

转让定价操纵非常容易上手。公司只需要开具一张发票，虚报成本，然后让它们的贸易伙伴也开出一张类似的虚假发票——换句话说，用同样的发票造假。分析人士记录过一些非常大胆的例子：来自中国的厕纸售价为每公斤4121美元，来自以色列的苹果汁售价为每公斤2052美元，来自特立尼达和多巴哥的圆珠笔售价为每支8500美元，[308]通过抬高转让价格，公司可以将资金从高税率国家的子公司转移到低税率国家或避税港的子公司。由于这种做法隐蔽性很高，没有人能计算出其资金规模。全球金融诚信组织估计，这个数字可能至少相当于重新开具发票的资本外流的规模。这意味着每年还有8790亿美元从发展中国家流出。[309]而且，其金额可能高于重新开具发票的金额，毕竟转让定价操纵的隐蔽性太高了。

这场游戏最大的输家是非洲。作为世界上最贫穷的地区,撒哈拉以南非洲的资金非法外流占其国内生产总值的6.1%。[310]由于非法资金流动,非洲遭受了巨大损失,实际上变成了世界其他国家或地区的净债权国。如果我们将投资、汇款、债务减免和自然资源出口等所有类型的合法和非法资金流动汇总一下,就会发现非洲向世界其他地区流出的资金超过了流入的资金。下面这幅图生动地表明了非洲"开阔的静脉中"所流失资本的绝对规模。

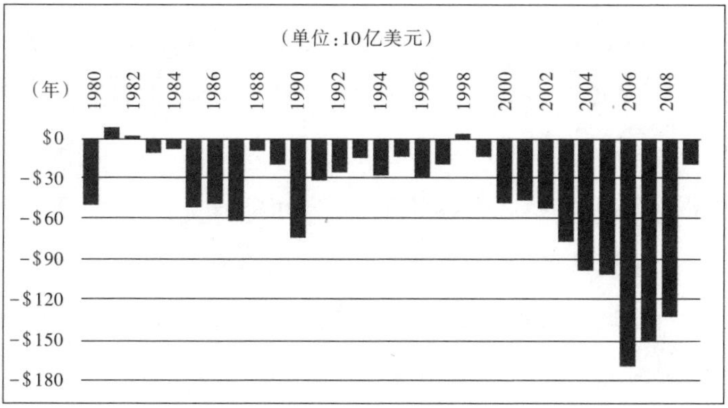

图9 向非洲净转移资金

数据来源:全球金融诚信组织

总的来说,2013年,发展中国家因热钱和进出口伪报遭受的损失多达2万亿美元[311],它们在过去十年中损失了14.3万亿美元,简直令人难以置信。如果你觉得这些数字还不够惊人,请记住,进出口伪报的数字反映的只是商品贸易,而不包括服务贸易。全球金融诚信组织无法追踪服务贸易的伪报,所以我们不知道服务部门的非法流动规模有多大,但服务贸易占全球贸易的25%,所以我们也许可以以同样的比例估计服务贸易伪报的金额总数。

这种情况该怪谁呢？发票造假是违法的，但他们为什么能逍遥法外呢？“资本外逃”和“资金非法外流”这样的术语似乎在挑受害国的毛病，好像是因为它们留不住钱。但这是一种误导。过去，发展中国家的海关官员有权禁止虚开发票。如果发票上的价格与正常市场价格相比——如布鲁塞尔价值定义中所列——发生了可疑的偏差，他们就会叫停这一交易，于是，企业进出口伪报几乎不可能逃过海关的法眼。但世贸组织认为，这种做法会导致贸易效率低下。至少自1994年以来，除少数特殊情况外，海关官员只能接受发票的票面价格。[312]因此，企业可以随心所欲地开具发票，几乎没有被传唤的风险——定价操纵自20世纪90年代中期以来迅速增多。

如果没有避税港，这些盗窃行为都不可能发生。然而，全球共有大约五六十个避税港，它们不仅提供低税率或零税率，还几乎没有金融监管，最重要的是，这里的金融信息是严格保密的。实际上，避税港的精髓就是保密管辖权。大多数情况下，在保密管辖范围内经营的银行和公司不需要披露任何关于资金来源和去向的信息——在某些情况下，披露此类信息甚至是违法的。因此，保密管辖权不仅保护了逃税者，也为各种犯罪分子——洗钱者、军火走私者甚至恐怖分子——提供了强有力的保护。

有多少钱藏在避税港里，没有人知道。但2010年有过一个保守估计，这个数字至少达到21万亿美元，很可能接近32万亿美元——其中约9万亿美元来自贫穷国家。避税港的钱占全世界私人财富的六分之一还多。今天，全球所有的外国直接投资中，至少有30%是通过避税港进行的,约占所有贸易的50%。[313]

避税港主要有三类。[314]欧洲的避税港,最有名的有卢森堡、瑞士和荷兰,当然还有比利时、奥地利、摩纳哥和列支敦士登;美国的避税港包括曼哈顿、佛罗里达和特拉华,以及与美国有关的海外属地和国家,如美属维尔京群岛、马绍尔群岛、利比里亚和巴拿马。但最强大的避税港网络分布在英国周围,由曾经强大的大英帝国打造。英国王室有三个属地:泽西岛、根西岛和马恩岛,还有14个英国海外属地,其中包括开曼群岛、英属维尔京群岛和直布罗陀。此外还有一些英国不再正式控制但历史上曾隶属于大英帝国的国家和地区:新加坡、巴哈马、迪拜、爱尔兰、瓦努阿图、加纳和中国香港。

在这个全球避税港系统中,最重要的中心节点可能是伦敦金融城(City of London)。伦敦金融城与伦敦本身并不是一回事,它是位于伦敦的一个小理事会,是一个强大的金融部门。伦敦金融城之所以能够成为避税港,是因为它不受英国许多法律的约束,不受议会监督;最重要的是,不受信息自由规则的约束,甚至有自己的私人警察部队。由于这一特殊地位,伦敦金融城一直保持着从中世纪成立之时延续至今的财阀传统。以其选举过程为例,与普通议会不同,伦敦金融城的选举权并不局限于人类。在金融城内注册的企业可以和这里的居民一起投票。选举中超过70%的选票不是由人投的,而是由企业——主要是企业银行和金融公司——投出的。公司越大,选票就越多,最大的公司每家可以有79票。伦敦金融城甚至有自己的市长——伦敦金融城市长,不是更为人熟知的伦敦市市长——他只尊重君主的权威。每年,各家企业都在这里"选举"市长,从1189年开始,每年一位市长,他唯一的职责就是促进伦敦金融城内银行的利益。

伦敦金融城的网站显示,市长的职责是为企业"打开最高层的大门",并"阐明自由化的价值"。为此,他拥有一笔数十亿英镑的贿赂基金,用于游说英国政府和世界各国政府实施对银行和跨国公司更友好的法律。他就像是由一个人组成的结构调整小组。此外,市长还有一个使命——到国外访向,以建立起伦敦金融城的避税港网络。现任市长在一年的任期内,待在国外的时间有100天,访问过20多个国家。就在我写下这些内容的时候,这位新任市长正在努力游说肯尼亚变成一个避税港。

避税港不仅助长了资本盗窃,降低了政府收入,还引发了分析师所称的"税收竞争"或"税收战"。世界各国竞相向外国投资者提供低税率,以吸引他们进入本国市场。这种持续的减税压力使议会和政府很难就税收立法做出合理决策,或科学地计划未来的预算。

尽管如此,一些经济学家仍然笃信新自由主义理论,认为全球避税港体系是合理的。他们声称,应该允许资金在世界各地自由流动,以寻求最佳税率。但许多有关避税港的规定直接违背了自由市场的原则。例如,定价操纵是对"市场价格"概念的嘲弄:许多运往世界各地的商品的价格与市场毫无关系,只是凭空捏造出来的。此外,避税港制度还违背了比较优势原则。首先,这相当于是给那些有能力购买逃税服务的有钱公司提供了补贴,很不公平。但更重要的是,这意味着公司不是设在最有效率的地方,而是可以获得最大保密权限或最低税率的地方。在仅有2.5万人口的英属维尔京群岛上,有大约85万家公司,用比较优势去解释这件事是很荒谬的。

这一切都使得腐败问题呈现出不同的色彩。英国、美国和欧洲各国建立和维护全球避税港系统,以促进资金非法流动;世贸组织剥夺了海关官员打击定价操纵的能力。即使如此,透明国际的地图还为富国标注着代表“无腐败”的黄色,这就有点矛盾了。

透明国际的问题在于,它衡量的是人们对腐败的看法,而不是腐败本身。生活在英国的人们通常不会认为他们的国家特别腐败,但这可能是因为他们被引导将腐败与发展中国家——而不是与富国联系在一起。从这个意义上说,透明国际可能帮助富国在人们心中植入了这样的观念。

发展中国家的贫穷主要应该归因于本国的腐败,而且理由很充分。但是,为了了解腐败的实际严重程度,我们必须将腐败的概念扩大到包括资金非法外流、匿名公司、保密管辖权等维度。这些做法榨取了全球南方国家的资源,极大地助长了全球贫困和不平等现象,然而却并没有被纳入腐败的主流定义中,在联合国公约中也没有被提及。相反,关于腐败的叙事转移了我们对这些外生问题的注意力,把责任推到了发展中国家身上。

“土地掠夺者”

2007年年初,发生了一些意想不到的事情。有关世界各地食品价格上涨的报道开始陆续传出,然后在短短几个星期内演变为一场全面危机。全球南方国家的大部分民众感到生存受到了威胁,纷纷走上街头游行。布基纳法索的食品价格飙升了65%,许多主要城市都发生了抗议和骚乱。喀麦隆的抗议活动暴力升级，导致24人死亡。孟加拉国的首都也有数以万计的工人上街游行。墨西哥、摩洛哥、毛里塔尼亚、塞内加尔、科特迪瓦等许多国家也爆发了类似的动乱。埃及的食品价格危机激起了社会的普遍不满，最终导致胡斯尼·穆巴拉克(Hosni Mubarak)的统治被推翻。2008年，国际货币基金组织宣布，世界粮食价格在一年内上涨了80%。[315]在那个一半以上人口生活在贫困线以下的世界里，食品价格的上涨可能意味着数亿人忍饥挨饿。

对西方人来说，乍看上去，这场危机只是一种自然现象，是市场供求波动的必然结果。当然，有一些现象的确是正常的市场波动。例如，中国收入的增长带动对肉类和牛奶的需求上涨，导致一部分农田由种植人类的粮食改为种植用于牲畜饲料的作物。又如，在美国，对生物燃料的需求导致全国三分之一的玉米被用于生产乙醇，许多农民减少了粮食的种植，以便从生物燃料的热潮中获利。与此同时，气候变化导致的干旱对一些主要的粮食生产国造成了影响，导致出口量减少；全球粮食产量继续增长，但增速不如以前。在此期间，石油价格上涨至历史高点，抬高了农业投入和食品运输的成本，可能也对食品价格上涨产生了一定影响。[316]但这些驱动因素都不足以解释如此显著的价格上涨。

从1991年开始，高盛银行决定利用金融监管放松的机会，将包括食品在内的商品期货捆绑成一个单一指数。交易人可以对这一指数进行投机，投资基金可以将它们的投资组合与该指数挂钩。这是一种新型的金融衍生产品，是华尔街当年兜售的众多金融衍生品之一。一开始，大多数投资者对此并不在意，该指数多年来一直处于停滞状态。但2005年，次贷危机的最初迹象开始显现，紧张的投资者将资金从抵押型金融衍生产品中撤出,转而投资大宗商品,因为人们普遍认为其他领域比较动荡,大宗商品则相对稳定。于是,商品期货的投机日益猖獗,影响了实体经济中的商品价格。粮食价格受到的影响特别大,2007年飙涨到历史新高。换句话说,精明的投资者在房地产泡沫破裂前将资金转投到食品行业,最终导致了另一个泡沫的膨胀。[317]

危机并没有就此结束。世界粮食价格继续剧烈波动,2009年回落到危机前的水平,2010年再次飙升,创造了新的纪录。[318]2011年的粮食价格是2004年的2.5倍,气候变化影响了俄罗斯和北美粮食产区的产量,又加剧了这一趋势。根据联合国的信息,2011年,世界各地又有约4000万人陷入严重饥饿。[319]

对穷人来说更糟糕的是,食品价格危机还悄悄地产生了戏剧性的连锁反应。投资者抓住这个机会,在世界各地购买了数百万英亩土地用于农业生产——包括粮食和生物燃料——以充分利用价格飙升带来的好处。许多国家的政府也参与了这场游戏,以防止社会动荡,应对气候变化威胁,确保稳定的粮食供应。一些粮食生产大国为了确保本国有充足的粮食储备,正在削减出口,那些在粮食方面不能自给自足的国家尤其注重囤积农田。

很多收购都相当于"掠夺土地"。如果一桩土地购买导致至少500英亩的土地由小农生产、集体使用或生态用地变为商业生产用地,那么这种收购就是"掠夺土地"。[320]"掠夺土地"可能带来抽象的经济利益——例如增加国内生产总值——但往往会破坏环境,侵害人们的利益:脆弱的农户最终不得不背井离乡,失去获得粮食和自给自足的机会。

由于很多交易都是秘密进行的,很难确切地算出以这种方式“掠夺”的土地数量。根据世界银行的初步估计,从2000年到2010年,这个数字为1.2亿英亩,而乐施会的估计是,同一时期的征地规模高达5.6亿英亩,大致相当于西欧的总面积。[321]这些数字很难核实,但土地交易数据库(Land Matrix)提供了一组最新数据,这组数据仅包含2000年以来经过确认的跨国交易。数据显示,在大约1500笔交易中,“掠夺土地”的规模达到1.62亿英亩,这些交易有的已经完成,有的仍在谈判中。[322]

虽然大多数“土地掠夺者”是富裕国家的投资者,且被“掠夺”的土地大部分位于贫穷国家[323],但“掠夺”土地并不是北方“掠夺”南方这么简单。就已完成的交易数量而言,英国是最大的“土地掠夺者”;就绝对规模而言,美国是最大的。大约三分之一的“土地掠夺”与区域投资者有关。从阶级的角度来看,这个问题很好理解。无论他们来自哪里,“掠夺土地”的人都属于富人阶层(毕竟,现在全球最富有的1%的人属于同一个阶级),而失去土地的人是穷人阶层。事实上,如果居民对所居住的土地没有正式合法的所有权,或者因为贫穷而无法在法庭上申辩,这些地区往往更容易引起“土地掠夺者”的觊觎。他们也更倾向于选择那些治理水平得分更低的国家,因为这里的地方腐败使得交易可以暗中迅速达成。顺便提一句,这种趋势颠覆了“良好的治理环境才能吸引外国投资”的传统假设。例如,南苏丹获得独立后不久,新政府尚未建立,新国家的版图还没来得及绘制到地图上,就发生了一些极其阴暗的大规模“土地掠夺”。

这就解释了为什么2000年至2010年被“掠夺”的土地有66%在非洲,占非洲大陆土地总面积的4%。[324]非洲是一个理想的目标,因为大多数社区的土地归集体所有,没有正式的所有权。对特定土地的控制权往往是根据约定俗成的规范或口口相传的规则确定的。而且,从技术上讲,这些土地大部分属于国家所有——这是殖民时代遗留下来的,因为当时欧洲各国政府通过颁布法律,将大片土地据为己有。非洲的政客和官僚很愿意向外国投资者出售或租赁手上的土地,以换取买家愿意提供的任何回扣,哪怕是一首歌。在许多“土地掠夺”的案件中,双方都有明显的腐败行为。而土地上的居民不得不承担真正的代价:失去自己的家园、自然资源、谋生的手段和自己的社区。

这个场景很容易让人联想起英格兰的圈地运动,或者约翰·斯坦贝克(John Steinbeck)的《愤怒的葡萄》(*The Grapes of Wrath*)中无法令人忘却的土地兼并。通常情况下,那些被“掠夺”土地的国家往往已经有严重的饥饿问题。[325] 2012年,利比里亚75%的土地掌握在大投资者手中,24%的儿童营养不良。[326]

并非所有的“土地掠夺”都是出于粮食安全的考虑,令人惊讶的是,有时甚至是打着改善“被掠夺者”困境的旗号进行的。由于粮价危机导致饥饿加剧,八国集团和200多家世界上最大的农业综合企业(包括孟山都、先正达、嘉吉和可口可乐等)以“人道主义”的名义发起了新一轮“土地掠夺”行动。2012年发起的粮食安全和营养新联盟(New Alliance for Food Security and Nutrition),目标是“通过包容性和可持续的农业增长,在未来十年内使5000万人摆脱贫困”。在这个联盟中,农民是缺席的。该联盟承诺向非洲国家提供农业援助和私人投资,只要这些国家同意修改本国法律,以方便外国公司获得土地。10个国家签署了协议,同意降低企业税率,放松出口监管,延长租赁期限,并为农业综合企业拨出大量优质农业用地。在科特迪瓦,大约150万英亩的土地转让给了外国公司。[327]监察机构GRAIN在2013年发布的一份报告称,这些公司“将取代数以万计的稻农,让数千名小商贩无以为继——而八国集团却声称,这些人是新联盟的主要受益者”。

联盟企图圈占的公共资源,除了土地,还有种子。[328]它们与莫桑比克签署了一项协议,要求该国“停止系统地分发免费的未经改良的种子”。它们还要求坦桑尼亚通过一部新的种子法律,以保护生物材料公司的专利。

粮食生产和生物燃料可能是“土地掠夺”的最大驱动因素,但此外还有许多其他因素。巴布亚新几内亚有十分之一以上的土地在短短十年内被抢占,一片片茂盛的热带雨林被移交给那些早就急不可耐的外国伐木公司。[329]柬埔寨将500万英亩的土地(约占该国全部农业用地的一半)分配给私营公司,其中大部分用于种植甘蔗。大量的柬埔寨农民被非法逐出土地,因此,新出口的糖被称为“血糖”。[330]在整个东南亚,大约有100万英亩的土地已经从农民的土地变成由中国公司经营的橡胶种植园,以满足中国汽车轮胎市场的旺盛需求。[331]土地交易数据库显示,还有数十次征地活动是为了旅游业展开的。阿布扎比的一家皇家所属公司最近收购了南苏丹550万英亩的草原,计划将其改造成一个五星级酒店林立的野生动物保护区。

也许最令人忧虑的是,如今的“土地掠夺”还打着“缓解气候变化”这个21世纪最进步的事业的旗号。2005年,联合国和世界银行开始制定一项减少温室气体排放的新战略——“减少毁林及森林退化造成的碳排放”,简称REDD。REDD允许发达国家的公司购买碳信用额,以规避对其的排放限制,然后用这笔钱保护发展中国家的森林,使之免遭出于商业目的的砍伐。REDD的创新之处在于,认识到在目前的经济模式下,只有在树木被砍伐并转化为大宗商品时,森林才被赋予了价值;但它没有考虑到,砍伐森林带来的气候变化,是极具破坏性的且代价高昂。森林吸收二氧化碳,一旦森林被破坏,空气中碳的含量就会增加。毁坏森林造成的温室气体排放占全球温室气体排放总量的20%。REDD试图纠正这种错误定价,允许森林所有者因"不砍伐树木"而获利,意识到森林为全人类提供了重要的"环境服务",因此应赋予其经济价值。

理论上,这一战略似乎迈出了很好的一步,但在实践中产生了灾难性的后果。很多时候,降排试点项目迫使土著社区迁离森林,理由是他们的耕作方式会破坏森林。例如,在肯尼亚,政府与世界银行领导的REDD计划合作,驱逐了居住在恩博特森林的15000名森沃人并摧毁了他们的居住地。REDD鼓励新一轮的"土地掠夺",企业和政府争相收购发展中国家的森林,以便从中获利,这种做法现在被称为"碳殖民主义"。REDD中有一个漏洞,即只要在其他地方种植了新的森林,即使这些新森林恰好是种植园,就可以砍伐原始森林。这个漏洞被很多人利用。换句话说,一些"掠夺土地"、砍伐森林的公司,现在正在以抵消它们所造成的环境破坏为幌子攫取更多的土地。REDD实际上并没有保护森林免受市场力量的破坏,而是迅速将森林引入了市场。最终,碳排放在源头上没有减少,因为碳信用背后的理念是,污染者只要购买了指标,就不必减少碳排放。

虽然当地精英们可能因此获得了可观的利润，但发展中国家因“土地掠夺”遭受的环境损失是巨大的。在许多这样的交易中，土地以远低于其实际价值的价格出售。在埃塞俄比亚和秘鲁的例子中，投资者每年最终支付的费用约为每英亩0.5美元，有的甚至低至每英亩0.3美元。[332]而实际上，即使保守估计，国际市场上土地的实际价格也接近每英亩600美元——这才是全球南方国家在土地交易中应该赚到的钱。[333]按照这个速度，自2000年以来，南方国家被“掠夺”的土地的实际价值约为970亿美元。这还仅仅是一年的租赁价，总价还要乘以年限。当然，这个数字并没有显示在粮价居高不下、需求飙升、供应减少的时代，土地的利润有多大。

虽然许多南方国家遭受“土地掠夺”，但它们的政策制定者可能会认为，其中一些交易是合理的，因为可以增加税收。考虑到大多数投资者都有很强的避税能力，因此不太可能给这些国家带来重大的收益。

气候改变者

2013年11月，台风“海燕”登陆东南亚，这是有记录以来最强的热带气旋，风速高达每小时200英里。东南亚大部分地区遭受了严重破坏，受灾最严重的是菲律宾。即使是最冷酷无情的新闻观察家，都无法对那幅毁灭性的图景无动于衷。城镇都被夷为平地，有些城市甚至连一座建筑都没有留下。这是菲律宾现代历史上遭遇的最致命的台风，至少6300人死亡，另有3万人受伤。直到2015年，还能陆续从废墟中发现新的尸体，而且至今仍有1000多人下落不明。但死亡人数只是灾难的冰山一角。台风过后,东南亚发生了巨大的人道主义灾难:仅在菲律宾就有600多万人流离失所,190万人无家可归,引发了国内难民危机。援助机构警告说,由于缺乏食物、水和药物,该地区很可能出现传染性疾病。

根据最新报告,“海燕”造成的损失总额已达20.5亿美元,成为菲律宾历史上代价最高的台风——比一年前登陆的第二大台风“宝霞”高出一倍多。这个趋势已经令人十分不安。菲律宾历史上破坏性最大的8次台风都是2008年以后发生的,造成的损失总计近60亿美元。

巧的是,“海燕”袭击东南亚的同时,联合国气候变化会议正在波兰举行。菲律宾代表萨诺(Yeb Sano)发表了感人至深的演讲,很快在社交媒体上疯传开来。他说:“超级台风‘海燕’在我的家乡登陆,造成了巨大破坏,令人震惊。我很难用语言描述新闻报道中出现的画面,也很难用语言描述我对这场灾难带来的损失和破坏的感受。直到此刻,我还在苦苦等候我亲人的消息。”他因流泪而哽咽,却又因愤怒而加强了语气:“我的国家正经历着这场极端气候事件带来的巨大痛苦。这次气候危机太疯狂了。在这里,我不仅代表我国的代表团发言,更重要的是,我代表无数普通人发言,他们由于在这场风暴中丧生,再也不能为自己说话了。我们绝不能再把这样的事件称为‘自然灾害’了。(这场灾难)是由于不公平造成的,最贫穷的人是最脆弱的,过去几十年的恶性发展,使他们面临着最大的风险。而我必须说,这种恶性发展与现在整个世界倡导的所谓的经济增长有关。”

萨诺随即宣布绝食,直到他看到一份有意义的气候协议为止。其他一些代表和来自气候变化行动网络(Climate Action Network)的60人也加入了他的行列。

萨诺的演讲阐明了一个富裕国家很难接受但强有力的事实：西方国家应该对气候变化负责。他们通过使用矿物燃料发展工业，从中获益匪浅，但气候变化的代价却不成比例地落在了穷国身上。

从工业革命至今，人类总共向大气中排放了5880亿吨二氧化碳。富裕的工业经济体对此负有70%的责任，[334]具体数字根据不同的衡量标准可能有所不同：如果只计算工业排放，这个数字要高得多；如果将森林砍伐等非工业排放计算在内，这个数字则略低。然而，根据《气候脆弱性监测》(Climate Vulnerability Monitor)的数据，发达国家只承担了气候变化总成本的12%。[335]相比之下，发展中国家必须承担全部成本的82%。在2010年，这意味着由于干旱、洪水、山体滑坡、风暴和森林火灾造成的共计5710亿美元的损失。《气候脆弱性监测》预测，随着这些成本的不断增加，发展中国家承担的损失份额也将持续增加，2030年将达到92%。到那时，发展中国家每年要承受9540亿美元的损失。

与气候变化有关的死亡在地理上的分布也是不均衡的。台风"海燕"夺去了约6300人的生命，这个惊人的数字只是每年因气候变化而死亡的总人数的一小部分。2010年因气候变化导致的死亡人数是40万，其中一些是极端天气事件本身造成的，但大多数是由气候变化引起的饥荒和传染病造成的，其中98%发生在发展中国家。更具讽刺意味的是，83%发生在世界上碳排放量最低的国家。情况还在变得更糟。根据《气候脆弱性监测》的预测，到2030年，发展中国家与气候有关的死亡人数将增加到每年53万人以上。相比之下，只有1%的死亡会发生在富国境内。

当然,碳排放的模式也在发生改变。2005年,发展中国家整体的二氧化碳排放量赶上了发达国家。这个变化主要是由于中国、印度、巴西、印度尼西亚等的碳排放增加。这在很大程度上是因为,全球化的生产重心已经转移到发展中国家,这实际上是将污染外包出去。[336]但是,如果我们依据人口规模进行校正,情况又会有很大的不同。美国的人均二氧化碳排放量是中国的三倍,仍然是世界上最大的污染排放国;德国的人均排放量几乎是中国的两倍。[337]而印度的排放量远远没有达到世界平均水平:每个印度人只排放1.4吨二氧化碳,而全球的人均二氧化碳排放量超过4.5吨。非洲的人均碳排放仅为0.9吨。然而,气候变化对非洲和印度造成的打击是最大的,分别占其GDP的4%和5%。[338]

为什么气候变化的后果分布如此不均?首先,气候变化正导致降雨模式逐渐向北转移。其结果是,全球南部许多本来就干旱的地区水资源将更加稀缺。发展中国家的农业已经岌岌可危,而且,由于通常是小规模的非工业化生产,降水的微小变化都可能造成毁灭性的破坏。具有讽刺意味的是,发展中国家自20世纪60年代绿色革命以来一直在使用的高产种子,对气候变化的抵抗力远不如较老的传统品种。根据《经济学人》的报道,到2040年印度农作物的产量将下降9%。[339]非洲适合农作物生长的季节将缩短20%。[340]到2080年,整个发展中国家的农业产量可能下降21%——与此同时,粮食需求将继续上升。[341]乐施会预测,这将导致世界饥饿状况显著恶化。到2050年,面临饥饿风险的人数可能会增加20%,因为全世界的卡路里供应都在减少。[342]

疾病是另一个重要的考虑因素。在非洲,许多城市和城镇都有意建在"疟疾线"上方——也就是刚好能够避开携带疟疾的蚊子的高度。

随着气候变暖,蚊子能够进入以前不适合它们生存的海拔高度。目前的估计是,到2030年,感染疟疾的非洲人口将增加9000万。[343]同样,与干旱密切相关的脑膜炎发病率也将增加。最近登革热和寨卡病毒(2016年奥运会期间曾困扰过巴西的一种病毒)的爆发也与气候变化有关。

这些都使人们对发展的标准叙事产生了质疑。富国自诩为穷国的救世主,但由于它们造成了气候变化,这样的观点很难成立。事实上,发展中区域所承受的气候变化的代价比富国提供的援助要高出许多倍。

南方国家的学者认为,北方欠南方一笔"气候债"。长期以来,人们都在呼吁赔偿或气候补偿,以弥补发展中国家受到的损害,并提供必要的资金帮助发展中国家规划一个无碳的未来。2014年,这些呼吁终于得到了严谨的数学计算的支持。斯德哥尔摩环境研究所的科学家与"地球之友"组织(Friends of the Earth)合作,设计了一种公平的责任分担制度,从而将全球排放量减少到使气候变化可控的水平,并共同分担补偿和援助受到损害的发展中国家所需的费用。这个方法将每个国家的历史排放量、经济能力和国家贫困程度纳入考虑范围。根据计算:英国需要在1990年的基础上减少75%的排放量,并赔偿发展中国家490亿美元;美国需要削减的排放量为65%,同时需要支付6340亿美元;与此同时,我的祖国斯威士兰的排放量将可以增加59%,以便为经济增长和减贫提供空间,并将获得8000万美元的补偿和援助。[344]

气候变化在不久的将来可能造成的损害是非常可怕的，但显然还不足以让富裕国家的政府认真采取行动减少本国的排放。科学家告诉我们，如果想要避免灾难性的气候变化，我们的星球只能在高于基线1.5℃的范围内变暖。2015年，世界各国政府在巴黎联合国气候变化大会（COP_{21}）上同意了这个1.5℃的目标。但从协议文本来看，它们的承诺不过是空谈而已。这个协议完全依赖各国的自愿承诺，即所谓的“国家自主减排贡献”（Intended Nationally Determined Contributions）。不幸的是，到目前为止，自主减排贡献总额远远低于预期的目标。即使所有国家都履行承诺（鉴于这些承诺不具有约束力，这是不太可能的），我们仍将面临升温2.7℃至3.7℃的结果。

如果想要确保有66%的机会将升温幅度保持在1.5℃以内，那么在2015年至21世纪末的时间里，我们向地球大气中排放的二氧化碳不能超过2050亿吨。[345]这就是所谓的“碳预算”。按照我们目前的排放速度，我们每年向大气中排放400亿吨二氧化碳，这意味着到2020年，升温幅度就会超过1.5℃。[346]要把二氧化碳排放量限制在205亿吨以内，需要付出巨大的努力，因为目前全球化石燃料储量中含有超过2600亿吨二氧化碳。这只是已知的、可以利用现在的技术和经济条件开采出来的燃料。换句话说，我们目前计划燃烧的量超出了我们全球限制量的十余倍——这还不算其他的碳排放来源，例如牲畜、工业化养殖、水泥生产和森林砍伐。如果要把升温幅度控制在1.5℃以下，93%的已知可开采的化石燃料储备都不能用了。

但是，巴黎签署的协议中没有提到这条红线。事实上，协议中对矿物燃料的使用没有任何限制。更重要的是,其中的承诺要到2020年才能生效。换句话说,在协议签署后的五年内,各国都可以继续增加碳排放,到那时,1.5℃的碳预算早就已经超过了。从表面上看,尽管任务很艰巨,五年似乎是一个公平的过渡期。但至少从20世纪60年代起,我们就已经知道了人类行为导致的气候变化,1990年以来减少碳排放的国际谈判一直在进行。[347]然而,过去20年来,我们的年度碳排放非但没有减少,反而增加了61%。根据国际货币基金组织的最新估计,各国政府仍在为化石燃料行业提供高达每年5.3万亿美元的补贴,[348]同时还不正当地利用世贸组织法庭,取消对太阳能电池板等替代技术的补贴。

按照我们目前的轨迹,地球很可能会升温3.7℃甚至4℃。那时候,我们的星球会是什么样子?保守的预测是,这可能会导致500万年来地球上最严重的热浪。意大利、西班牙和希腊等南欧国家将变成沙漠。到2100年,海平面将上升1.24米,阿姆斯特丹和纽约等城市将被淹没。40%的物种将面临灭绝的危险,大片的热带雨林将会消失。农作物产量将暴跌35%,印度小麦和美国玉米等主要粮食作物的产量将暴跌60%,导致大范围的饥荒。温度上升4℃,可能意味着格陵兰岛冰盖和南极西部冰盖完全融化,这将使海平面再上升6米,全世界数亿人将流离失所。

面对4℃的可怕幽灵,气候科学家敲响了警钟。根据世界银行2012年的一份报告,4℃意味着"极端的热浪,全球粮食储备下降,生态系统和生物多样性的丧失,以及危及生命的海平面上升"[349]。政府间气候变化专门委员会(Intergovernmental Panel on Climate Change)的说法已经是最保守的了,即使是这样,我们的前景仍非常黯淡。拉丁美洲将面临

“亚马孙河的热带森林逐渐被热带草原所取代;[以及]人们在消费用水、农业用水和能源开采用水方面的重大变化”。在非洲,“到2020年,预计有7500万到2.5亿人的用水压力增大;依靠雨水灌溉地区的农业产量可能减少50%之多;农业生产,包括食物的获取,可能会受到严重影响”。在亚洲,“预计到21世纪50年代,中亚、南亚、东亚和东南亚的淡水供应将减少;预计在一些地区,与洪水和干旱有关的疾病的死亡率将会上升”[350]。

总之,人类文明无法承受4℃的变暖。我们或许可以抵御热浪,逃离沿海城市,但农业的崩溃会导致食物短缺。

还有我们无法完全预测的反馈环。再过几年,北极将迎来无冰的夏季,这已经导致了甲烷的大量释放——巨大的气体羽流覆盖在数百万平方英里的海面上冒着泡,其体积是科学家预测的两倍。根据国际能源署(International Energy Agency)的预测,这些尚未得到充分解释的问题可能导致的升温幅度高达6℃。[351]就算其他后果还无法预测,但有一点可以肯定:一旦气候发生这样的剧烈变化,过去半个世纪通过发展性干预措施所取得的减贫和提高寿命方面的所有成就,统统都会被抵消。未来,学者们回顾我们所处的时代时,会把“发展”的概念看作全新世时代晚期的一个古怪的白日梦。那时候,气候还非常稳定,人类尚可以设想一个更美好的未来。

我有时会纳闷,在整个人类大厦面临崩溃危险的时候,为什么还有人在谈论发展问题，而不是把所有的一切都投入到应对气候变化的斗争中。当然，那些认为发展意味着GDP增长——同时二氧化碳排放也一起增长——的人，还没有接受气候科学阐明的残酷事实。

长期以来，发展机构一直试图在我们经济体系的边缘修修补补，以解决全球贫困问题。它们的思路一直是让资本主义指数增长的基本逻辑保持不变，同时努力让它的破坏性比正常情况下小一些。但气候变化迫使人们紧急叫停这种做法，开始认真思考资本主义本身的逻辑。正如娜奥米·克莱恩(Naomi Klein)在她2014年出版的书《改变一切》(*This Changes Everything*)中所言："我们的经济系统正在和我们的星球交战。"[352]要控制气候变化，需要人类减少对资源的使用；要避免经济崩溃，却需要人类不受限制地扩张。自然规律无法改变，只有经济模式可以人为改变。

与人类避免全球危机的迫切需要相冲突的，不仅仅是资本主义，而且是当下这种危机四伏的资本主义，这种削减政府预算、削弱国家经济调控力的模式。当国家受到紧缩和私有化的影响时，怎么能投资建设零碳基础设施？当征税和监管被污蔑为"极权主义"，甚至根据一些国际贸易协议被认为非法时，各国政府又如何对化石燃料公司征税和实施监管呢？当补贴因为违背"自由贸易"原则而被禁止（当然，美国农业公司和化石燃料公司除外）的时候，我们如何触及可再生能源领域的创新？在预算被削减、公共服务被迫中止的情况下，又怎能奢望各国政府对迫在眉睫的人道主义危机及时反应呢？

过去数十年来我们所推行的经济制度，可能会令我们最终无法应对21世纪最严峻的挑战。

第四篇

Part Four

鸿沟的弥合

Closing the Divide

八、从慈善到正义

对恶的枝叶击打千次,抵不上对其根部的有力一击。最愿意施舍穷人的人,却也正是那些以自己的生活方式给穷人制造痛苦的人,他们徒劳地做着解救穷人的努力。

——亨利·大卫·梭罗

从事公共卫生事业的人在介绍其工作的核心原则时,喜欢讲这样一个寓言。想象你站在一条河边,河岸陡峭,河床弯曲,河流湍急。在水流声中,你忽然听到一个微弱的声音在呼救,并看到一个人在水中挣扎。作为一个游泳健将,你鼓起勇气跳入水中,及时把他拖到安全的地方。当你重新回到岸上时,你发现另一个人陷入险境。你不想看着他死去,所以又一头扎进去了。但过了几分钟,你看到了越来越多的溺水者。你无法拯救所有的人,于是急忙去找你的朋友,组成一支队伍,一起到河里救人。但是随着时间的流逝,灾难仍在持续,你开始意识到,也许你应该到上游去寻找答案,弄清楚为什么会有这么多的人掉进河里。

对于公共卫生领域的人来说,这个故事表达的意思很明确:预防总是胜过治疗。为了有效地预防,就需要找到上游的原因。听起来可能很简单,但要训练自己关注系统而不仅仅是症状,需要付出很大的努力。当我们遇到痛苦和苦难时,我们的第一反应就是让它尽快停止,这是人类的天性。每当我想到我的父母在斯威士兰工作的那家诊所时,我都会很明显地体会到这两种方法之间的区别——诊所里病人排着长队,一直延伸到门口,排进了院子里。我父亲曾跟我讲过,有一天,一位睿智的长者来看望他,长者有些神秘地眨眨眼对我父亲说:“医生,我能看到你一直在非常努力地帮助这些病人,但你有没有想过,也许你工作的努力方向是错的?”

本能使我们总想以最直接的方式结束痛苦,但也正是这种本能使我们在面对他们遭受的不幸时,倾向于接受那些最明显的解释。当我们在街上遇到一个无家可归的人时,最容易接受的解释是,他们对自己的不幸负有责任——他们学习和工作不够努力,因为他们懒惰、意志薄弱。但是,如果我们思考上游原因,就会进行另一个层次的分析:他们失去家园,是因为大银行对房地产市场的鲁莽投机;他们在金融危机中失去了养老金保障;他们是在缺乏劳动法保护的情况下遭到不公平解雇的受害者;或者他们的雇主为了利用其他地方的廉价劳动力而移居海外。全球贫困的归因也是如此。把穷国的不幸归咎于它们自己也许是最容易的,但认真思考一下,就会清楚地看到故事背后的东西更多。

奥斯卡·王尔德曾经指出,人们的情绪总是比智力更容易被激发。他曾说过:“同情一种苦难比同情一种思想更容易。”所以,在讨论贫困问题的时候,我们最好多想想,这场危机从我们身上索取了什么。

“人们发现自己周围充斥着贫穷、丑陋和饥饿,不可避免地会受到强烈的触动。因此,他们怀着善良的动机,非常认真也非常感性地承担起修复和拯救的使命。但是他们的药方并不能治愈这种恶疾,而只是延长了疾病的时间。事实上,他们的治疗本身就是疾病的一部分。比如,他们认为解决贫困问题就是让穷人活着。但这不是解决办法,而是加剧了贫困。正确的目标是尝试重建一个不可能有贫困的社会。而利他主义的美德的确阻碍了这一目标的实现,就好比最坏的奴隶主是那些善待奴隶的人,因为他们使其他人遭受痛苦,无法意识到这个制度的恐怖,也让那些制度的设计者无法理解其弊端。同样的道理,造成最大伤害的人也是那些努力做善事的人。慈善使人堕落和消沉。”[353]

从王尔德的话中,我们可以得到很多启发。首先,虽然慈善确实能暂时改善穷人的生活,但它使穷人不断回到那个让他们贫穷的环境中。最终,一切都没有改变。而且,一旦人道主义者实施援助的愿望得到了实现,他们便不太可能进一步投入精力,深入思考问题的根源,与贫穷背后的真正原因做斗争。

但王尔德又更进一步指出,慈善不仅分散了我们的注意力,使我们不再关注整个系统根部的腐朽,不再思考贫穷的根本原因,而且也使那些遭受苦难的人看不到贫穷的本质。由于慈善,面对那些使自己陷入贫穷并削弱了自己政治力量的人,人们无法直接发起挑战。慈善缓和了这个存在严重缺陷的系统中的矛盾,使它能够系统地持续更长的时间。通常情况下,人道主义行为只是无意中达成了这样的效果,但有的慈善项目被设计出来,正是为了维持现有资本主义经济体系的运行。例如,一些学者指出,西方的粮食援助是经过精心策划的,它们要确保人们获得足够的卡路里来维持生命,防止最严重的饥荒,否则,全球经济体系的不公正将完全暴露出来,无法再维护自身的合法性,一定会引发全球政治动荡。为了避免这样的结果,部分富人会乐于拿出一部分盈余用于慈善事业。

在这一点上,王尔德也进行了批判。“使用私有财产来减轻私有财产制度带来的罪恶是不道德的。”他写道,“既不道德,也不公平。”他使我们注意到慈善模式的另一个问题,如果做慈善要先积累剩余财富,那么它就永远不是一个有意义的解决办法——因为积累财富的过程本身就是产生贫穷的过程。

大学毕业的时候,我的许多朋友选择了高薪的职业。每当讨论职业选择时,他们总是会做出一个道德上的解释:“如果我能够赚到数百万——比如做一名银行家——我就会有更多的钱用于改善人们的生活。”从表面上看,这很有道理。事实上,这就是乔治·索罗斯(George Soros)和洛克菲勒家族(the Rockefellers)等知名慈善家所采取的方法:白天赚大把的钱,晚上捐点钱以改善穷人的生活。但我们不得不问这样一个尖锐的问题:“他们的财富从何而来?”索罗斯的大部分财富来自货币投机,货币投机在1997年亚洲金融危机中发挥了直接作用,导致数百万人陷入贫困。洛克菲勒基金会(Rockefeller Foundation)的财富则是从化石燃料行业的垄断中获得的。我们总是会发现,从事慈善事业所需要的财富积累,恰恰导致了他们希望解决的贫困问题。

星巴克提供慈善援助,改善埃塞俄比亚咖啡种植社区穷人的健康状况,但与此同时,人们指责星巴克压低埃塞俄比亚咖啡种植工人的工资。[354]可口可乐向危地马拉的贫困社区提供了一点慈善援助,但该公司被指控参与了针对工会组织者的暴力运动,以防止危地马拉蔗糖种植园的工资上涨。[355]公平胜于施舍。在缺乏公平的情况下,慈善带有欺诈的味道。同样的观点也适用于西方国家政府的援助。如果美国政府真的想减少全球贫困,或许它应该努力结束结构调整、逃税制度和不公平的贸易法规,而不是提供援助,因为前者才是导致贫困的主要原因。

我已经在课堂、公开演讲、会议甚至发展机构主办的活动中多次阐明这些论点。无论我走到哪里,哪怕是在非政府组织内部,我都发现人们其实渴望听到批评的声音。尤其是2008年金融危机之后成年的年轻一代,这似乎与他们自己的怀疑和直觉是一致的,他们认为官方的叙事有一些不诚实的地方。他们在观察自己国家的政治时了解到,贫穷不仅仅是一种自然现象,更是由一个经过精心设计的体系创造出来的,这个体系的目的是让一些富裕国家、跨国公司和有权势的个人受益,而牺牲其他大多数国家的利益。官方的叙事试图掩盖这一事实,驱使我们把注意力集中在援助等非政治性的解决办法上,而不再关注根本原因。它使系统中的受益者看起来像是施惠者,并要求我们赞美他们的慷慨。它试图说服我们,在不对现状进行任何实质性改变的情况下,全球贫困问题是可以解决的。

今天,全球有43亿人生活在贫困之中,富国和穷国之间的鸿沟不断扩大,是时候采取不同的做法了。我们能做什么?怎样才能改变航向?在某种程度上,解决办法似乎很明显。只有真正改变那些导致贫困的规则,拆除定义世界体系的向上再分配结构,才会有真正意义上的发展。为了我们能逐步实现更公平的全球经济体系,我有五个想法。

拒绝债务

最重要的第一步,也许是取消发展中国家的债务负担。拒绝债务的重要性体现在许多方面:削弱富国对穷国的远程控制能力,恢复国家对经济政策的主权控制,还可以让发展中国家将更多的收入用于医疗、教育和减贫,而不仅仅是将这些资金用于向大银行还本付息。当然,这将是一场艰难的战斗,因为这会使债权方蒙受巨大的损失。一些负债沉重、过度依赖外债的国家可能会破产。但是,相比于因此而得救的数亿人来说,这只是一个很小的代价。取消债务,没有人会死,世界将继续运转。债务不必偿还,事实上,如果还债意味着广泛的、大规模的人类苦难,那这些债务就不应该偿还。

一些非政府组织呼吁债务"减免"甚至"赦免",但这些说法传递的是完全错误的信息,因为这样等于暗示债务人犯了某种罪,并把债权人当作救世主,强化了权力不平衡的核心问题。"债为罪"的框架一直被用来为"免除"债务辩护,同时还要采取严厉的紧缩措施,延续当初导致债务危机的结构调整方案。[356]这实际上是在说:"我们会原谅你们的罪过，但你们必须要付出代价。”换句话说，到目前为止，债务减免在很大程度上只是使问题长期存在。如果要认真对待债务问题，不仅要挑战债务本身，还需要挑战支撑债务的道德框架。

截至2008年，全球南方国家得到减免的债务约有9500万美元。听起来似乎很多，但新经济基金会(New Economics Foundation)的经济学家发现，要真正实现债务可持续性，并让各国有足够的预算来消除贫穷，这个数字需要增加六倍。[357]最近的另一份报告指出，应取消100个国家的至少4000亿美元的债务，这样它们才能有足够的钱来满足公民的基本需求。[358]这两项研究为债务减免计划提供了合理的出发点。另一种方法是取消所谓的“独裁者债务”，即未经民主授权的国家元首所借的债务。目前，32个国家的独裁者债务总额达到约7350亿美元。取消这些债务，能够使公民不必偿还他们从一开始就没有同意，也从未使他们受益的贷款。

我们还可以换一个更广泛的角度来探讨取消债务的方式。许多发展中国家的债务负担主要是多年积累的利息。例如，如果一个国家在1980年以10%的利息获得50亿美元的贷款，然后每年偿还5亿美元，到2000年，它一共还了100亿美元，但由于复利的原因，仍然要还更多的债。有鉴于此，我们也许可以建议，那些处于某个发展标准以下的穷国，如果已经还清债务本金和足以弥补债权人通胀损失的利息——比如每年最高2%~3%的利率，就应该取消其余的债务负担。这相当于对已有的贷款追溯性地设定利率上限，目的是使债务人能够负担得起债务。

但无论我们选择如何处理这一问题，取消债务都必须不受结构调整条件的约束,否则,这个看似善意的举动又会变成债权人实施远程控制的一种工具。实际上,明智的做法是先取消发展贷款的结构调整条件。这样才能确保发展中国家有机会获得资金,同时仍然保留使用关税、补贴、资本管制、社会支出的独立自主权,并得以实施其他发展经济、减少贫穷所需的措施。

当然,贷款方——例如世界银行——不太可能同意这样的计划,因为这意味着它要放弃对债务人的权力,无法再强制各国偿还债务。我们可以完全创建一个新的机构取代世界银行。巴西、俄罗斯、印度、中国和南非于2015年成立的金砖国家新开发银行(New Development Bank),2015年成立的新的亚洲基础设施投资银行(Asian Infrastructure Investment Bank),都是可能的选择。如果这些银行能够以零利率或低息向其他发展中国家提供资金,而且不附带结构调整条件,那么全球南方国家将能够从西方债权人的控制下解放出来。这也是华盛顿对这些新机构的出现很不满的原因所在。

然而,我们不得不承认,不管社会运动对债权人施加多大的压力,债权人都不会愿意取消债务。如果是这样,那么负债过多的国家只剩下一个选择:停止偿还贷款。以前,债务违约常常会导致债权人通过侵犯和政变的方式进行惩罚,所以债务国不敢违约。但至少从20世纪70年代起,全球南方国家就一直在争取不受军事报复威胁的债务违约权。将这一权利纳入国际法,将使它们摆脱债务的枷锁。是的,这可能会导致债务国很难从利益受损的债权方及其盟友那里获得新的融资——但是,如果金砖国家新开发银行和亚洲基础设施投资银行参与进来,违约国家可能还有其他选择。

全球民主

要建立一个更公平的全球经济体系，第二个关键步骤是将世界银行、国际货币基金组织和世贸组织等主要的全球治理机构民主化，允许占世界大多数的全球南方国家在这些机构中享有公平和平等的代表权，以便它们在面对影响自己的政策时拥有真正的发言权。世界银行和国际货币基金组织应取消美国的否决权，并按照更民主的方式重新分配投票权。现在的投票权分配依据的是每个国家在机构中所占的金融份额，所以富裕国家占了约60%的份额。为了解决这种分配不平衡的问题，可以考虑根据每个国家的人口规模或能体现相对发展需要的方式分配选票。世界银行和国际货币基金组织的首脑人选也不应像现在那样由美国和欧洲任命，而应根据业绩选拔候选人，并通过民主选举决定最终人选，而且候选人资格不应限制国籍。世界银行和国际货币基金组织的豁免权必须撤销，这样借贷方才能追究它们的责任。这么做有助于消除目前困扰这些机构的道德风险，避免它们随意开出政策处方，而不考虑可能造成的损害。

从技术上讲，世界贸易组织已经是民主机构，因为每个成员国都有一票。但实际上，富裕国家几乎总是能够如愿以偿，一部分原因是它们拥有更大的市场，从而能够获得更强的议价能力，还有部分原因是它们能够负担得起更多更好的谈判人员。要改变这种情况，最好的办法是，设立一个共同基金，为那些无力负担在世贸组织日内瓦总部派驻常驻代表团，或无力支付参加谈判会议所需员工费用的较贫穷国家支付这些费用，以便让所有国家都有机会公平地发表自己的意见。世贸组织民主化的另一种方式是确保所有程序都是透明的，所有相关国家都能参与——而不是允许少数强国私下预先制定议程和做出决定,而发展中国家却常常被排除在这些会议之外。世贸组织的争端解决机制也需要一定的透明度。如果一个国家因为不遵守那些损害自己的贸易规则而被告上法庭,这些决定它们命运的秘密法庭应该开放接受审查,允许公众和媒体评估这些规则及惩罚是否公平。

理想的情况是,在要求发展中国家进一步自由化之前,这些基本的不平等现象都能得到纠正。但即使是这些都能做到,还有一个更深层次的问题没有解决。在世界银行和国际货币基金组织里,各国代表通常都是财政部部长或中央银行行长,而世贸组织代表则是贸易部部长。尽管这些代表可能是由成员国政府选出来的,但这并不意味着他们都会把本国人民的利益放在心上。财政部部长倾向于保护金融界的利益,而贸易部部长倾向于保护商业界的利益。他们都不会自然地倾向于维护工人、农民或环境的利益,也很少以这样的名义为政策辩护。要解决这个问题,可以通过民主授权安排代表,例如让公民有机会投票决定谁能在世界银行、国际货币基金组织和世贸组织代表他们。

公平贸易

第三个关键步骤是使国际贸易体系更加公平。正如我们所看到的,世界贸易组织的主要问题之一是要求所有成员国实行全面的贸易自由化,即所谓的"公平竞争环境"。理论上,这会增加贸易流量,改善每个人的生活,但最后几乎总是以牺牲发展中国家为代价,使富国受益。发展中国家无法制定相应政策确保自己从贸易中获益。与其要求全面降低关税,倒不如有意向穷国倾斜,以促进发展。[359]有一个办法是,所有世贸组织成员国允许那些GDP和人均GDP低于自己的发展中国家的所有商品以零关税进入本国市场。这样,发展中国家能够通过在富国市场上出售商品获益,而不必将它们自己的市场自由化。这并不是什么新事物,事实上,对贫穷国家的特别优惠制度一直都有,只不过很有限,而且世贸组织自1994年以来就一直试图逐步取消这一制度。

至于自由贸易协议,主要问题的谈判都是秘密进行的。如果公开谈判,接受真正的民主审查,将大大促进公平交易。我们不应该依赖维基解密以即时和碎片化的方式提供这些信息,对协议草案的知情权,将使富国和穷国的弱势群体和游说组织都能抵制那些对人和环境有害的条款。实际上,理想的做法是,暂停现有的所有协议,在更加透明和民主的条件下重新谈判。

大多数自由贸易协议都包含投资者与接受投资国家之间的争端解决机制,这种机制允许外国公司起诉主权国家,要求它们制定损害本国利益的法规,已经引发了越来越多的争议。由于这些机制的合法性很弱,因此有必要从现在开始暂停所有贸易争端案件,要求原告通过透明、公开和负责任的国家法院系统解决这些争端。这样,发展中国家以及所有主权国家才能制定有利于工人、环境和公共卫生的法规,即使可能会损害外国投资者的潜在利润。

《与贸易有关的知识产权协议》虽然严格来说与贸易没有什么关系,但也迫切需要改革。目前,TRIPs规定的专利保护期是20年,比历史上任何时期的规定都要长。在不影响研发积极性的情况下,这一期限可以减半。放宽专利规则可以使穷国获得发展所需的技术——不仅是工业技术，还有教科书、软件技术等。我们有充分的理由证明，公共卫生医药等最基本的技术应该完全不受专利制度的约束。保障发展中国家生产或进口非专利的救命药物，将大大有助于挽救生命，防止艾滋病危机等不必要的灾难。

除了缩短专利期限和确保基本商品不受专利垄断外，还应该以更严格的规则限制“原创性”，防止公司申请种子、植物、药品和基因材料的专利，这些东西要么是自然存在于世界上的，要么是人类数千年来集体努力和知识积累的产物。这一点对全球南方国家的小农尤其重要，他们中有许多人已经被禁止保存和使用自己本土的种子，而被迫从大型农业公司购买种子。保障自然产物和公共知识为公众所有是非常重要的，因为只有这样，人们才能平等地享受自然的馈赠和人类集体智慧的成果。

最后，如果全球南方国家想得到公平的发展机会，还必须关注农业补贴制度，这也是国际贸易体系最有争议的特征之一。改革的第一步是富裕国家政府应该减少向本国农民发放补贴。过去，他们靠补贴战胜了原本可能占据价格优势的全球南方国家，并向贫穷国家大量倾销廉价粮食，使穷国小农的市场份额不断降低。即使只取消经济合作与发展组织一半的农业补贴——例如，针对最大出口国的部分——也将有助于公平竞争，为南方国家的农民创造急需的喘息空间。除了削减富国的补贴，还要确保穷国政府有向本国农民提供补贴的自由，因为只有这样，才能保证那些刚起步的农业企业稳步发展，获得在世界舞台上竞争的实力，并支持小农维持自己和家庭的生计。事实上，对南方小农的补贴对于遏制全球饥饿至关重要。

合理的工资

如果我们要建立一个全球劳动力市场,让企业可以在其中寻找尽可能便宜的工人,那么我们当然也需要一个全球劳工标准体系。这可能是第四个步骤:保证对所有人公平的工资标准,停止全球廉价劳动力的竞争。所以,最重要的一点是设定全球最低工资。从表面上看,这可能会有问题。例如,如果坦桑尼亚工人和英国工人的工资水平一样,那可能不太合理,因为这两个国家的生活费用差别很大。而且,如果在劳动力廉价的国家提高工人工资,会破坏它们的竞争优势,导致企业外逃,从而加剧失业和贫困。那该怎么办?

设定全球最低工资能够解决这些问题:将每个国家工资中位数的50%作为标准,根据各地经济条件、生活成本和购买力进行调整。这样,工资水平高的国家,最低工资标准也将自动上升。如果有些国家工资水平过低,即使采取中位数的50%作为标准,仍会使工人陷入贫困,那么将有第二个保障:每个国家的工资都必须高于国家贫困线。[360]

根据这个提议,拥有廉价劳动力的国家将继续保留这一优势。这一制度将大大有助于消除贫穷——至少是劳动人口的贫穷。它还将有助于减少不平等,不仅是国家内部的不平等,还有国家之间的不平等。提高工资还会给经济带来积极的影响:普通工人有了更多的钱在手中,就会刺激需求,促进地方经济增长,而且这种增长不是依赖于小额信贷等债务方式实现的。

当然,一些人可能会反驳说,提高贫穷国家的工资可能会导致出口产品的价格过高,消费需求下降,最终失业率上升。但这种担心其实理由并不充分。没有证据表明提高最低工资标准会对就业产生负面影响。[361]事实上,最近的一项研究发现,将墨西哥血汗工厂的工人工资提高一倍,只会使在美国销售的服装价格提高1.8%——对于富裕国家的大多数消费者来说,这是一个很小的增幅。事实上,就算你将血汗工厂的工资提高10倍,消费者仍然不会感到不安:美国国家经济研究局(National Bureau of Economic Research)的一项研究显示,人们愿意为100美元的商品多付15%的钱,而愿意为10美元的商品多付28%的钱——如果这些商品是在"良好的工作环境"下生产的。[362]在不对经济产生负面影响的前提下,工资还有很大的增长空间。

这听起来像是一场官僚主义的噩梦,但国际劳工组织已经表示有意愿和能力来设立全球最低工资制度。[363]"公平贸易"的风潮已经在西方消费者中流行起来,而全球最低工资水平的影响将更为深远。每当我走进一家商店,看到标有"公平贸易"(fair trade)的商品时,我总是被它们背后所传递的信息所震动:其余的"正常"商品都是不公平的。我们不应该在公平和不公平的商品之间做出选择。当我们购买生活中所需要的各种商品时,我们应该相信自己没有剥削其他人。

无条件基本收入

虽然公平的工资很重要,但还有一个事实我们必须正视:全球的就业结构即将发生翻天覆地的变化。联合国的一份报告预测,在未来的几十年里,全球南方多达60%的工作岗位可能会因自动化技术而消失。纺织工厂和小型电子工厂受到的冲击将尤为严重,因为这些行业很容易实现自动化。机器人夺走了原本属于从业者的工作机会,当地人的生活水平(本来就已经非常低)将大幅下降,甚至可能引发人道主义危机。

解决就业不再是消除贫穷的可靠途径了,我们需要想其他办法。其中一个受人瞩目的激进观点是"无条件基本收入",即政府无条件地给每个居民直接发钱而不考虑他们的收入或就业状况。肯尼亚、乌干达、印度、巴西、墨西哥、南非、纳米比亚等国已经在进行无差别发放小额现金的实验。尽管实验范围有限,但收效已十分显著:更好的营养供给,更好的健康状况,更高的入学率,等等。总体而言,小额信贷是无法降低贫困率的,还容易增加个人债务负担;而直接发钱的有效性已经在多次研究中被反复证实。所以,给穷人发钱是减少贫困最直接有效的方法。

那么,实施"无条件基本收入"的资金从哪里来?最自然的来源就是公有物。在阿拉斯加,自然资源被认为是公有物,即所有人共有。因此,阿拉斯加的居民除了享受教育和医疗等公共福利外,每年还可以从阿拉斯加的石油收入中获得分红。阿拉斯加模式广受欢迎且富有成效,同样的方法也适用于其他自然资源,例如森林和渔业资源。

土地也是一个资金来源。托马斯·潘恩(Thomas Paine)和亨利·乔治(Henry George)等思想家提出了增收土地增值税的想法,通过重新分配私人土地的一部分价值,可以有效避免一代又一代的"圈地"行为。类似的模式或许也可以被应用到大气领域,用征收碳排放税所得的收益为"无条件基本收入"提供资金。

到目前为止,大部分"无条件基本收入"的提案都聚焦在国家层面。但是,我们完全可以在全球范围内思考其可行性。我们生活在一个资源和资本跨国流动的全球经济体系中,公海和大气是无法划定边界的。如果“公地”没有边界，那为什么与“公地”相关的基本收入却有边界呢？为什么出生在资源丰富国家的人，仅凭出生地的偶然性就能够比出生在资源贫乏国家的人得到更多？在全球范围内征收资源开采和碳排放税将会形成一个由所有人共有的全球基金。我们也可以用其他与公有物相关的收入为这个基金增资：土地价值税、污染税、知识产权税、货币兑换和金融交易税——比如诺贝尔经济学奖得主詹姆斯·托宾（James Tobin）建议的“托宾税”（Tobin Tax，即外汇交易税）。

经总部位于伦敦的世界基本收入组织测算，如果把上述这些收入来源合在一起，每年可以产生超过3万亿美元的收入，足够为地球上每个居民提供每天超过1美元的基本收入。对于贫穷的国家，特别是撒哈拉以南非洲和南亚的穷国，这将瞬间改变数亿人的生活。此外，移动通信技术的发展使在线支付越来越便捷，这也保证了计划的可行性。不过，需要强调的是我们不能将其界定为慈善行为，而应该意识到每个人都有权公平分享地球上丰富的公共资源。全球“无条件基本收入”，是全球正义的基本问题。

税收正义

逃税行为，使发展中国家每年流失数千亿美元的税收，这些资金理应属于公众。修订国际税收体系对结束这种“盗窃行为”至关重要，这样做将为促进发展和消除贫穷提供强大的资金支持。这一问题确实出现在联合国的可持续发展目标中，该目标指出：“加强国内资源调动，其中包括向发展中国家提供国际支持，以提高其国内税收和其他财政收入能力。”虽然改善发展中国家的税收是重要的一步，但这么做似乎是要让穷国为自己的不幸承担责任，而真正的罪魁祸首——向海外转移收入的个人和跨国公司，为他们提供服务的银行家，以及为此提供便利的富国政府和国际机构——都逃脱了惩罚。

首先，改善国内税收的最有效办法应该从全球层面开始：目前世贸组织的海关发票标准，使公司很容易通过进出口伪报和转让定价操纵来窃取资金。[364]应该改变这个标准，允许海关官员阻止那些价格明显偏离正常标准的交易。另一种方法是关闭那些作为避税港的保密管辖地。要求全球金融透明，终结空壳公司和匿名账户，披露所有公司、信托基金和基金会的"受益所有人"，使各国可以对他们的收入和财富征税。[365]

还有一个比较受欢迎的提议是，要求跨国公司向其经济活动实际发生的国家报告利润，而不是按照目前的做法，将所有业务的资产负债表打包提交给另一个低税管辖区。这就是所谓的"国别报告"(country-by-country reporting)。为了更好地支持这一体系，我们可以将跨国公司作为一个整体征税，而不是作为独立子公司的集合分别征税，从而避免其通过转让定价操纵逃税。另一个选择是，可以对公司征收全球最低税，从根源上消除它们的逃税动机。同时，在各国为了吸引投资，不断提供更低的税率而展开激烈竞争的情况下，这样做可以设定一个税率的下限，避免过度竞争。此外，还应该对那些提供逃税服务和其他非法资金流动服务的银行家和会计师实行严厉惩罚，以杜绝这种现象。

地土安全

然后是"土地掠夺"的问题——将公用土地或小农控制的土地大量地转移到公司手中。为了结束"土地掠夺"，有必要暂停那些将小农户、集体使用或生态系统服务用途转为商业用途的所有土地交易，直到这些交易能够透明地进行，让那些受影响的社区充分参与进来。很多时候，"土地掠夺"的目标是从不断上涨的食品价格中获利，要真正解决这一问题，就需要防止金融公司和投资者在粮食领域肆无忌惮地投机。这样才能减少那些有害的"土地掠夺"行为，确保食品价格维持在人们负担得起的标准，避免不必要的饥饿发生。

此外，粮食安全和营养新联盟的问题在于，以"减少饥饿"的名义刺激了"土地掠夺"。它的假设是，与个人相比，公司能够更高效地生产粮食。但实际上，由于剥夺了小农的所有权，反而增加了饥饿的风险。大量证据表明，解决饥饿问题的最佳战略实际上恰好相反：实行有利于小农的土地改革，因为正是他们的生产养活了世界上绝大多数的人口。[366]事实上，20世纪90年代中国消除了大规模饥饿，正是因为采取了这样的改革。2014年，联合国食物权问题特别调查员呼吁通过强有力的法律，确保小农使用、保存和交换种子的权利。

联合国REDD计划和其他碳交易计划已成为在发展中国家进行"土地掠夺"的另一个驱动因素，这也引发了分析师所称的"碳殖民主义"。应重新评估所有此类交易，确保不会以"减缓气候变化"的名义迫使人们离开自己的土地。居住在森林中的土著尤其容易受到碳交易计划的损害，要特别注意尊重和保护他们使用土地和森林资源的权利——不给他们正式的地契，这往往会使他们的资源更容易被剥夺。

气候行动

至于气候变化问题，解决方案更为显而易见。2016年，《联合国气候变化框架公约》(United Nations Framework Convention on Climate

Change)缔约方达成《巴黎协议》(Paris Agreement),承诺要确保我们的气温相对于前工业化时代上升幅度不超过1.5℃。但不幸的是,《巴黎协议》还不足以强制要求各国履行这一义务。这个协议依赖于签署国做出的减排承诺,但即使所有承诺都得到履行,地球温度仍将上升3℃甚至4℃,造成灾难性后果。这还没有考虑特朗普政府宣布美国退出承诺的可能性。①现在,“2020年之前升温1.5℃”的碳预算马上就要用完了,而各国的减排结果要到2023年才会被审查。

将升温控制在1.5℃以内可能很难实现了,但如果我们采取更积极的做法,仍然可以将升温幅度控制在2℃以内。要实现这一目标,富裕国家必须在2035年实现零碳排放的目标,而贫穷国家则必须在2050年前实现这一目标。通过实施严格的能源效率标准,并每年收紧这些标准,富裕国家也许能够在十年内将能源需求减少40%至70%。只要碳排放量最多的10%的人口将排放量降到欧洲平均水平,富裕国家就可以减少33%的碳排放——理论上,这一目标可以在一年内实现。[367]这样的减排对于防止气候变化失控具有重大影响。

奇怪的是,《巴黎协议》没有提到化石燃料或化石燃料公司。这是一个致命的疏忽,因为终止对化石燃料公司的补贴,是缓解气候变化的最有力的做法之一,而目前这类补贴的数额达到每年5.3万亿美元。终止这些补贴,可以降低化石燃料相对于可再生能源的竞争力。这5.3万亿美元可以用于投资太阳能、风能和潮汐发电等可再生能源。要避免使用生物燃料,因为生产生物燃料需要土地,所以会导致“土地掠夺”,当用于粮食生产的土地转为能源生产时,就会威胁粮食安全。打破各

① 2017年6月1日,美国总统特朗普宣布退出《巴黎协议》。——译者注

国对化石燃料行业的不当政策，对于实质性推进应对气候变化的政策至关重要。除了削减补贴外，还有一种方法是呼吁大学、基金会、城市和其他实体放弃与化石燃料相关的捐赠——这一运动已经在全球范围内获得了支持。

与此同时，必须确保发展中国家因气候变化遭到的损失能够得到适当的赔偿，并获得财政和技术支持，以过渡到可再生能源系统。已经有一些研究界定了合理的方式，通过每个国家的历史排放量和目前的资源来合理划分责任。由斯德哥尔摩环境研究所和“地球之友”组织发起的“气候公平分享”(Climate Fairshares)项目提供了可能是迄今为止最好的建议。

这些干预措施直指全球贫困和不平等的深层结构性原因，致力于使国际经济体系更公平，更合理，更民主，必将产生巨大的影响。最重要的是，这种方法不需要任何外国援助。它不依靠慈善的装饰，而是通过重新分配权力和资源，从根源上解决问题。但是，这些干预措施需要巨大的政治勇气，因为这将触动目前的制度体系中强大的既得利益者，而他们是不会主动让步的。这将是一场艰苦的战斗，但实现胜利并非不可能。事实上，斗争已经打响——而且已经小有成就。

千禧年运动和消除债务运动(Strike Debt)都成为呼吁取消全球南方国家债务的强大力量。南方中心(South Centre)和第三世界网络(Third World Network)也在行动。它们分别在全球南方政府间和民间社会组织之间建立紧密的合作关系，致力于解决债务、结构调整、不公平贸易规则、知识产权以及全球治理机构的责权不平衡问题。布雷顿森林体系正在努力提高世界银行、国际货币基金组织的透明度和民主程度。美洲玻利瓦尔联盟(Bolivarian Alliance for the Peoples of Our America)正在致力于推动拉丁美洲区域经济一体化，创造一种新的贸易货币，注重合作而不是竞争，着眼于改善社会福利而不仅仅是企业利润，从而构建一个真正的替代方案，以取代新自由主义的“华盛顿共识”(Washington Consensus)。争取实施全球最低工资标准的斗争仍处于初期阶段，但已经给人留下了深刻印象——例如，亚洲最低工资运动正在努力为亚洲各地的服装工人确立跨国的最低工资标准，他们是世界上最脆弱的劳动力群体之一。

租税正义联盟(Tax Justice Network)可能是打击逃税和资金非法流动方面最强大的一股力量，已成功地推动各国政府实施了一些初步改革。在土地方面，“农民之路”(La Via Campesina)联合地区组织，建立起跨越全球的小农网络，反对“土地掠夺”、农业企业垄断和种子专利。土著环保联盟(Indigenous Environmental Network)正在坚决反抗REDD和其他损害土著利益的碳交易计划。美洲原住民利用他们的领土权阻止化石燃料项目，代表性的运动有“Standing Rock”和“Idle No More”。公民走上街头要求政府采取更有力的行动，学生们要求大学停止使用化石燃料——对抗气候变化的真正力量，正以意想不到的方式汇聚起来。就在这本书出版的时候，世界各地的690家机构——包括大学、宗教组织、基金会、养老基金和政府——已经从化石燃料行业中撤资约5.44万亿美元，其中大部分转而投入了可再生能源领域。

参与这场斗争的人没有要求施舍,也没有要求更多的援助。他们把命运掌握在自己的手中,团结起来,挑战强权利益,解决根本问题,很多时候,他们甚至将自己的生命安危置之度外。如果我们未来能够生活在一个更美好、更公平的世界上,那一定是因为他们的勇气与努力。

九、那些必要的疯狂想象

没有一些疯狂,就不可能有根本性的变革。变革来源于不服从的态度,与旧范式决裂的勇气和创造未来的豪情。

——托马斯·桑卡拉

现在,让我们设想一下成功的场景:

穷国摆脱了结构调整的枷锁,在全球治理机构中赢得了平等的发言权;国际贸易规则重新平衡,以使穷国享有公平的机会。它们忽然发现自己可以自由地根据国家利益决定自己的经济政策,没有强迫,也没有受侵略的威胁。它们可以重新实施那些曾在20世纪六七十年代就非常有效的发展主义政策。它们会将石油储备和矿藏国有化,并重新获得对电信和水等基础设施的控制权。它们会以强大的关税保护国内产业,扶持国内企业成长,直到它们能够在世界舞台上有效地竞争。它们会打破外国大型农业企业的垄断,让小农能够通过土地获得稳定的收入,并提供补贴以促进国家粮食安全。随着国内工业的发展,它们能够创造更多的就业机会,工会为工人赢得了体面的工资,中产阶级数量开始上升。收入增长逐渐上升,贫困慢慢减少,饥饿也真正成为历史。随着避税港的关闭,政府收入增加,而且由于没有沉重的债务负担,可以将更多的钱投入到国民医疗和教育方面:大学入学人数增加;公共卫生系统的改善和非专利药品的普及,使得热带疾病最终得到有效控制。

这是一个多么美好的愿景。理论上,在一个更公平的全球经济体系中,所有这一切都是可能的。但还有一个问题我们没有解释清楚。标准的发展主义模式希望穷国将能够实现工业经济和收入的持续增长,最终赶上富国。当然,这种增长需要增加资源消耗,同时增加废物和污染物的排放。这是一个正常的过程,在某种程度上也许是不可避免的。不幸的是,我们的星球对此没有足够的生态承载能力——无论是从资源消耗的角度,还是从吸收温室气体排放的角度。科学家告诉我们,即使在现有的全球总消费量水平上,我们每年都超出了地球生态承载能力的60%。

这种超负荷几乎完全是由富裕国家的过度消费造成的。根据奥克兰全球足迹网络(Global Footprint Network)研究人员汇编的数据,全球生态承载力仅为人均1.8全球公顷(global hectares)。"全球公顷"是一个综合考虑资源使用、废物及污染物排放的标准化单位。[368]超过这个标准就意味着地球在一定程度上无法弥补资源的浪费,或无法消化废物和污染物的排放。换句话说,这么做会把我们困在一条逐步退化的道路上。1.8全球公顷大致相当于加纳或危地马拉的人均消耗量。相比之下，欧洲的人均消耗为4.7全球公顷，而美国和加拿大的人均消耗为8全球公顷——超出正常份额很多倍。这种过度消耗有多夸张呢？如果我们都像那些高收入国家的普通公民一样生活，我们将需要3.4个地球才能承载。

我们大多数人很难理解这种超负荷意味着什么，因为我们还没有受到其直接影响。但是相关的数据已经多如牛毛。以森林退化为例，60年前，我们的星球上还覆盖着16亿公顷成材的热带森林，后来，人类工业生产摧毁了一半以上的森林。还有土壤，地球上40%的农业土壤严重退化，主要是由于密集的工业耕作技术和化肥的使用使土壤的肥力丧失，这意味着在不远的将来，农业产量将开始下降。[369]还有鱼类，全球约85%的鱼类资源被过度捕捞，甚至已经枯竭。[370]黑线鳕鱼的数量已降至原来的1%，比目鱼的数量下降为原来的0.2%。[371]鱼类资源的枯竭主要是过度捕捞造成的，但也有一部分原因是大气中高浓度的二氧化碳引起海洋迅速酸化。此外，科学家告诉我们，由于我们对地球生态系统的过度开发，每年有多达14万种植物和动物正在消失。[372]这个灭绝速度是工业革命前的100至1000倍——如此快的灭绝速度，以至于科学家将其列为地球历史上的第六次大规模物种灭绝，而在此之前最近的一次大规模物种灭绝发生在大约6600万年前。

所有这一切都基于我们现有的总体经济活动水平，基于现在的富国和穷国的资源消耗水平。在某种程度上，穷国只有增加资源消耗才能消除贫穷，但如果穷国增加消耗，我们就会离生态灾难更近一步。除非富裕国家开始减少消耗。

增长的难题

让富裕国家减少消耗,这事儿听起来似乎很简单。这无疑也是一个公平和明智的做法。但考虑到目前的经济结构,想办好这件事是难以想象的。事实上,整个经济界和政治家们都在关注另外一件事:促进GDP增长。而GDP的增长意味着每年都要增加生产和消费。这是今天占据主流地位的经济思想,因为被普遍接受了,所以几乎没有人想到要去质疑它。

我们倾向于将GDP视作理所当然的衡量方式,一直都是如此。但是,大多数人都没有意识到,它是最近才出现的新概念。故事是这样的:20世纪30年代,经济学家西蒙·库兹涅茨(Simon Kuznets)和约翰·梅纳德·凯恩斯(John Maynard Keynes)开始着手设计一种经济总量,以帮助政策制定者找到摆脱大萧条的方法,其目标是计算经济中产生的所有商品和服务的总货币价值,以便他们能够更清楚地看到出了什么问题,以及从何入手去解决问题。库兹涅茨主张,这个经济总量应该帮助社会实现福祉最大化并追踪社会福利的进展。他希望将广告、通勤和警务等负面因素排除在GDP之外,各国政府不能认为以上几项数字的增加代表人们的生活正在改善。然而,真实的情况并非如此。第二次世界大战爆发时,凯恩斯打破了这一愿景,他认为应该计算所有以金钱为基础的活动,即使是消极的活动也应包括在内,这样我们才能确定所有可以投入战争的生产力。最终,凯恩斯的GDP计算方式被采纳并开始广泛使用。

GDP原本是用于战争时期的,这就是为什么它如此简单粗暴地只专注一个方面。它总结了所有以金钱为基础的活动,但并不关心这些活动是有益的还是破坏性的。如果你砍伐森林，出售木材，GDP就会上升；如果你在山上开采煤炭，GDP就会上升；如果你延长工作时间，推迟退休年龄，GDP就会上升。但GDP没有成本核算。森林被砍伐，那些多余的碳排放造成的代价无法衡量；山脉被开采，失去家园的濒危物种的损失无法衡量；过量的工作对人们的身体、思想和人际关系造成的损失也无法衡量。而且，这个数字不仅漏掉了不好的东西，也漏掉了许多好的东西，因为那些没有货币化的有益的活动并没有包括在内。种植粮食自给自足、打扫房间、照顾年迈的父母，都不会被计算在GDP中，因为这些活动不涉及金钱交易，只有购买这些服务的时候才算数。

当然，有选择性地测量一些东西而忽略另外一些，本身并没有什么问题。GDP本身对现实世界没有任何影响，但追求GDP增长会产生影响。一旦我们开始关注GDP增长，我们就会推动GDP所衡量的东西去无限增长——这正是我们从20世纪60年代开始所做的事情。冷战期间，为了评估西方和苏联之间的实力，GDP的概念被广泛使用。于是，两边的政客们开始对促进GDP增长变得狂热起来。库兹涅茨曾谨慎地警告说："我们永远不应该用GDP作为衡量经济成功的标准，因为这会导致破坏性行为的增加。"果然，现实印证了他的猜想，世界银行和国际货币基金组织迅速在世界其他地区推广了这个指标。今天，世界上几乎每一个政府，无论贫富，都痴迷于将提高GDP作为唯一目标。

按照标准话术，我们需要每年至少2%或3%的GDP增长，才能有一个健康的、正常运作的全球经济。经济学家告诉我们，如果经济增长降至零，整个系统将会崩溃。那么这种程度的增长意味着什么？2015年，全球GDP为73万亿美元，增长3%相当于全球经济生产要增加超过

2万亿美元。2万亿美元大致相当于英国的GDP。想象一下,英国每年生产的所有汽车、电视、房子、石油以及所有其他东西,这就是我们2016年要在世界现有生产水平的基础上再增加的量。而且,GDP增长是指数增长,不是线性增长,这意味着年复一年,每一年都要在上一年的基础上有更多的增长。

指数增长的乘数效应非常强大。4.5%的增长率——大致相当于世界各国政府希望实现的总增长率——意味着每隔16年全球GDP就要翻一番,在32年内这个数字会翻两番。如果古埃及从一立方米的财产开始积累,以每年4.5%的速度增长,到其3000年文明的末期,它将需要25亿个太阳系来储存所有的东西。普通人都能意识到,无休止的指数增长是荒谬的。认为我们可以无限期地沿着这条轨道继续下去,就等于否定了一个最明显的真理,即我们的星球所能承载的物质是有限的。大卫·爱登堡(David Attenborough)曾经有力地指出:"任何认为可以在一个有限的星球上实现无限增长的人,要么是疯子,要么是经济学家。"

如果我们现有的经济活动水平超出了地球的生态承载能力,未来还保持指数增长的话,会发生什么呢?即使只预测不久的将来,前景也相当黯淡。科学家告诉我们,到2050年,地球上成材的热带森林将会消失。物种多样性将减少10%。[373]可捕捞的所有海产品数量将比1950年平均减少90%以上。[374]大部分主要金属的储备将耗尽,包括金、铜、银和锌,以及可再生能源技术中使用的许多关键金属,如铅、铟和锑。[375]如果我们选择相信埃隆·马斯克(Elon Musk)这样的硅谷企业家,那我们或许可以在月球和小行星上开采金属。但外星开采不能帮我们解决森林退化和鱼类资源匮乏的问题,也无法帮我们解决土壤危机:按照目前的耗竭速度，到2050年，世界农田的表层土壤将会逐渐失去肥力；到2075年，它们将彻底消失。[376]

尽管存在这些明显的问题，但出于某些原因，我们开始相信GDP的增长相当于人类的进步。我们假设GDP上升会使我们的生活变得更好：它增加了我们的收入，创造了更多的就业机会，意味着更好的学校和医院等。这在过去是真的，当时世界上人口不多，地球上资源丰富，人类的活动范围有限。不幸的是，这个规律如今不再适用了。[377]过去半个世纪，美国GDP稳步增长，但收入中值停滞不前，贫困率上升，不平等现象加剧。在全球范围内也是如此：自1980年以来，全球GDP增加了约两倍，但每天生活费不足5美元的贫困人口却增加了11亿。这是为什么？因为过了某一点后，GDP增长开始产生更多负面而非正面的影响，它更多地代表着"病态"而不是财富。[378]原因是，超出了那一点之后，就不再有空间允许不以直接伤害其他人的财富积累为代价而实现财富增长。这种伤害可能是圈地运动，可能是土壤退化，可能是水质污染，可能是剥削他人，也可能是气候的改变。到了这个时候，GDP增长已经开始制造而非消除贫穷了。

当全球各国都把自己的着力点放在GDP增长的目标上时，人类和整个自然系统都会承受巨大的压力。比如，印度的"土地掠夺"，英国的公共服务私有化，巴西亚马孙河流域的森林退化，美国和加拿大的水压开采和焦油砂。而在世界范围内，这意味着更长的工作时间、更昂贵的住房、贫瘠的土壤、废弃的城市、污染的海洋，最重要的是——气候变化。这一切都是为了GDP的增长。那些抵制此类破坏性趋势的人发现，自己的一切努力都是徒劳的，因为我们的政府根本不在乎。根据

GDP这个衡量社会进步最重要的标准,破坏是一件好事,而且必须不惜一切代价地继续下去。这并不是因为人类本身就具有破坏性,而是因为我们创造了一条规则,鼓励我们以破坏性的方式行事。正如约瑟夫·斯蒂格利茨(Joseph Stiglitz)所言:“我们的衡量标准,会影响我们的做事方式。如果我们衡量的是错误的东西,我们就会做错误的事情。”

值得一提的是,只要GDP增长仍然是全球经济的主要目标,我们在前文中所述的解决办法就无法实现。GDP增长的压力转化为要求更多的债务、更多的结构调整、更多的“自由贸易”等的压力,因为这个体系在绝望地寻找财富积累的新空间,要将更多的东西货币化。这是一条铁律,至少在目前的经济组织形式下,它是经济延续下去所必须遵循的铁律。

虚假的承诺

生态学家和气候学家告诫我们,如果继续追求GDP增长,世界将会变成何种面目。经济学家却在大声疾呼,技术创新和效率改进会帮助我们实现经济增长与物质流动量的“脱钩”。他们说:“别担心,我们能在不破坏地球的情况下保持GDP无限增长。”

从某个角度来看,这似乎是正确的。至少自1990年以来,英国、日本和其他许多富裕国家的“国内物质消费”一直在下降,美国的物质消费也已经趋于平缓。国内物质消费衡量各国开采、生产和消费的所有有形物质,包括从国外进口的物品。它的下降并不意味着这些国家消费的产品减少,而是他们消费的物质“足迹”正在减少,对地球的负面影响越来越小——与此同时,GDP仍在上升。换言之,经济增长与物质流动量脱钩。这似乎是个好消息,经济学家根据这类数据,描绘出极具诱惑力的未来——轻量级经济的愿景。

然而,富裕国家国内物质消费一直在下降,是因为计算过程中忽略了一个关键问题:它囊括了一个国家消费的进口商品,却没有将生产和运输这些进口商品的“足迹”计算入内。这些商品的生产被外包给其他国家——主要是全球南方国家——之后,这些物质消耗已经从资产负债表上转移走了。如果我们把这部分加进去,就会看到近几十年来富国的物质消费实际上一直在急剧增长,甚至超过了GDP的增长速度。[379]

另一种思考角度是,将全球经济中的物质流动量作为一个整体,观察全球开采和消费的全景图,不管它在世界上的哪个地方发生。如果采用这种办法,我们会看到:1980年至2010年,全球原材料开采和消费增长了94%,并在过去十年中加速增长到每年700亿吨。[380]而且这个数字仍然在上升:预计到2030年,我们每年会破坏1000亿吨的物质。[381]

这意味着现实世界会变成什么样子? 比如,到2030年,路上的汽车数量将翻一番;到2035年,商用飞机的数量将翻一番;到2040年,运到世界各地的货物数量将翻一番。到2100年,地下填埋的固体废物将增加两倍,达到每天1100万吨。每一天,填满城市垃圾的卡车连在一起能够排成约5000千米的长队。想象一下:每天满载垃圾的卡车能够横跨从洛杉矶到纽约的整个美国大陆。

请记住,到目前为止,我们只考虑了增长对地球物质资源的影响,尚未讨论它对气候变化造成的影响。众所周知,我们大气中的二氧化碳浓度已经高达400ppm,超出了科学家建议的350ppm的安全限制,这将使全球温度比工业化前的水平至少高出1.5℃。在我们目前的增长轨迹上,即使各国履行了《巴黎协议》中做出的减排承诺,地球仍然会升温4℃左右。正如我们在前文中所提到的,即使是最谨慎的科学分析也会指出,这意味着海平面上升、城市被淹没、洪水和干旱增加、农业减产、流行病、饥荒和大规模的流离失所。这是一幅幅令人心情沉重的图景,而最具讽刺意味的是,全球变暖发展到这个程度,将导致经济崩溃,每年至少要损失全球GDP的5%,甚至可能高达20%。[382]

这时候,又有人对我们说:"不必担心,只要我们迅速转向可再生能源,并开始使用负排放技术将碳从大气中转化回来,我们就可以继续保持正常增长,维持富足的生活水平,且不受气候变化的影响。"

目前占主导地位的解决方案被称为BECCS,即生物能源碳捕获和储存。基本构想是发展大型种植园,充分吸收大气中的碳,然后砍伐树木,将其转化为木颗粒燃料,运送到世界各地,在发电站中燃烧产生能源,同时捕获发电站排放的碳,将其储存到地下深处。理论上听起来不错,但有一个问题:即使是最乐观的工程师也必须承认,目前技术尚未成熟,无法及时应对气候变化的考验。就算我们设法让BECCS明天就实行,地球上也没有足够的土地实施这个计划。我们需要建立一个相当于印度国土面积三倍大小的种植园,才能保证每一年的使用需求,而且不能占用养活全球人口所需的农田。[383]

撇开BECCS和其他类似的计划不谈,我们还需要记住另一件事:能源的使用只是导致气候变化的部分原因。化石燃料约占我们目前温室气体排放量的70%。因此,即使我们明天能够摆脱化石燃料,转而使用完全清洁和可再生的能源,我们仍然需要解决另外30%的问题。

非化石燃料的排放从何而来?主要来源于砍伐森林。[384]森林砍伐不仅使得碳直接排放到大气中,还使我们失去了吸收碳排放的渠道。更糟糕的是,大部分森林被砍伐后转变为大规模农业生产用地,过量的化学肥料正在使土壤退化。土地枯竭后,就失去了储存碳的能力,开始向大气中释放大量的二氧化碳。[385]工业化后的畜牧业,每年生产9000万吨甲烷,世界上大部分人为排放的一氧化二氮也来源于此。这两种气体对全球变暖的影响比二氧化碳大得多。畜牧业对全球变暖的影响比世界上所有的汽车、火车、飞机和船只加起来还要大。[386]此外,还有一些工业生产过程,也对气候变化有重大影响。例如,水泥、钢铁和塑料的生产过程中会发生化学反应,产生温室气体。我们的垃圾填埋场会排放大量的甲烷,约占世界总量的16%。

所以问题不只出在我们所使用的能源类型上,还有我们利用能源所做的事情。如果我们100%使用清洁能源,我们会做什么?跟使用化石燃料所做的事完全一样:毁坏更多森林,建设更多肉场,扩大农业的工业化,生产更多水泥,堆起更多的垃圾填埋场——所有这些都会把致命的温室气体排放到大气中。我们做这些,是因为我们的经济体系需要无休止的指数增长。改用清洁能源不会减缓这一进程。

负增长的要务

如果我们排除有关物质消费下降和碳捕获技术的虚假承诺,问题显然严重得多。保持GDP指数增长的经济模式已经变得不切实际了,我们必须正视这个事实。发展和减贫的考验也更加严峻。如果我们已经突破了生态极限，如何才能消除贫穷呢？

值得庆幸的是，我们在历史上第一次有了足够的数据来思考这个问题。让我们从限制全球变暖的国际协议开始说起。我们已经知道，我们不太可能将升温幅度控制在1.5℃以内，但我们仍有机会不超过《巴黎协议》规定的2℃的绝对上限。如果想不突破这个上限，我们可以排放的二氧化碳总量不能超过8050亿吨。现在，穷国需要利用其中一部分碳预算来增加收入、消除贫穷，毕竟，要保证穷国实现发展，还是需要增加排放量的，哪怕是增加到一个相对较低的水平。[387]各大国际协议已经普遍接受了这一原则，承认各国都要承担减少排放的“共同但有区别的责任”：由于穷国对历史排放量的“贡献”不大，它们有权比富裕国家使用更多的碳预算——至少足以让它们实现基本的发展目标。于是，富裕国家必须想清楚怎么利用剩余的碳预算。

凯文·安德森（Kevin Anderson）教授，英国最著名的气候科学家之一，一直在为此设计可行方案。如果我们想有50%的概率将升温幅度保持在2℃以内，可能只有一个可行的方法。当然，我们得假设BECCS并不可行。在这种情况下，穷国可以利用更多的碳预算，以目前的速度增长到2025年。[388]只有在经济增长的收益分配严重偏向穷人的情况下，这种策略才能起到消除贫穷的作用。与此同时，富国想要不超出剩余的碳预算，唯一的途径就是大刀阔斧地减排，每年减排约10%。提高能源效率和使用清洁能源技术，每年的排放最多可以减少4%。但这只是一部分，为了弥合剩下的差距，富裕国家每年必须削减约6%的生产和消费。而穷国在2025年后也需要将每年的经济活动规模缩减约3%。[389]

听起来可能很吓人,但实际上并不可怕。大量数据表明,我们可以在减少生产和消费的同时,提高幸福指数、教育、健康和寿命等人类发展指标。例如,欧洲的人类发展指标普遍高于美国,但其人均国内生产总值比美国少40%,人均排放量比美国少60%。美国的过度消耗并不能真正提高人们的幸福指数。[390]

人到底需要多少钱才能获得长久的快乐?我们可以把这当作一个实证问题来看待。美国的人均寿命为79岁,人均GDP为53000美元。许多国家的收入仅占美国的一小部分,但人均寿命与美国相当。哥斯达黎加的人均GDP只有1万美元,但人均寿命高于美国。当然,我们也可以说,富国收入和消费更高,带来了生活质量的改善,这些并没有反映在人均寿命里。但是,从幸福的整体衡量标准来看,一些中低收入国家的排名也很高。根据联合国的《全球幸福报告》(World Happiness Report),哥斯达黎加的幸福指数与美国齐平。巴西的人均收入只有英国的四分之一,但幸福指数高于英国。这个结果与不断发展的“幸福经济学”领域的研究结论是一致的,即只有在一定范围之内,幸福感才会随着收入的增加而增长——而富裕国家的收入水平早已超出了这一范围。例如,20世纪50年代,美国的人均GDP仅为15000美元(按2010年美元计算),但幸福指数达到顶峰,此后便一直处于停滞状态。在那之后,让人们更快乐的不是更多的收入,而是平等良好的社会关系和强大的社会保障。[391]

鉴于此,我们也许应该把哥斯达黎加这样的国家视为发展充分的国家,而不是欠发达国家。那些收入和消费水平低但人民生活幸福、平均寿命更长的国家,不应该被看作落后地区,不需要按照西方模式发展。[392]它们应该被视为高效生活的典范，富裕国家应该学习它们，削减过度消费。

这可能会得到全球南方国家强烈和广泛的认同，但要说服西方人，就比较棘手了，当然也并不是不可能。根据最近的研究，在中高等收入国家，70%的人认为过度消费正使我们的地球和社会处于危险之中。大多数人也认为，我们应该努力减少购买和拥有商品的数量，而且这样做不会影响幸福感。[393]换句话说，人们已经有了这样的意识，已经做好准备要迎接一个不同的世界。

构建未来

如果科学家说GDP指数增长模式恰恰是导致危机的核心要素，那么当我们想象另一个未来时，就找到了着力点。关键的第一步，是不再将GDP作为衡量经济进步和人类福祉的指标。除了GDP，还有许多可供选择的衡量指标。例如，真实发展指标(Genuine Progress Indicator，GPI)也是基于国内生产总值的衡量标尺，其加入家务劳动、志愿工作、减轻污染等积极因素，扣除资源枯竭和犯罪等负面因素，并根据不平等状况进行调整。美国的马里兰州和佛蒙特州已经开始使用GPI作为衡量进步的指标，尽管还是作为次于GDP的衡量指标。哥斯达黎加即将成为第一个使用GPI作为衡量指标的国家，瑞典很快也可能会这么做。

GPI给我们提供了一幅与GDP完全不同的社会图景。如果我们把全球GPI和GDP放在一起进行比较，就会发现直到20世纪70年代中期，GPI和GDP都是同步上升的，之后GPI趋于平稳，甚至开始下降，而GDP继续上升。

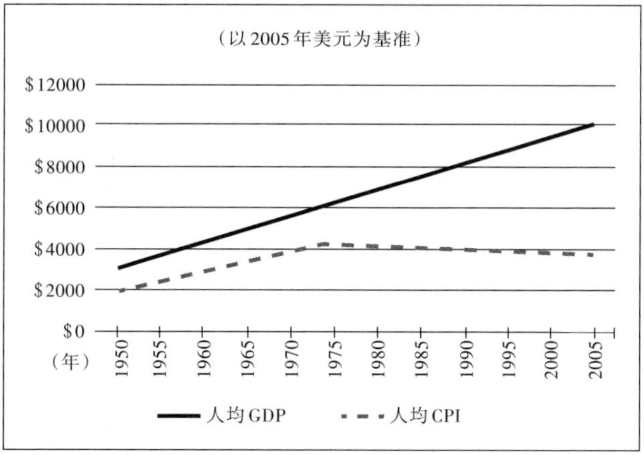

图10 全球GDP与社会进步

这说明GDP的增长不代表社会变得更好了。如果将衡量标准换成GPI,整个社会都会产生深刻的变化。如果政府追求GPI最大化,它们就会制定政策,促进好的经济结果,减少坏的结果。不过,新的指标也不一定非得是GPI,可以是任何其他指标:由新经济基金会设计的快乐星球指数(Happy Planet Index),将平均寿命、幸福指数和生态足迹纳入考量范围;经济合作与发展组织的更美好生活指数(Better Life Index)侧重于社会和环境福祉的11个方面;也可以是其他一些我们尚未想象到的指标。一旦摆脱了GDP的暴政,我们就可以公开讨论人们真正看重的是什么,以及如何衡量真正的进步。在某种意义上,这是最终极的民主。可以肯定的是,这个指标一定与GDP大不相同。事实上,它很可能根本不涉及永续增长(perpetual growth),因为任何形式的永续增长——哪怕是好东西的增长——在哲学上都是荒谬的。

然而,GDP增长并不是推动经济持续增长的唯一动力。追求GDP增长只是一个公共动力,还有一个私人动力:公司必须最大限度地提高股东回报率。与GDP一样,股东回报率也不能无限增加。1919年,曾经发生过“道奇诉福特汽车公司案”,堪称美国最高法院具有里程碑意义的案件。当时,福特汽车公司有大量资本盈余,亨利·福特(Henry Ford)决定将其中的一部分用于提高工人的工资,而当时人们普遍认为工人工资已经很高了。道奇兄弟(Dodge Brothers)是福特公司最大的两个股东,他们起诉福特公司,声称福特的资本实际上属于公司股东,不必要地提高工人工资实际上是在窃取股东的钱。法院做出了对他们有利的裁决,并开创了一个先例。从此,商业决策必须首先考虑股东的收益回报。如果首席执行官想花钱提高工资或保护环境,但这样会导致股东回报率下降,他们就不能这样做,因为这是非法的。今天,企业在很大程度上受制于此,只能变得更贪婪。废除这个先例,才能获得空间,提高其他事情的优先级。

抛弃GDP指标和股东价值法规相当于迈出了至关重要的第一步,但这还不够,没有触及驱动经济增长的主要因素——债务,这个问题更深层,也更难以看清。经济必须增长的原因之一是债务。债务中附带利息,而利息意味着债务成倍增长。一个需要长期偿还债务的国家,就必须有足够的经济增长来匹配其债务增长。企业也是如此,如果想创业,你可能得借一笔钱,因为这笔债务,你不能只满足于养活你的雇员和家人,而是必须赚到足够的利润来偿还贷款和复利。无论国家、企业还是个人,如果没有增长,债务就会堆积起来,最终导致金融危机。不是增长,就是崩溃。

缓解压力的方法就是取消一部分债务。我们在前文中讨论过,取消主权国家的债务将使它们摆脱债务压力,不必再掠夺自身资源和牺牲公民利益来获取收入,偿还债务。取消个人债务,他们就可以减少繁重的工作时间。取消债务也许意味着债权人要承担损失,和拥有大量债务的华尔街银行要承担损失是一样的,但这样的牺牲也许是可以接受的。

不过,取消债务只是一个短期解决办法,并不能解决根本问题——货币本身就是债务。当你走进一家银行去贷款时,你会假设银行是把自己储备的钱借给你——比如,从别人的存款中提出来,存放在地下室的保险库里。但事实并非如此。银行只需持有相当于其放贷金额约10%的准备金——这就是所谓的"部分准备金制度"(fractional reserve banking)。换句话说,银行发放的贷款是实际储备金额的十倍。那么,如果这些额外的钱实际上并不存在,那它又是从哪里来的呢?是银行通过放贷行为凭空创造出来的。目前全球流通的货币中,约有90%是以这种方式创造的。换句话说,经过你手的每一美元几乎都代表着某人的债务。每一美元的债务都必须用利息偿还——于是就需要更多工作,更多生产,更多开采。

正因为我们的经济依靠以债务为基础的货币运行,它才需要持续增长。限制部分准备金制度,可以大大减少债务量,从而减少经济增长的压力。要做到这一点,一个简单的方法是要求银行储备更大比例的准备金。但还有一种更有趣的方法可以尝试:我们可以完全废除基于债务的货币。我们不再把钱交给商业银行让其放贷,而是交给国家去使用,没有债务,国家把钱花在经济建设上。货币扩张的责任可以由一个民主、负责、透明的独立机构承担。当然,银行仍然可以放贷,但必须以100%的准备金(1美元对1美元)作为前提。

这并不是一个边缘化的提议。2012年,国际货币基金组织的几位经济学家提出了这一建议,指出这一制度将大幅减少公共和私人债务,使全球经济更加稳定。这个提议立刻成了广受关注的头条新闻。[394]英国一个名为"积极金钱"(Positive Money)的组织已经据此延展出许多激动人心的尝试。

这些变化将在很大程度上把我们从增长的暴政中解放出来。但请记住:我们的目标不仅是阻止经济的不必要扩张,而且要积极缩减总消费,尤其是使富裕国家的消费回到可持续的水平。这需要我们进行创造性的思考。

解决这个问题的第一步是重新审视广告业,因为广告是造成不必要消费的主要驱动因素。一开始,这并不是一个问题。直到20世纪初,消费都更像是一种例行公事:你基本上只买所需要的东西。广告不过是告诉你一件商品的用处而已。但如果每个人都只购买必要的东西,零售公司就不能无限扩张。有限的需求意味着有限的利润!公司需要解决这个障碍,突破市场饱和带来的限制。于是,它们在爱德华·伯尼斯(Edward Bernays)的广告理论中找到了方法。伯尼斯是精神分析学家西格蒙德·弗洛伊德的侄子,他告诉零售商,可以通过控制情绪让人们购买自己不需要的东西。例如,在人们的脑海中植入焦虑,然后把产品作为消除焦虑的解决方案;或者,也可以承诺自己的商品能带来社会认可或阶级差别。于是,广告很快成为美国零售商保持高增长的不可或缺的手段。

今天,广告在我们的经济中占很大的比重。[395]根据最近①的一份报告,仅2007年,美国在广告上的总支出就达3210亿美元。从那以后,这一数字一直以每年约5%的速度增长——远高于经济增长的速度。疯狂的广告令人眼花缭乱。现在,普通美国人的消费已经是20世纪50年代的两倍。[396]

所以,解决过度消费的一个简单的办法是禁止广告——至少在公共场所禁止广告,因为在那里,人们无法选择自己看到的东西。这听起来很难,但拥有2000万人口的巴西城市圣保罗已经做到了这一点。[397]结果是什么呢?人们消费得更少了,也变得更快乐了:对自己更有安全感,对生活更满意。巴黎最近也采取了类似的行动,开始限制户外广告,甚至在学校附近彻底禁止户外广告。还有一个更激进的选择是发布公共信息,鼓励人们减少消费。为了在2030年之前将肉类消费削减一半,中国率先采取了这一做法。减少肉类消费能够减少温室气体排放,已经被广泛认同。还可以像澳大利亚和美国的一些城市那样,彻底禁止一些不必要的、破坏性的产品,如瓶装水。遏制消费的简单方法还可以是:监管信用卡、提高奢侈品税,以及通过法律惩罚那些采用"计划报废"②(planned obsolescence)策略的制造商——它们会为了增加营业额制造劣质的一次性产品。

---

① 原著出版时间为2017年,"最近"应该是相较2017年所言。

② 计划报废是一种工业策略,指生产商有意为产品设计有限的使用寿命,令产品在一定时间后寿终正寝。——译者注

那么,如果我们缩减生产和消费,会不会引发失业危机?这是一个很好的问题,必须认真对待。毕竟,政客们呼吁经济增长的理由就是经济增长能够增加就业,他们也因此获得了选票。其实,我们可以通过创造性的方法减少经济活动,并确保每个人都从事有意义的工作。关键在于将每周的工作时间从47小时(美国的平均时间)减少到30小时甚至20小时,消除不必要的或有害的行业(如果取消GDP,用GPI来衡量经济进步,这些行业无论如何都会萎缩的),并通过促进就业共享来分配剩余的工作。伦敦新经济基金会的研究表明,缩短每周工作时间不仅可以减少与过度工作相关的生理和心理疾病,还有助于减少消费和温室气体排放。减少工作时间意味着有更多的时间去做其他的事情,如照顾孩子和老人、种植粮食作物、做饭、打扫卫生、园艺,以及其他我们通常会外包给公司去做的事情。你终于可以了解你的邻居,可以分享技能和所有物了。[398]

但我们必须回到源头问一个问题:"为什么政客们要如此狂热地追求增长?"一个关键的原因是,这样他们才能绕开棘手的分配问题。只要蛋糕还在变大,那么重新分配现有蛋糕的压力就会变小。美联储前理事亨利·沃利克(Henry Wallich)曾指出:"增长是收入平等的替代品。"的确如此,大多数政客宁愿努力提高GDP的增速,让其中一部分增长渗漏到底层,也不愿增加富人的税收或重新分配收入。但沃利克的逻辑也可以翻转:如果增长是平等的替代品,那么平等也可以是增长的替代品。[399]

我们生活在一个资源丰富的星球上,经济产出的总量已经超过了我们的整体需求。如果我们能更公平地分享已经拥有的东西,就不需要为了获得更多而掠夺地球。公平,是确保经济与生态平衡的关键。

要实现这一目标,最快捷的方法或许就是在全球范围内实行“无条件基本收入”。资金的来源不是劳动力,而是资本、财富积累以及土地和自然资源等公有物的使用。大多数人将“无条件基本收入”看作一种减贫、确保人们在技术性失业后有稳定生计的战略。其实不仅如此,它还可能对消除不平等、缓解增长压力起到关键作用。此外,“无条件基本收入”的落实,将使人们不再需要为了生存而每周工作40个小时甚至60个小时,并减少生产过多的人们不需要的东西,从而减少对地球资源的消耗。

从全球维度看也是如此。目前,穷国为了消除贫穷,面临着巨大的经济增长压力。全球收入从北方国家向南方国家进行重新分配,将大大缓解这种压力。为了实现这一目标,有两种方式:一种是直接的方法,即“无条件基本收入”;另一种是间接的方法,即改变全球经济规则,使之对穷国更公平——税收减免政策、全球民主、公平贸易、公平工资、税收公正、土地安全和气候行动,这些都将有效地减轻北方的过度消费,增加南方收入,促进消除贫穷。更均衡地分享丰富的地球资源,才能将贫穷国家从无穷无尽的巨大增长压力中解脱出来。

重燃希望

不幸的是,经济增长放缓不太可能像我们期待的那样迅速发生。社会变革是缓慢的,共识虽然正在逐渐形成,但可能需要一代人的时间才能调动我们在这个问题上的集体意识。留给我们的时间不多了!话虽如此,我们还是有出路的,那就是——土壤。

土壤是地球上仅次于海洋的第二大碳库，其中所含的碳是世界上所有植物的四倍。但是，砍伐森林和工业化农业等人类活动（密集耕作、单种栽培和大量使用化肥、杀虫剂）破坏了土壤中所含的有机物质，使得土壤以惊人的速度退化，已经有40%的农业土壤被归类为“退化”或“严重退化”。[400]事实上，由于农业工业化，过去40年，世界上三分之一的农田都被毁掉了。[401]土壤退化会使其失去保持碳的能力，从而向大气中释放大量的二氧化碳。

幸运的是，我们现在有了一个解决方案。世界各地的科学家和农民指出，从密集的工业耕作转向更加有益于生态环境的耕作方式，能够恢复退化的土壤。这不仅包括使用有机肥料，还包括免耕、堆肥和轮作。这些措施不仅能够恢复土地容纳二氧化碳的能力，而且还能够从大气中吸收更多的二氧化碳。这是一个令人兴奋的研究成果。美国国家科学院（US National Academy of Science）最近发表的一项研究称，再生式农业可以减少全球3%的碳排放。[402]《科学》杂志的一篇文章则认为这一比例可能高达15%。[403]宾夕法尼亚州罗代尔研究所（Rodale Institute）的一项新研究（尽管尚未得到同业评审）则表明，此举的碳固存率可能高达40%，而且，如果将新技术应用于全球的牧场，就可以捕获全球超过100%的碳排放量。[404]

换句话说，再生农业可能是使地球降温的最佳途径。此外，它还有一个附带的好处：从长远来看，这么做能提高土壤肥力以及抵御干旱和洪水的能力，实际上比工业方法的产量更高。[405]气候变化使农业生产变得更加困难了，于是，再生农业可能是我们确保粮食安全的最佳选择。当然，再生农业并不能彻底解决气候危机，因为土壤只能容纳有限的碳。我们仍然需要尽快摆脱对化石燃料的依赖,以及对无休止的指数式增长的痴迷,降低物质经济规模,使其与生态周期保持一致。不过,再生农业至少能让我们行动起来,为未来争取一些时间。

我之所以选择这个例子,是因为它与其他大多数负排放计划以及地球工程计划有根本的不同——这些计划都认为地球是需要征服和支配的对象,与造成破坏、使我们陷入混乱的逻辑是相同的。使地球屈从于人类意志,是无法解决气候问题的。解决之道存在于一种关怀和疗愈的观念中,始于我们赖以生存的土壤。不需要新技术,再生农业为解决危机提供了解决方案的第一步。记住人类在过去20万年中的古老智慧,这可能是我们度过未来20万年的唯一希望:我们的生存与所有其他生物的生存紧密联系在一起,从鱼类和树木到蜜蜂和种子,一直到土壤中的微生物。在这一点上,处于世界体系边缘的那些"不发达国家"可以教给我们很多东西。

如果富国有计划地缩减物质经济,以维持和改善生活质量为目标,穷国将获得实现基本社会福利所需的生态空间。即便如此,全球南方国家仍将面临一个决定:是遵循西方制定的标准发展模式,把重点放在开采、消费和增长上,还是抓住机会,走上一条完全不同的发展道路?

20世纪60年代初,殖民主义崩溃,来自马提尼克岛的革命知识分子弗朗茨·法农(Frantz Fanon)写出了下面的文字,今天读来,竟比多年前有更强烈的共鸣:

“来吧，同志们，欧洲的游戏终于结束了，让我们做一些完全不同的事情。我们可以做任何事，只要我们不致力于模仿欧洲，只要我们不痴迷于追赶欧洲。今天欧洲的路线是疯狂鲁莽的，失去了引领，摆脱了理性，一头扎进了万丈深渊，我们应该尽快避开欧洲路线。今天，面对欧洲，第三世界就像一个庞然大物，我们的目标应该是设法解决欧洲一直未能解决的问题。我们应该明确，现在必须停止谈论产出、集约化和工作节奏。不，我们不想追上任何人。我们所要做的，就是和人民一起，和所有人民一起，夜以继日地向前走。因此，同志们，我们不要建立那些受到欧洲影响的国家、机构和社会形式，不要向欧洲体制献媚。人类期待着我们新的创造，而不是这样的模仿。”[406]

我们已经在全球南方国家看到这种“新的创造”如雨后春笋般涌现出来。不丹拒绝以GDP增长作为衡量社会进步的指标，而代之以国民幸福总值(Gross National Happiness)。而这只是进入媒体视线中的冰山一角，吸引着世界的关注与好奇。在拉丁美洲，积极的土著活动家提出了“sumak kawsay”的概念——在克丘亚语中，这个词意为“和谐平衡的生活”。西方的发展模式依赖于对主体与客体、自我与他人、人类与自然世界等概念的严格区分。而新的模式呼吁我们认识到万物之间的关联性，认识到我们是整体的一部分，人类的福祉与整个生态系统是不可分割的。这摒弃了工业发展模式中核心的线性思维，使人们能够进行关联性思考。这一概念得到了广泛的支持：2008年，厄瓜多尔将其写入宪法；随后，玻利维亚也在2009年将其写入宪法，承认了生态系统的存续和繁衍是不可剥夺的权利。当然，这两个实验都不完美——厄瓜多尔和玻利维亚的政客用“sumak kawsay”来掩盖自己激进的主张，但这个想法本身仍在蓬勃发展。

在印度的农村中,贫困社区坚持的是“生态自治”原则。人们不服从遥远的首都中央政府的计划,而是通过直接的民主决议来决定他们的资源和环境,寻求可持续发展以及与周围生态的和谐相处。在中东,伊拉克北部山区和叙利亚罗贾瓦地区的社区也在尝试类似的理念。为了对抗极端恐怖组织“伊斯兰国”和其他争夺地区权力的政治派别,中央政府撤出了这些地区,当地人利用这个机会,发起了社会生态革命,推行直接民主、性别平等和再生农业,这是对西方发展模式的决定性突破。

没有人知道,这一切在未来会变成什么样儿。然而,只要人们开始拒绝单一的发展故事,未来就是丰富多样、充满可能性的。我们需要的,只是创造它的勇气。

致谢

据说，爱德华多·加莱亚诺(Eduardo Galeano)在担任编辑期间，每天晚上下班后都坚持写作，仅用了三个月就写出了《拉丁美洲被切开的血管》(*Open Veins of Latin America*)。这个细节，是伊莎贝尔·阿连德(Isabelle Allende)在该书的前言中提到的。我第一次读到这本书，便深受启发。加莱亚诺对拉丁美洲历史的叙述引起了我的共鸣；他收集的那些作为证据的数字令我印象深刻。我希望他的报道能够延伸到拉丁美洲以外，覆盖南方的其他地区。这就是我第一次坐下来写《鸿沟：全球不平等及其解决方案》这本书时的想法。但我不是加莱亚诺，我没有他那样的文学天赋，也无法像他一样神速。我白天在伦敦政治经济学院进行研究和教学，也像加莱亚诺一样利用空余时间写作，但我写这本书花费的时间远远超过三个月。尽管如此，我仍然要感谢加莱亚诺给了我尝试的勇气。

我还想感谢很多人。直到今天，当我坐下来重读艾梅·塞泽尔(Aimé Césaire)的《论殖民主义话语》(*Discourse on Colonialism*)时，觉得他在1950年简直说出了我想说的每一句话，所有那些在我内心涌动的话，他都以更加犀利的笔触写了下来。当然，还有弗朗茨·法农(Frantz Fanon)、圣雄甘地(Mohandas Gandhi)、沃尔特·罗德尼(Walter Rodney)、朱利叶斯·尼雷尔(Julius Nyerere)。还有一些人，不仅是用语言，更是用生命表达自己，为了争取一个更公平的世界，甘愿冒着生命危险去斗争，直到被杀害。帕特里斯·卢蒙巴(Patrice Lumumba)、萨尔瓦多·阿连德(Salvadore Allende)、贝尔塔·卡塞雷斯(Berta Cáceres)——他们是我的前辈，一直在不停地引导和激励着我。

本书的每一章都受到那些伟大的思想家和作家的启迪：劳尔·普雷维什(Raúl Prebisch)、安德烈·冈德·弗兰克(Andre Gunder Frank)、格诺特·科勒(Gernot Köhler)、萨米尔·阿明(Samir Amin)、桑杰·雷迪(Sanjay Reddy)、弗朗西斯·摩尔·拉佩(Frances Moore Lappé)、托马斯·博格(Thomas Pogge)、彼得·爱德华(Peter Edward)、大卫·伍德沃德(David Woodward)、兰特·普里奇特(Lant Pritchett)、迈克·戴维斯(Mike Davis)、伊曼纽尔·沃勒斯坦(Immanuel Wallerstein)、艾伦·伍德(Ellen Wood)、大卫·哈维(David Harvey)、娜奥米·克莱恩(Naomi Klein)、苏珊·乔治(Susan George)、威廉·伊斯特利(William Easterly)、约瑟夫·斯蒂格利茨(Joseph Stiglitz)、张夏准(Ha-Joon Chang)、尼古拉斯·沙克森(Nicholas Shaxson)、弗雷德·皮尔斯(Fred Pearce)、比尔·麦吉本(Bill McKibben)、大卫·格雷伯(David Graeber)、赫尔曼·达利(Herman Daly)、范达娜·席瓦(Vandana Shiva)和其他很多出现在这本书的引言和注释中的人。恕不能一一列举，只能一并表示感谢。

我也得到了许多朋友和同事的帮助。曾与我合著的马丁·柯克(Martin Kirk)阅读了本书的早期草稿,并对许多地方提供了有益的反馈。阿尔诺·拉达(Alnoor Ladha)和“规则”(The Rules)团队为我提供了一个丰富且极富挑战性的知识社区,让我能够探索和发展本书中提出的许多想法。丽贝卡·里德(Rebecca Reid)帮助我进行了许多早期研究。我也在与艾丽丝·皮尔逊(Alice Pearson)的对话中得到了许多帮助。《卫报》的毕比·范·德尔吉(Bibi van der Zee)和半岛电视台英文频道的编辑帮我梳理出了我在专栏中的想法,而这些想法成为本书中一些章节的基础。当我开始考虑出版时,张夏准给了我有益的建议和极大的信任。佐伊·罗斯(Zoe Ross)一直很支持我,她是我能够信赖的最好的经纪人,和她一起工作非常愉快。我的编辑汤姆·艾弗里(Tom Avery)仔细阅读了全部文稿,他以对语言的敏锐洞察力,赋予这本书更有力的表达和更强的可读性。

与企鹅兰登书屋的团队合作也非常愉快:卡罗琳·约翰逊(Caroline Johnson)、尼基·内文(Nicky Nevin)、乔安娜·泰勒(Joanna Taylor)。当然,还有娜塔莎·内尔(Natascha Nel),她为本书设计了相当棒的封面。

这本书是我在利华休姆信托(Leverhulme Trust)的支持下研究和撰写的,衷心感谢其支持。我愿为书中的任何错误承担全部责任。毫无疑问,这样的错误有很多。例如,我总感到自己漏掉了太多东西,为了行文简洁,我略去了许多重要的故事。如:1770年的孟加拉大饥荒期间，为了维持英国东印度公司的利润，牺牲了印度三分之一的人口；欧洲通过《赛克斯-皮科特协议》(Sykes-Picot Agreement)瓜分了中东；法国对印度的殖民；越南战争期间，美国为了平定要求土地改革的农民起义，派驻重兵；以及过去20年来似乎无休止的外国势力对中东的军事干预。还有很多故事，本应该在书中讲述。

我必须要感谢我父母的支持，在本书的创作过程中，他们总是关切地询问我写作的进展，然后耐心听我讲述那些在电脑前忙得不可开交的日子。写作真的是一个孤独的过程，但幸运的是，我的爱人古迪一直陪伴着我。那些日子里，我们在厨房里，在小木桌旁，捧着一杯茶，在漫长的交谈中，她帮我把想法变成了论点和故事。当我面对着自己杂乱的草稿而深感愧疚时，她帮助我一点一点地梳理成了现在的这本书。我无比感激她的耐心、智慧、陪伴和支持——而且，在支持我的同时，她还在忙于更为重要、要求更高的工作。可以肯定地说，没有她，我什么都不是。

注释

一、发展的错觉

1.本杰明·哈迪(Benjamin Hardy)参与起草“第四点”的详细过程出自 Robert Schlesinger, *White House Ghosts*：*Presidents and their Speech-writers*(New York：Simon & Schuster, 2008)。

2.根据经济合作与发展组织的数据,2013年官方净发展援助额为1350亿美元,这一金额与美国所有银行在该年的净利润几乎持平。

3.儿童与产妇死亡率的降低是很重要的成果,但我们需要了解在1990年以前发生了什么导致死亡率如此之高,同时我们也要询问西方的援助是否是促使死亡率下降的原因。

4.FAO, *The State of Food Insecurity in the World* 2012(Rome：The Food and Agriculture Organization of the UN, 2012).

5.E. Holt-Gimenez et al., “We already grow enough for 10 billion people... and still can't end hunger”, *Journal of Sustainable Agriculture* 36

(6), 2012, pp. 595-8.

6.依据2008年购买力平价,1.25美元为贫困线。来源:PovcalNet。

7.See P. Edward, "The ethical poverty line: a moral quantification of absolute poverty", *Third World Quarterly* 37(2), 2006, pp. 377-93; R. Lahoti, and S. Reddy, "\$1.90 per day: what does it say?" Institute for New Economic Thinking, 6 October 2015, https://www.ineteconomics.org/perspectives/blog/1- 90- per-daywhat-does- it- say; David Woodward, *How Poor Is "Poor"? Toward a Rights Based Poverty Line* (London: New Economics Foundation, 2010).

8.此处引用的所有数据均出自世界银行。来源:PovcalNet。

9.以人均国内生产总值计算,换算成1990年国际元,根据 Maddison Project database,2013。

10.以人均国内生产总值计算,换算成2005年美元,根据World Development Indicators。

11.关于不发达与气候和地理有关的论据由贾里德·戴蒙(Jared Diamond)在 *Guns, Germs, and Steel: The Fates of Human Societies* (New York: W. W. Norton, 1997)中提出。

12.关于富国与穷国的命运取决于其制度好坏的最有代表性的论据来自达伦·阿西莫格鲁(Daren Acemoglu)与詹姆斯·罗宾森(James Robinson)的 *Why Nations Fail: The Origins of Power, Prosperity, and Poverty* (New York: Crown Business, 2012),他们的论点因忽视地缘政治而受到批评。

13.Kenneth Pomeranz, *The Great Divergence: China, Europe, and the Making of the Modern World Economy*(Princeton, NJ: Princeton University Press, 2009).

14.Ha-Joon Chang, *Bad Samaritans*(New York: Bloomsbury Press, 2008), p.25.

15.Robert Pollin, *Contours of Descent*(New York: Verso, 2005), p.133.

16.数据来源于联合国《1999年贸易和发展报告》。

17.正如沃尔特·罗德尼(Walter Rodney)为他1972年的重要著作*How Europe Underdeveloped Africa*所起的标题那样。

18.根据经济合作与发展组织的数据,2012年发展援助委员会国家为发展中国家提供的官方援助总额为1280亿美元。

19.Global Financial Integrity, *Financial Flows and Tax Havens: Combining to Limit the Lives of Billions of People*(Washington, DC: Global Financial Integrity, 2016).全球金融诚信组织研究发现,1980年至2012年,净流出额为2.97万亿美元;6.6万亿美元通过国际收支漏出项流出,6.8万亿美元通过商品净出口伪报流出。该组织认为还有6.8万亿美元通过货物中的"同一发票伪造"或"转让定价操纵"而损失。若包括服务贸易、进出口伪报和转让定价操纵,损失金额将升至8.5万亿美元。全球金融诚信组织对净转移额的计算不包括资本内逃。全球金融诚信组织认为,资本内逃和资本外逃不一样,因为资本向内转移到发展中国家对其发展没有贡献,而资本外逃则会主动阻碍发展。此外,全球金融诚信组织还认为,从流入和流出两个方向计算净资本逃离是没有意义的,因为不可能去谈论"净犯罪"。

20. 发展中国家在2015年偿还的外债利息为2110亿美元(现价美元)。来源:World Bank, International Debt Statistics。

21. 国际投资者2012年汇回的利润为4860亿美元。Jesse Griffiths, "The State of Finance for Developing Countries, 2014", Eurodad, 2014.

22.Meena Raman, "WIPO Seminar Debates Intellectual Property and Development", Our World is Not For Sale Network, 10 May 2005.

23.23.6万亿美元包括通过国际收支平衡中的漏出、货物和服务的进出口伪报以及同一发票伪造造成的资本外逃。Global Financial Integrity, *Financial Flows and Tax Havens: Combining to Limit the Lives of Billions of People* (Washington, DC: Global Financial Integrity, 2015).

24. 这些关于进出口伪报和转让定价操纵的数字包括商品贸易和服务贸易。Global Financial Integrity, *Financial Flows and Tax Havens: Combining to Limit the Lives of Billions of People* (Washington, DC: Global Financial Integrity, 2015).

25.Gernot Köhler, "Unequal Exchange 1965-1995: World Trend and World Tables", 1998, wsarch.ucr.edu/archive/papers/kohler/kohler3.htm. See also Gernot Köhler and Arno Tausch, *Global Keynesianism: Unequal Exchange and Global Exploitation* (New York: Nova Science Publishers, 2002).科勒按照现价美元计算1995年的不平等交换额为1.752万亿美元。科勒的方法是计算交易货物的名义汇率与实际汇率(即购买力修正)之间的差额。例如美元与印度卢比的名义汇率是1:50。现在

想象一下，印度向美国发送价值1000卢比的商品，并获得价值20美元的商品作为回报，这是完美的平等交换，至少看起来是这样。问题是名义汇率不准确。在印度，50卢比可以购买价值远高于1美元的商品，或许能买价值将近2美元的商品。所以这里的真实汇率，依照购买力平价计算，应该是1:25。这意味着，当印度向美国发送价值1000卢比的商品时，按照1000卢比在印度的购买力，实际上相当于发送了价值40美元的商品，然而印度只收到了20美元的回报，相当于只得到了500卢比。换句话说，由于实际汇率和名义汇率之间的扭曲，印度多付出了20美元（500卢比）。可以这样想，印度的出口商品价值高于他们在世界市场上获得的价格。另一种方式是对印度的劳动力来说，相对于其产生的价值而言，他们的薪水过低。当然，这种方法的问题在于它依赖于购买力平价计算，这可能是不准确的。最近其他学者也对不等价交换做出了估计。扎克·霍普（Zak Cope）估计，因计算方法的不同，2009年的不等价交易额在2.8万亿美元到4.9万亿美元。See Zak Cope, *Divided World Divided Class*: *Global Political Economy and the Stratification of Labour Under Capitalism*（Montreal: Kersplebedeb, 2012）.

26.Luke Balleny, "Corporate tax breaks cost poor nations $138 billion a year - report", Reuters, 4 July 2013.

27.2015年的汇款额为4320亿美元，平均费率为7.68%。

28.H. Kharas, *Measuring the Cost of Aid Volatility*, Wolfensohn Center for Development working paper no. 3（Washington, DC: Brookings Institution, 2008）. 根据作者的计算，援助的波动性带来的损失相当于援助总额的20%。

29.根据Land Matrix database (www.landmatrix.org)2007年1月数据。

30.根据2012年的《气候脆弱性监测》。

31.一些非政府组织试图就这些更具结构性的问题进行宣传:由乐施会举办的Make Trade Fair或Jubilee Debt,甚至Make Poverty History也有贸易与债务夹杂其中,而Christian Aid与ActionAid也对反逃税展开了多年的宣传。这促使保守的非政府组织至少承认这一问题。但这些努力几乎完全被同样的非政府组织推动的慈善和援助主导框架掩盖。

32.援助数字是2012年的,还本付息的数字是2013年的,进出口伪报、转让定价操纵和资本外逃的数字均为2012年的,免税期的数字为2013年的。TRIPs数据公布于2015年。气候变化数据公布于2010年。结构调整数字是20世纪80年代和90年代20年间的年平均值,以当前美元计算。世贸组织乌拉圭回合谈判的数字来自2005年。低估劳动力的数字来自1996年,以2013年美元计算。

二、贫穷的终结……被推迟了

33.产妇死亡率的上升远远低于目标;由于难以衡量,专家们对联合国声称的适度改进的有效性提出了质疑。See Amir Attaran, “An immeasurable crisis: a criticism of the Millennium Development Goals and why they cannot be measured”, *PLoS Medicine* 2(10), 2005. 关于产妇死亡率,作者指出:“目前评估技术的局限性非常严重,联合国儿童基金会和世界卫生组织的科学家警告说:‘不适合将2000年的评估数据与1990年的进行比较[……]并得出有关趋势的结论。”

34.Article 19 of the Millennium Declaration. Emphasis mine.

35.1.65亿人在1.08美元贫困线（1993年购买力平价），4亿人在1.25美元贫困线（2005年购买力平价）。

36.托马斯·博格（Thomas Pogge）一直致力于曝光千年发展目标所实践的手法。"Millions Killed by Clever Dilution of Our Promise"，CROP Poverty Brief, August 2010；"How World Poverty is Measured and Tracked"，in Elcke Mack，Michael Schramm，Stephan Klasen and Thomas Pogge（eds），*Absolute Poverty and Global Justice*（Aldershot：Ashgate，2009），pp. 51-68；"The first United Nations Millennium Development Goal：a cause for celebration?"，*Journal of Human Development* 5(3)，2004，pp. 377-97.

37.我非常感谢托马斯·博格让我关注这一点。

38.桑杰·雷迪（Sanjay Reddy）与托马斯·博格在*How Not to Count the Poor*（Mimeo Columbia University Academic Commons，2005）中阐述了这一论点。

39.M. Ravallion et al.，"Quantifying absolute poverty in the developing world"，*Review of Income and Wealth* 37(4)，1991，pp. 345-61.

40.World Bank，*World Development Report 1999/2000*（New York：Oxford University Press，1999），p. 25.

41.See William Easterly，"The lost decades：developing countries's stagnation in spite of policy reform 1980-1998"，*Journal of Economic Growth* 6，2001，pp. 135-57.

42.詹姆斯·沃尔芬森（James Wolfensohn）于2001年11月17日在

渥太华对20国集团财政部部长和中央政府官员的演讲。

43.Shohua Chen and Martin Ravallion, *How Have the World's Poorest Fared since the Early 1980s?*, World Bank Policy Research Working Paper 3341, June 2004.

44.Reddy and Pogge, *How Not to Count the Poor.* See Ravallion's response："How Not to Count the Poor? A Reply to Reddy and Pogge", in Sudhir Anand et al. (eds), *Debates on the Measurement of Poverty* (Oxford：Oxford University Press, 2008).

45.Robert Wade, *Economic Theory and the Role of Government in East Asian Industrialization* (Princeton, NJ：Princeton University Press, 1990).

46.FAO, *The State of Food Insecurity in the World 2008* (Rome：The Food and Agriculture Organization of the UN, 2008), p. 8.

47.United Nations, *Millennium Development Goals Report 2013*, p. 10.

48.FAO, "Food Security Methodology", FAO(2012). 第二阶段的变化反映在2012年的报告中。

49.粮农组织还使用了人口平均身高的修订数据，这些数据反过来用于计算每个国家的最低膳食能量需求(minimum dietary energy requirements)，例如用于测评饥饿的卡路里阈值。新的卡路里阈值在整个过程中大幅下调，在后期的减少幅度(超过之前的阈值)比前期更大——这导致在所有其他条件相同的情况下——饥饿人数似乎比之前的测评结果更快地下滑。详情请比较新版与旧版最低膳食能量需求，网址分别为：http://www.docs-library.com/xls/1/7/2217-2548.html, http://

www.fao.org/fileadmin/templates/ess/documents/food_security_statistics/MinimumDietaryEnergyRequirement_en.xls。

50.FAO, *The State of Food Insecurity in the World 2012* (Rome: The Food and Agriculture Organization of the UN, 2012), p. 12.

51."A Recovery with a Human Face", UNICEF e-discussion, accessed 12 October 2015, http://www.recoveryhumanface.org/. See Thomas Pogge's posts in June 2015.

52.FAO, *State of Food Insecurity 2012*, p. 12.

53.See also F. Moore Lappé, J. Clapp, M. Anderson, R. Broad, E. Messer, T. Pogge and T. Wise, "How we count hunger matters", *Ethics and International Affairs* 27(3), 2013, pp. 251-9.

54.FAO, *State of Food Insecurity 2012*, p. 23.

55.FAO, *State of Food Insecurity 2012*, p. 50.

56.我非常感谢托马斯·博格让我关注这一点。

57."World Hunger and Poverty Facts and Statistics 2015", World Hunger Education Service, Washington DC, http://www.worldhunger.org/2015-world-hunger-and-povertyfacts-and-statistics/.

58.Rebecca Smithers, "Almost half of the world's food thrown away, report finds", *Guardian*, 10 January 2013.

59.Kate Lyon, "Cutting food waste by a quarter would mean enough for everyone, says UN", *Guardian*, 12 August 2015.

60.T. Pogge, "The end of poverty?", *Mark News*, 29 May 2014.

61.World Bank, *World Development Report 1999/2000*, p. 237.

62.“Poverty in India 2.5 times the official figure：study”, NDTV India, 20 February 2014.

63.Vijay Prashad, “Making poverty history”, *Jacobin*, 10 November 2014, https://www.jacobinmag.com/2014/11/making-poverty-history/.

64.Adam Wagstaff, “Child health on a dollar a day：some tentative cross-country comparisons”, *Social Science and Medicine* 57(9), 2003, pp. 1529-38.

65.“Asians poorer than official data suggest, says ADB”, *Financial Times*, 20 August 2014.

66.USDA, *Thrifty Food Plan 2005*(Washington DC：United States Department of Agriculture, 2005).

67.David Woodward, “How poor is too poor?”, *New Internationalist*, 1 July 2010.

68.P. Edward, “The Ethical Poverty Line：a moral quantification of absolute poverty”, *Third World Quarterly* 27(2), 2006, pp. 377-93.

69.R. Lahoti and S. Reddy, “$1.90 per day：what does it say?”, Institute for New Economic Thinking, 2015. 基于2011年购买力平价，作者将贫困线定在每天5.04美元。为方便比较，在此我将该数值调整为2005年购买力平价。

70.David Woodward, *How Poor Is “Poor”? Toward a Rights-Based Poverty Line*(London：New Economics Foundation, 2010).

71.Andrew Sumner, “Did global poverty just fall a lot, quite a bit, or not at all?”, *Global Policy Journal*, accessed 16 June 2014, http://

www.globalpolicyjournal.com/blog/16/06/2014/donors% E2% 80% 99-dilemma-did-global-poverty-just-fall-lot-quite-bit-or-not-all.

72. "There are multiple international poverty lines. Which one should I use?", World Bank.

73. L. Pritchett, "Monitoring progress on poverty: the case for a high global poverty line", 2013, http://www.developmentprogress.org.

74. 以2005年购买力平价2.5美元为基准。世界银行的计算显示，1981年至2005年，除中国外，贫困人口增加了8.52亿。

75. World Bank Development Indicators 2008.

76. B. Milanović, *Global Inequality: A New Approach for the Age of Globalization* (Cambridge, Mass.: Belknap Press, 2016).

77. S. Anand and P. Segal, "The global distribution of income", in Anthony B. Atkinson and Francois Bourguignon (eds), *Handbook of Income Distribution* (Amsterdam: Elsevier, 2014).

78. Robert Wade, *Economic Theory and the Role of Government in East Asian Industrialization* (Princeton, NJ: Princeton University Press, 1990).

79. "The global distribution of income".

80. David Woodward, "Incrementum ad absurdum: global growth, inequality and poverty eradication in a carbon-constrained world", *World Economic Review* 4, 2015, World Economic Association.

81. David Woodward, "How progressive is the push to eradicate extreme poverty?", *Guardian*, 7 June 2013.

三、贫穷是怎么产生的？一个关于创造的故事

82.Richard Steckel and Jerome Rose (eds), *The Backbone of History*: *Health and Nutrition in the Western Hemisphere*(Cambridge: Cambridge University Press, 2002). 食物采集者的预期寿命数据往往因婴儿死亡率较高而与食物耕作者相比较低。如果我们修正这一点，一些研究人员发现食物采集者的寿命可达七十多岁。See: M. Gurven and H. Kaplan, "Longevity among hunter-gatherers: a cross-cultural examination", *Population and Development Review* 33, 2007, pp. 321-65. 此外，马歇尔·萨林斯(Marshall Sahlins)利用各种历史和民族志资料来证明，与国家社会相比，采集社会的预期寿命要长得多。See Marshall Sahlins, "The original affluent society", in his *Stone Age Economics*(Chicago: Aldine-Atherton, 1972).

83.Steckel and Rose (eds), *The Backbone of History*. See also: Karl Widerquist and Grant McCall, *Prehistoric Myths in Modern Political Philosophy*(Edinburgh: Edinburgh University Press, 2017); Jared Diamond, *Guns, Germs and Steel*: *The Fates of Human Societies*(New York: W. W. Norton, 1997); Yuval Noah Harari, *Sapiens*: *A Brief History of Humankind*(London: Random House, 2014).

84. 根据乔治·默多克(George Murdoch)的《人种志地图集》(*Ethnographic Atlas*)，反映了1500年到1960年的数据。

85. 这些数据来自肯尼思·波梅兰兹(Kenneth Pomeranz)，参见作者的 *The Great Divergence* (Princeton, NJ: Princeton University Press,

2000, p. 36ff)。英格兰最初的数据解释了婴儿死亡率。印度当时的预期寿命数据还不足以确定。英国劳工阶层的数据来自 Edwin Chadwick's report on *The Sanitary Condition of the Labouring Population*, cited in Friedrich Engels, *The Condition of the Working Class in England in 1844* (1845)。

86.Immanuel Wallerstein, *The Modern World System*(New York: Academic Press, 1974).

87.Quoted in Howard Zinn, *A People's History of the United States* (New York: Harper Collins, 2003), p. 3.

88.Quoted in Zinn, *A People's History*, p. 1.

89.Quoted in Zinn, *A People's History*, p. 1.

90.Quoted in Eduardo Galeano, "Open Veins of Latin America", *Monthly Review Press*, 1973, pp. 18-19.

91.Galeano, "Open Veins", p. 22.

92.Galeano, "Open Veins", p. 23.

93.Timothy Walton, *The Spanish Treasure Fleets*(Florida: Pineapple Press, 1994).

94.白银是"自由的",因为它是由无偿的奴隶劳动挖出来的。此外,西班牙王室占所有白银出货量的27.5%至40%。See Pomeranz, *The Great Divergence*, p. 269.

95.Pomeranz, *The Great Divergence*, p. 269.

96.关于1492年拉美人口数量,较高的预估数字约为1.12亿,但得到普遍共识的数字是5400万。William Denevan (ed.), *The Native Popu-*

lation of the Americas in 1492(Madison, Wis.: University of Wisconsin Press, 1992).

97.加莱亚诺(Galeano)认为数值为350万,其他人则认为是400万。See Jorge Brea, "Population Dynamics in Latin America", *Population Bulletin* 58(1), 2003.

98.Galeano, "Open Veins", p. 52.

99.这些数字可能不包括至少在1870年之前被非法偷运过大西洋的奴隶。

100.这些数字来自《哈珀杂志》(*Harper'magazine*)1993年的一篇文章。请注意,最低工资按1993年的比率计算,利息仅计算到1993年,总额用1993年美元表示。换句话说,最新的数字将远高于此。

101."14 Caribbean nations sue Britain, Holland and France for slavery reparations", *Daily Mail*, 10 October 2013.

102.Pomeranz, *The Great Divergence*, p. 275.

103.Pomeranz, *The Great Divergence*, p. 276.

104.当然,掠夺非洲的不仅有欧洲人,伊莱克雅·姆博科洛(Elikia M'Bokolo)在《奴隶贸易对非洲的影响》(*The Impact of the Slave Trade on Africa*)中写道:"非洲大陆通过所有可能的途径,向外流失人力资源,通过撒哈拉沙漠、红海、印度洋港口或者横跨大西洋。伊斯兰国家至少十个世纪(从9世纪到19世纪)在奴隶制中获益[……]400万奴隶通过红海输出,另外400万通过印度洋的斯瓦希里港口输出,[还有]可能900万奴隶通过撒哈拉路线输出。"

105.Karl Marx, *Capital*, vol. 1 (1867), chapter 3.

106.在《资本论》第1卷第3章中，马克思指出，在圈地运动之前，牧场与农田的面积比值约为1∶3，但圈地运动扭转了这个比例。

107.Ellen Meiksins Wood, *The Origin of Capitalism*: *A Longer View* (London: Verso, 2002).

108.See Karl Polanyi, *The Great Transformation*(New York: Farrar & Rinehart, 1944).

109.西蒙·费尔利(Simon Fairlie)在2009年第7期的*The Land*中发表了"A Short History of Enclosure in Britain"，列明了这些起义事件。作者提到1381年农民起义是抵抗圈地运动的早期表现，尽管圈地不是主要问题。

110.Simon Fairlie,"A Short History of Enclosure in Britain". 议会的圈地运动很少关注羊毛，而更多地关注农业土地的"改善"。

111.我通过Google Ngram测绘"贫困"(poverty)以及当时的"流浪汉"(vagabond)、"贫民"(pauper)和其他常见同义词得出这一结论。

112.生活在英格兰和威尔士农村地区的人口比例从1801年的65%下降到1901年的23%，而法国的农村人口比例在1901年仍然高达59%。Simon Fairlie,"A Short History of Enclosure in Britain".

113.当然，强制也是这个系统的核心部分，但作为背景条件——它确保整个系统稳定并防止叛乱。

114.这个对比来自波拉尼(Polanyi)的章节标题："Habitation versus Improvement"。

115.Seamus P. Metress and Richard A. Rajner, *The Great Starvation*:

An Irish Holocaust(New York：American Ireland Education Foundation，1996).

116. 威廉·佩蒂(William Petty)和约翰·戴维斯(John Davies)也进一步发展了这个逻辑,他们为维护新帝国主义起到了重要作用。

117. 例如,在1704年的阿巴拉契(Apalachee)大屠杀中有1000名印第安人被杀,另有约1200名印第安人于1713年在南塔斯卡洛拉堡(Fort Neoheroka)被杀,这是18世纪最大规模的两次大屠杀。

118.Mike Davis，*Late Victorian Holocausts*(London：Verso，2000)，p. 290.

119.Ibid.，pp. 327-31.

120.Ibid.，p. 299.

121.Ibid.，p. 9.

122.Ibid.，p. 298.

123.Angus Maddison，*The World Economy*,OECD，2006.

124.Davis，*Late Victorian Holocausts.*

125.Paul Bairoch，*Economics and World History*(Chicago：University of Chicago Press,1995).

126.Paul Bairoch，"The Main Trends in National Economic Disparities since the Industrial Revolution"，in Paul Bairoch and Maurice Levy-Leboyer (eds)，*Disparities in Economic Development since the Industrial Revolution*(New York：St Martin's Press，1975)，pp. 3-17.

127.Davis，*Late Victorian Holocausts*，pp. 292-3.

128.Davis,*Late Victorian Holocausts*,pp.311-12.

129.Adam Hochschild, *King Leopold's Ghost*：*A Story of Greed*，*Terror*，*and Heroism in Colonial Africa*（London：Pan Books，2006），pp. 225-33.

130.Harold Wolpe，“Capitalism and cheap labor power in South Africa：from segregation to apartheid”，*Economy and Society* 1（4），1972，pp. 425-56；J. S. Crush et al.，*South Africa's Labor Empire*：*A History of Black Migrancy to the Gold Mines*（Boulder，CO：Westview Press，1991）.

131.我十分感谢娜奥米·克莱恩关于“牺牲地带”的概念。

132.Ha-Joon Chang，*Bad Samaritans*（New York：Bloomsbury Press，2008），p. 25.

133.Thomas Piketty，*Capital in the 21st Century*（Cambridge，MA：Harvard University Press，2014），p. 69.

134.“罗斯福推论”最初是为了让美国在欧洲人入侵拉丁美洲时做出军事回应，这种情况曾发生在1902年，当时英国、德国和意大利封锁委内瑞拉要求偿还债务。

135.其中一个原因是制成品具有更大的“需求弹性”，这意味着它们的价格随着收入的增加而上升。另一个原因是技术创新使初级商品的价格比制成品下降更快。

136.经济学家劳尔·普雷维什与汉斯·辛格（Hans Singer）在1950年描述了这一效应，即现在的普雷维什-辛格假说。该假说通过最近的证据表明，大多数商品的交易条件确实随着时间的推移而恶化（而其他商品则持平）。See，for example，David Harvey et al.，“The Prebisch-Singer hypothesis：four centuries of evidence”，*Review of Economics and Statistics*

92(3), 2010, pp. 367-77; and Rabah Arezki et al., "Testing the Prebisch-Singer Hypothesis since 1650", IMF Working Paper, 2013. 在20世纪80年代全球化时期,当全球南方经济体(大多数非洲国家除外)开始出口简单的制成品时,普雷维什-辛格假说被废弃。当然,这个原则仍然适用。如今,贸易不公平存在于全球南方国家的简单成品制造商与西方的复杂成品制造商之间。

137."不等价交换"一词由阿吉里·伊曼纽尔(Arghiri Emmanuel)创造,并因萨米尔·阿明(Samir Amin)而闻名。

138.United Nations Development Programme, *Human Development Report 1999: Globalization with a Human Face*(New York: Oxford University Press, 1999), p. 38. 如果我们使用来自Maddison Project的数据,则数字略有不同:1960年为6.3∶1,1960年为31.8∶1。

139.Samir Amin, *Unequal Development*(New York: Monthly Review Press, 1976), p. 144.

四、从殖民到政变

140.Thomas Piketty, *Capital in the 21st Century*(Cambridge, MA: Harvard University Press, 2014), p. 349. 在此期间(1870年至1910年),私人财富总额为欧洲国民的六至七年的收入总额(Piketty, p.26)。在美国,这个时代见证了强大的工业家和金融家的崛起:约翰·洛克菲勒(John Rockefeller)、安德鲁·梅隆(Andrew Mellon)、安德鲁·卡内基(Andrew Carnegie)、科尼利厄斯·范德比尔特(Cornelius Vanderbilt)和J. P.摩根(J.P.Morgan)。这些社会不平等因其通过残酷的垄断力量来赚取

财富，被批评者称为“强盗贵族”。

141.减税对富人的收入和财富积累有促进作用。柯立芝政府通过1924年、1926年和1928年的税收法案减税，减少了遗产税，并将最高边际税率降至25%。这些是根据美国最富有的人之一，财政部部长安德鲁·梅隆的政策进行的，他声称（正如罗纳德·里根在20世纪80年代所做的那样）对富人减税会产生更高的税收收入。当所得税于1913年首次确立时，最高边际税率仅为7%。为资助战争，该税种税率在1916年被提高到77%。

142.在西蒙·玻利瓦尔等人争夺民族独立的斗争后，拉丁美洲在19世纪早期去殖民化，较其他南方地区更早。然而，大多数拉美国家都是由专制政府控制的，到20世纪初，美国开始对该地区施加强大影响。

143.凯恩斯1933年在《通往繁荣之路》（*The Means to Prosperity*）中（其副本已发送给英国和美国政府）提出了这一观点。1936年，他在著名的《就业、利息和货币通论》（*The General Theory of Employment, Interest and Money*）中将其阐述得更加彻底。

144.工程进度管理局成立于1939年，旨在雇用失业公民参与公共工程项目。

145.罗斯福政府在1939年将最高边际税率提高到75%，在1944年将其提高到94%。直到20世纪60年代中期，最高边际税率仍然保持在90%以上。

146.美国关键的立法是1935年的《国家劳动关系法案》（National Labor Relations Act），该法案推动了工会和集体谈判。

147.例如，贝蒂·弗里丹（Betty Friedan）在1963年出版的《女性的奥秘》(*The Feminine Mystique*)中对女性社会从属地位的批评。

148.See, for example, Frederick Cooper, *Decolonization and African Society*(Cambridge: Cambridge University Press, 1996).

149.1933年,美国签署了《国家权利义务公约》(Convention on the Rights and Duties of States)。该公约第八条为"任何国家都无权干涉他国的内部或外部事务"。在此后的几年内,美国放弃了对巴拿马和古巴的控制权。

150.普雷维什在1950年至1963年执掌该委员会。他与凯恩斯的学生汉斯·辛格同时发展了关于不等价交换的观点。因此,普雷维什-辛格假说有两个人的名字。普雷维什在这方面的关键工作是出版了*The Economic Development of Latin America and its Principal Problems*(New York: United Nations, 1950)。

151.普雷维什在《哈瓦那宣言》(Havana Manifesto)中发表了这一观点。

152.虽然贝隆和普雷维什分享了实现经济独立的目标,但普雷维什并非始终同意贝隆的进口替代政策,他认为这些政策是以牺牲出口为代价的。See "Raul Prebisch: Latin America's Keynes", *The Economist*, 5 March 2009.

153.Ha-Joon Chang, "Kicking away the ladder", *Post Autistic Economics Review* 15, 2002.

154.Robert Pollin, *Contours of Descent*(New York: Verso, 2005), p. 133. 请注意,3.2%的数值不包括中国。

155.UN, *Human Development Report1999/2000*, p. 39.

156.According to the United Nations Population Division.

157.Leandro Prados de le Escosura,“World Human Development 1870-2007”, *Review of Income and Wealth* 61(2), 2015, pp. 220-47.

158.美国对拉美的人均收入比从4.7∶1缩减到4.2∶1,而美国与中东和北非之比从7∶1缩小到5.4∶1,美国与东亚之比从13.6∶1缩小到10∶1,对南亚之比则继续扩大。人均国内生产总值,根据2010年美元换算,来自World Development Indicators的数据。

159.西方国家的小型消费品出口商受到全球南方进口替代工业化(import substitution industrialisation, ISI)的影响,因高关税排除了其商品,但大型重型设备出口商受益于ISI,因为政府需要这些设备。当允许这种投资时,外国直接投资者也能受益,因为他们获得了在封闭市场内经营的好处。事实上,美国政府在20世纪40年代和50年代在全球南方各国推广ISI,一部分原因是为吸收第二次世界大战遗留的剩余重工业制造能力,一部分原因是为照顾美国大型外国投资者的利益。首选计划是在自由市场模式下,逐步将全球南方国家从ISI转向出口导向型工业化,以期有助于南方国家偿还债务,即使这意味着一些美国企业失去竞争力。但当时在美国根深蒂固的贸易保护主义排除了这种选择——因此美国选择深化ISI,同时通过谈判达成最佳贸易条件。See Sylvia Maxfield and James Nolt,“Protectionism and the Internationalization of Capital”, *International Studies Quarterly* 34(1), 1990, pp. 49-81.

160.我对这种说法的理解很大程度上归功于Naomi Klein, *The Shock Doctrine*(London: Allen Lane, 2007)和Noel Maurer, *The Empire*

Trap：*The Rise and Fall of US Intervention to Protect American Property Overseas*，*1893-2013*(Princeton，NJ：Princeton University Press，2013)。

161.美国推翻外国政府的第一次成功尝试是在1933年的古巴，当时美国支持富尔根西奥·巴蒂斯塔(Fulgencio Batista)起义反对格拉尔多·马查多(Gerardo Machado)的革命政府。但直到第二次世界大战结束，随着中央情报局的成立，这才成为一种常规战略。

162.John Perkins，*Confessions of an Economic Hit Man*(San Francisco：Berrett-Koehler Publishers，2004)，p. 73.

163.Perkins，*Confessions*，p. 73.

164.这个故事在里戈韦塔·门楚(Rigoberta Menchú)的自传中得到了最有力的讲述，她是著名的土著领袖，也是诺贝尔和平奖的获得者。Rigoberta Menchú and Elisabeth Burgos，*I*，*Rigoberta Menchú* (New York：Verso，1984). 20万人的数据来自 Billy Briggs，"Secrets of the dead"，*Guardian*，2 February 2007。

165.See Phyllis Parker，*Brazil and the Quiet Intervention*，1964(Austin，TX：University of Texas Press，1979).

166.到20世纪70年代中期，拉丁美洲牢牢掌握在右翼独裁政权手中。阿根廷、智利、巴拉圭、乌拉圭、巴西和玻利维亚的独裁政权在"秃鹰行动"(Operation Condor)中进行了合作，"秃鹰行动"是一项旨在暗杀左翼活动分子的秘密行动。"秃鹰行动"在亨利·基辛格的领导下得到了美国的明确支持(包括技术和财政支持)。据估计，该行动已进行了60000次暗杀。 See Larry Rohter，"Exposing the legacy of Operation Condor"，*New York Times*，24 January 2014.

167. 例如吉列尔莫·罗德里格兹(Guillermo Rodriguez),在1972年至1976年是厄瓜多尔军事独裁者,就曾受训于美洲学校。

168. 苏加诺赞同印度尼西亚共产党的计划,将工人和农民作为人民民兵武装起来。苏哈托则认为,这是对军方优先地位的直接威胁。

169.1962年至1991年,美国向蒙博托政权提供了10.3亿美元的发展援助和2.274亿美元的军事援助。Carole Collins, "Zaire/Democratic Republic of the Congo", *Foreign Policy in Focus*, 1 July 1997.

170.Leonce Ndikumana and James K. Boyce, "Congo's odious debt: external borrowing and capital flight in Zaire", *Development and Change* 29, 1998, pp. 195-217.

171. 这段文字是《平民宪章》的一小部分,其中一些句子进行了改写和合并。

172. 大卫·哈维(David Harvey)在 *A Brief History of Neoliberalism* 中着重论述,精英阶层正在寻找凯恩斯主义的解决方案。

173.Klein, *The Shock Doctrine*, p. 53.

174.Klein, *The Shock Doctrine*, p. 56.

175.Juan Gabriel Valdés, *Pinochet's Economists: The Chicago School in Chile*(Cambridge: Cambridge University Press, 1995), p. 13. 这些课程也在与芝加哥大学合作的圣地亚哥天主教大学进行。

176. 国际电话电报公司向亚历山德里支付了70万美元,该公司总裁还向中央情报局支付了100万美元来帮助操纵选举。国际电话电报公司控制了阿连德有意推行国有化的智利电信公司70%的股份(总投资2亿美元)。Daniel Brandt, "US responsibility for the coup in Chile",

28 November 1998, www.namebase.org. See also "Covert Action in Chile 1963-73: Staff Report of the SelectCommittee to Study Governmental Operations With Respect toIntelligence Activities, United States Senate", https://archive.org/details/Covert-Action-In-Chile-1963-1973.

177.Brandt, "US responsibility for the coup".

178.Klein, *The Shock Doctrine*, p. 64.

179.这项工作落到了位于华盛顿的智利特别委员会手上,其中包括在智利经营的美国大型矿业公司以及国际电话电报公司。

180.Klein, *The Shock Doctrine*, pp. 76, 107.

181.这批经济学家由塞尔吉奥·德·卡斯特罗(Sergio de Castro)和塞尔吉奥·乌都拉加(Sergio Undurraga)领导。他们为新军政府制订了一份长达500页的经济计划。该计划的10位主要作者中,8位曾在芝加哥大学学习。这项工作的资金中有75%直接来自中央情报局。塞尔吉奥·德·卡斯特罗成了新政权的高级经济顾问。Klein, *The Shock Doctrine*, p. 77ff.

182.1973年至1983年,智利失去了17.7万个工业岗位。

183.Cited in Klein, *The Shock Doctrine*, p. 77ff.

184.例如,皮诺切特(Pinochet)解除了芝加哥学派的领军人物之一塞尔吉奥·德·卡斯特罗的财政部部长职务。

185.弗里德曼的学生之一安德烈·冈德·弗兰克(Andre Gunder Frank)对这些事件深感不安。他给阿诺德·哈伯格(Arnold Harberger,智利项目的主要经济学家之一)和米尔顿·弗里德曼(Milton Friedman)写了一封公开信,指出在弗里德曼的"日常生活收入"中,智利家庭将

74%的收入用于面包。在阿连德时期，这些基本费用——面包、牛奶和公共汽车票价——仅占家庭预算的17%。安德烈·冈德·弗兰克成为依附理论（dependency theory）的拉美主要经济学家之一。

186.James Petras, Fernando Ignacio Leiva and Henry Veltmeyer, *Democracy and Poverty in Chile: The Limits to Electoral Politics* (Boulder, CO: Westview Press, 1994); and Alvaro Díaz, *El Capitalismo Chileno en Los 90: Creimiento Economico y Disigualdad Social* (Santiago: Ediciones PAS, 1991).

187.Klein, *The Shock Doctrine*, p. 96.

188.根据阿诺德·哈伯格的个人简历，读者可以在其加州大学洛杉矶分校的个人官方网页上查阅。

189.通货膨胀与就业之间的关系是菲利普斯曲线的基本原则。

190.See, for example, Paul Krugman, "The stagflation myth", *New York Times*, 3 June 2009.

191.该奖项成立于1968年，是瑞典国家银行为纪念阿尔弗雷德·诺贝尔设立的经济科学奖。尽管它在同一仪式上颁发，但它与阿尔弗雷德·诺贝尔自己在1895年建立的原始奖项无关。

192.正如我上面提到的，在战后的几十年里，占总人口1%收入最高的国民其收入份额急剧下降。只要经济增长保持强劲，这并没有给他们带来太大的伤害，因为他们在快速增长的经济总量中占据了相当大的份额。但是，在20世纪70年代，当增长停滞，并且通货膨胀爆发时，他们的财富开始以更严重的方式崩溃。

193.1999年的《金融服务现代化法案》（The Financial Services Modernization Act)废除了《格拉斯-斯蒂格尔法案》(Glass-Steagall Act)。

194.*Executive Excess 2006*, the 13th annual CEO compensation survey from the Institute for Policy Studiesand United for a Fair Economy.

195.US Census Bureau, Historical Income Tables: Families.

196.正如张夏准所言。

197.Robert Pollin, *Contours of Descent*(New York: Verso, 2005), p. 133.

198.Prebisch, 1980, pp. 15, 18, cited in Kevan Harris and Ben Scully, "A hidden counter-movement? Precarity, politics, and social protection before and beyond theneoliberal era", *Theory and Society* 44(5), 2015, pp. 415-44.

五、债务与有预谋的苦难经济学

199.有关此次政治活动的更多信息,参阅 Vijay Prashad, *The Darker Nations: A People's History of the Third World*(New York: The New Press, 2007)。

200.Vijay Prashad, *The Poorer Nations: A Possible History of the Global South*(London: Verso Books, 2013).

201.这次援助被称为"五分钱救援行动"(Operation Nickel Grass)。

202.埃及的萨达特(Sadat)设法说服沙特阿拉伯的费萨尔(Faisal)国王采取这一行动。

203.Lizette Alvarez, "Britain says US Planned to seize oil in '73 crisis'", *New York Times*, 2 January 2004.

204.4500亿美元这一数字反映了截至1981年涌入石油输出国组织的石油美元。

205.约翰·珀金斯(John Perkins)在他的畅销书《一个经济杀手的自白》(*Confessions of an Economic Hit Man*)中记录了自己当贷款人时的经历,他的讲述令人忧虑。

206.John Perkins, *Confessions of an Economic Hit Man.*

207. 根据 World Development Indicators (DataBank)的数据,以2013年美元为基准计算。

208. 根据 World Development Indicators (DataBank)的数据,以2013年美元为基准计算。

209. 向南方国家提供新贷款的平均利率从1970年的5%猛增至1981年的10%以上。

210.以现在的美元为基准。

211.这一比喻要归功于我的同事大卫·格雷伯(David Graeber)。

212.1952年以来,国际货币基金组织一直在使用有条件贷款,直到20世纪70年代后期才开始利用这种权力,在世界范围内强加一种特定的经济意识形态。这个想法最初于1979年由时任世界银行行长罗伯特·麦克纳马拉(福特汽车公司前总裁,后担任国防部部长)提出。1980年,世界银行的第一份2亿美元结构调整贷款被批准用于土耳其——1818号贷款计划。这个想法得到了罗纳德·里根的强烈支持。

213.如菲利普斯曲线所示,较高的通货膨胀率(在短期内)与较高的就业率呈正相关。

214.参见 World Bank Treasury 选定的最新债券清单,http://treasury.worldbank.org/cmd/htm/World_Bank_Bond_Issuances.html.。

215. 我很感谢张夏准的这一富有启发性的比喻。

216. 该数据不含中国。Robert Pollin，*Contours of Descent*，New York：Verso，2005，p. 133.

217. 关于结构调整对非洲的影响，参见如下资料。H. White，"Adjustment inAfrica：a review article"，*Development and Change* 27，1996，pp.785- 815；B. Riddel，"Things fall apart again：structural adjustment-programs in sub- SaharanAfrica"，*Journal of Modern AfricanStudies* 30（1），1992，pp. 53-68；Howard Stein and Machiko Nissanke，"Structural adjustment and the African crisis：a theoretical appraisal"，*Eastern Economic Journal*，1999，pp. 399-420.

218.Ha-JoonChang，*Bad Samaritans*（New York：Bloomsbury Press，2008），p. 28.

219.World Bank，World Development Indicators，2007.

220. 除特别注明，引用的数据均来自 Mike Davis 的著作 *Planet of Slums*（London：Verso，2006）中题为"SAPing the Third World"的章节。

221.James Petras and Henry Veltemeyer，"Age of reverse aid：neoliberalism as catalyst of regression"，*Developmentand Change* 33（2），2002，p. 287.

222.According to the ILO；See Martin Khor，*States of Disarray*：*The Social Effects of Globalization*（Geneva：UNRISD，1995），p. 45. See also Davis，*Planet of Slums*，p. 166. 委内瑞拉劳动人口的平均收入下降了40%，阿根廷下降了30%，巴西和哥斯达黎加下降了21%。

223.Petras and Veltemeyer,“Age of Reverse Aid”, p. 287.

224.Davis, *Planet of Slums*, p. 166.

225.Davis, *Planet of Slums*, p. 166. See John Waltonand, David Seddon, *Free Markets and Food Riots*: *The Politics of Global Adjustment* (*Hoboken*, NJ: John Wiley & Sons, 2011).

226.Ha-Joon Chang, *Kicking Away the Ladder*: *Development Strategy in Historical Perspective*(London: Anthem Press, 2002).

227.以及1976年《外国主权豁免法》(Foreign Sovereign Immunities Act)。

228.“Analysis of World Bank voting reforms”, Bretton Woods Project, 30 April 2010.

229.“全球种族隔离”这一说法最早由格诺特·科勒(Gernot Köhler)于1978年引入。

230.例如,1999年在维也纳签署的《全球民主宪章》(Charter of Global Democracy)提出的要求。

231.我最早从娜米奥·克莱恩的著作《休克学说》(*The Shock Doctrine*,London: Allen Lane, 2007)中知道了戴维森·巴胡的信。

232.Geske Dijkstra, “The PRSP approachand the illusion of improved aid effectiveness: lessons fromBolivia, Honduras, and Nicaragua”, *Development Policy Review* 29, 2011, pp. 110-133.

233.这似乎是威廉·伊斯特利(William Easterly)在他的书《白人的负担》(*The White Man's Burden*, Oxford: Oxford University Press, 2007)中的立场。

234.David Harvey, *A Brief History of Neoliberalism*(Oxford: Oxford University Press, 2005).

235.最高法院"道奇诉福特汽车公司案"经常被用来强迫公司优先考虑短期股东回报,而不是其他事宜。

236.World Bank Treasury, Annual Borrowing Program, http://treasury.worldbank.org/cmd/htm/AnnualBorrowingProgram.html.

237.Petras and Veltmeyer, "Age of reverse aid", p. 286.

238.James Bovard, "The World Bank vs. the Poor", Cato Policy Analysis No. 92, 1987.

239.Harvey, *A Brief History of Neoliberalism*, p. 30.

240.World Bank, Private Participationin Infrastructure Database, http://ppi.worldbank.org/.

241. "The World Bank botches water privatization around the world", *Alternet*, 22 September 2008.

242.非常感谢大卫·哈维(David Harvey)的深刻见解。

243.IBRD Articles of Agreement, http://siteresources.worldbank.org/EXTABOUTUS/Resources/ibrd-articlesofagreement.pdf.

244.United Nations Development Programme, *Human Development Report 1999: Globalization with a Human Face*(New York: Oxford University Press, 1999), pp.104-5.

245.美国人均收入与拉丁美洲的人均收入比从6:1增加到8.5:1,美国与中东和北非发展中国家之比从15.1:1增加到20.8:1,美国与撒哈拉以南非洲地区的比率从26.9:1增加到51.5:1。对于南亚,这一比率从86.5:1缩减至73.2:1。与美国相比,在此期间所有地区的人均收入绝对差距都有所增长。美国和拉丁美洲之间的差距增长了66%,与中东、北非和撒哈拉以南非洲相比增长了60%。对于南亚,差值增长了56%。(人均国内生产总值,以2005年美元计算;数据来自World Development Indicators。)

246.Samir Amin, *Unequal Development*(New York: Monthly Review Press, 1976), p. 144.

247.Gernot Köhler, "Unequal Exchange1965-1995: World Trend and World Tables", 1998, wsarch.ucr.edu/archive/papers/kohler/kohler3.htm. See also Gernot Köhler and Arno Tausch, *Global Keynesianism: Unequal Exchange and Global Exploitation* (New York: Nova Science Publishers, 2002). 科勒计算的1995年不等价交换额为1.752万亿美元。关于科勒的计算方法和不等价交换含义的更多信息,请参阅第一篇中的注释。

248. 这里的所有数据均来自世界银行,数据以2013年美元为基准。

249.New Economics Foundation, "Debt Relief as if Justice Mattered", 2008.

250.J.W.Smith, *The World's Wasted Wealth*(Sun City, AZ: Institute for Economic Democracy Press, 1994), p.143.

251. 外债存量(占国民总收入的百分比),World Bank, International Debt Statistics。

252.David Graeber, *Debt: The First 5000 Years*(New York: Melville House, 2011), p. 5.

253. 换句话说,为了赢得债务减免,一个国家必须首先同意接受国际货币基金组织的结构调整政策。

254.Amartya Sen, *Development as Freedom*(New York: Oxford University Press, 1995).

255.World Bank, "What is Development?", http://www.worldbank.org/depweb/english/beyond/beyondco/beg_01.pdf.

六、自由贸易与虚拟参议院的崛起

256.See Ha-Joon Chang, "Kickingaway the ladder", *Post-Autistic Economics Review* 15, 2002.

257.See Perry Anderson, *American Foreign Policy and Its Thinkers* (New York: Verso, 2014).

258.假设葡萄牙相对于英格兰在葡萄酒生产方面的比较优势大于布料生产,则即使葡萄牙生产布料的成本比英格兰更低,也应该专注于葡萄酒生产。

259.这些话来自卡尔·马克思于1848年1月9日在布鲁塞尔民主协会上发表的演讲。

260.可能经济学家阿吉里·伊曼纽尔(Arghiri Emmanuel)最大限度地发展了这种观点,认为工资和价格是由历史-政治因素决定的。这种观点成为依附理论的基石。

261.Ha-Joon Chang, "My six-year-old son should get a job", in *Bad Samaritans*(New York: Bloomsbury Press, 2008), chapter 3.

262.Chang, *Bad Samaritans*, pp. 65-6.

263.根据经济合作与发展组织公布的数据,这是经合组织国家

2010年农业补贴的总额。当年直接向农民提供的补贴总额为2270亿美元。农业补贴也伤害了富裕国家的小农,因为绝大多数补贴都流入大型农业企业。在美国,20%的受补贴者获得了89%的补贴。

264. 我非常感谢亚什·坦顿(Yash Tandon)举出的“棉花四国”的例子。Yash Tandon, *Trade is War: The West's War Against the World*(New York: OR Books, 2015), p. 41ff.

265.Cited in Chang, *Bad Samaritans*, p. 69.

266. 配额制度《多边纤维协议》(Multi-Fiber Arrangement),并于1974年首次实施。

267. 通过普遍优惠制(Generalized System of Preferences)和美国发起的《非洲增长和机会法案》(African Growth and Opportunity Act)建立了特殊优惠,斯威士兰于2000年成为受益国。

268. 根据《纺织品与服装协议》(Agreement on Textiles and Clothing),该协议于1995年开始实施,并在十多年内逐步贯彻。

269. 我在如下文章中提出这一论点。“Neoliberalplague: the political economy of HIV transmission in Swaziland”, *Journal of Southern African Studies* 38(3), 2012, pp.513-29.

270.Meena Raman, “WIPO Seminar Debates Intellectual Property and Development”, Our World is Not For Sale, 10 May 2015.

271.See Peter Mugyenyi, *Genocide by Denial: How Profiteering from HIV Killed Millions*(Kampala: Fountain Publishers, 2008).

272.《TRIPs协议与公共健康多哈宣言》(The Doha Declaration on the TRIPs Agreement and Public Health)于2001年11月签署,以便最不

发达国家可在紧急公共卫生危机的情况下生产用于内部消费的仿制药。尽管如此,这份《多哈宣言》仍未能使那些缺乏药物生产能力的国家(如斯威士兰)受益,因为TRIPs仍然禁止进口仿制药。直到世贸组织迫于压力,签署了《2003年8月最终决议》(General Decision of August 2003),穷国才被许可进口仿制药。

273.Dylan Gray,"Big pharma's excuses for themonopolies on medicine won't wash",*Guardian*,22 February 2013.

274.2012年,制药业在美国的营销投入为270亿美元。最大的10家公司中有9家在营销方面的投入比在研发方面的投入要多。Ana Swanson,"Big pharmaceutical companiesare spending more on marketing than research",*Washington Post*,11 February 2015.

275.Peter Drahos,"When the weak bargain with the strong:negotiations in the World Trade Organization",*International Negotiation* 9(1),2003,pp. 79-109.

276.Richard H. Steinberg,"In the shadow oflaw or power? Consensus-based bargaining and outcomes in the GATT/WTO",*International Organization*,56(2),2002,pp. 339-74.

277.Lara Carlsen,"Under NAFTA,Mexico Suffered,and the United States Felt Its Pain",*New York Times*,24 November 2013.

278.Robert Scott,"Heading South:US-Mexico Trade and Job Displacement after NAFTA",*Economic Policy Institute*,3 May 2011.

279.除非另有说明,我在前面段落中列出的统计数据来自公众人物(Public Citizen's)网站中的报告《北美自由贸易协议对墨西哥的影响》。

280.Noel Maurer, *The Empire Trap: The Rise and Fall of US Intervention to Protect American Property Overseas, 1893- 2013* (Princeton, NJ: Princeton University Press, 2013).

281.White & Case 与 Shearman &Sterling 是两家主要的国家争端解决机制机构。

282.Cited in Sebastian Perry, "Arbitratorand counsel: the double-hat syndrome", *Global Arbitration Review* 7(2), 2012.

283."The arbitration game", *The Economist*, 11 October 2014.

284."Secret negotiations on trade treaties, a threat to human rights-UN expert", United Nations Human Rights, 23 April 2015.

285. 我非常感谢诺姆·乔姆斯基(Noam Chomsky)的"虚拟参议院"一词,他在 *New Statesman* 发表的一篇题为"The high cost of neoliberalism"的文章中创造了这个词。

286.World Bank, *Doing Business*, 2014, http://www.doingbusiness.org/~/media/GIAWB/Doing% 20Business/Documents/Annual- reports/English/DB14-Full-Report.pdf.

287."获得信贷"指标也根据其信用记录进行排名。一个国家发布的关于每个公民的信用记录的数据越多,其排名就越高。换句话说,《营商环境报告》旨在将美国的信用评分系统扩展到全世界:理想情况下,每个公民都会根据排名得到某个数字,银行通过这一数字来评估其信用"价值"。因此,最终在学生贷款或掠夺性抵押贷款上违约的人会被冻结系统,生活遭到破坏。 这是一种让公民服从于银行的有力方式。

288.Oakland Institute, (*Mis*) *Investment in Agriculture* (Oakland,

CA：The Oakland Institute，2010).

289.As noted in the Independent Review Panel report of the Doing Business Indicators.

290."An 80-hour week for 5p an hour：the real price of high-street-fashion"，*Guardian*，8 December 2006.

七、21世纪的掠夺

291.乔治·W.布什政府的官员事先了解委内瑞拉政变，在行动前几周会见了政变领导人，并为一些相关的个人和组织提供培训和支持。

292.阿里斯蒂德(Aristide)——一位深受穷人爱戴的牧师——被布什政府和法国支持的政变所罢免，两国对其试图提高服装厂工人的最低工资，要求取消债务，并对殖民地进行赔偿的呼声感到愤怒。Paul Farmer，"Who removedAristide?"，*London Review of Books*，28(6)，2004，pp. 28-31.有趣的是，当阿里斯蒂德的继任者最终提高最低工资，使最低工资达到每小时0.61美元时，诸如李维·施特劳斯(Levi Strauss)和恒适(Hanes)等美国的大公司让美国国务院介入，这迫使海地推翻了这一决定。Dan Coughlin and Kim Ives，"Wiki Leaks Haiti：Let Them Live on $3 a Day"，*The Nation*，1 June 2011.同年，美国国务院操纵海地选举，转而支持其喜欢的候选人。Center for Economicand Policy Research，"Clinton Emails Reveal 'Behind the Doorsactions' of Private Sector and US Embassy in Haiti Elections"，2015.

293.曼努埃尔·塞拉亚采取了对采矿业实施环境法规、规范贸易并提高最低工资等措施，激怒了在那里经营的跨国公司。

294.Nina Lakhani, "Berta Caceres cour papers show murder suspects links to US-trained elite troops", *Guardian*, 28 February 2017.

295.Katie Allen, "World's poorest countries rocked by commodity slump and strong dollar", *Guardian*, 10 April 2016.

296.幸运的是,自 2009 年 20 国集团峰会以来,贷款条件已经有所放宽。但到目前为止,仍然没有条款保障南方国家的无条件借款。

297.John Nichols, "Just in time for the July 4 break, Congress imposes 'colonialism at its worst' on Puerto Rico", *The Nation*, 2 July 2016.

298.United Nations, *United Nations Convention Against Corruption*, 2004, p.iii, http://www.unodc.org/documents/treaties/UNCAC/Publications/Convention/08--50026_E.pdf.

299.Jim Yong Kim, "Anti-corruption Efforts in a Global Commitment to Act", Speech in Washington, DC, 30 January 2013, http://www.worldbank.org/en/news/speech/2013/01/30/world-bank-group-president-jim-yong-kim-speech-anti-corruption-center-for-strategic-and-international-studies.

300.Dev Kar and Devon Cartwright-Smith, *Illicit Financial Flows from Africa: Hidden Resource for Development*(Washington, DC: Global Financial Integrity, 2010), p. 1.

301.事实上有 10901 亿。该数据来自 Dev Kar and Joseph Spanjers, *Illicit Financial Flows from Developing Countries: 2004-2013*(Washington, DC: Global Financial Integrity, 2015).根据全球金融诚信组织网页"Illicit Financial Flows"(www.gfintegrity.org/issue/illicit-financial-flows.),

45%的资金最终流入避税天堂,55%最终流向发达国家。业界对非法资金流动的统计有激烈的辩论。一位学者对全球金融诚信组织的方法提出了异议(Volker Nitsch,"Trillion dollar estimate：illicitfinancial flows from developing countries", *Darmstadt Discussion Papers in Economics* 227, 2012)。可能有充分的理由质疑全球金融诚信组织得出的如此大的数字,但目前经济合作与发展组织的官方立场是"人们普遍认为非法资金流动可能超过援助流量和投资量"。OECD, *Illicit Financial Flows from Developing Countries：Measuring OECD Responses* (Paris：OECD Publishing, 2014).

302.993亿美元这一数额来自卡尔(Kar)与斯潘尼尔斯(Spanjers),该数据用于说明统计的2013年度向发展中国家提供的用于政府开发援助的数额。请注意,这个数额低于经济合作与发展组织同年估计的1350亿美元的政府开发援助额。

303.Kar and Spanjers, *Illicit Financial Flows*, p. Vii.

304.Kar and Spanjers, *Illicit Financial Flows*, p. Vii.

305.Kar and Spanjers, *Illicit Financial Flows*, p. 10.

306.Kar and Spanjers, *Illicit Financial Flows*, p. 10.

307.Christian Aid, *Death and Taxes：The True Toll of Tax Dodging* (London：Christian Aid, 2008), p. 2. Also see World Health Organization, "International Corporations", http://www.who.int/trade/glossary/story057/en/.

308.Nicholas Shaxson, *Treasure Islands：Tax Havens and the Men Who Stole the World*(London：Vintage Books, 2011).

309.Raymond Baker, *Capitalism's Achilles Heel: Dirty Money and How to Renew the Free- Market System* (Hoboken, NJ: John Wiley & Sons, 2005), pp. 170-1.

310.Kar and Spanjers, *Illicit Financial Flows*, p. 12.

311.这一数字包括2004年至2013年1.3万亿美元的热钱,6.5万亿美元的再开票以及6.5万亿美元的转让定价操纵。Kar and Spanjers, *Illicit Financial Flows*, p. VII.

312.World Trade Organization, "Technical Information on Customs Valuation", http://www.wto.org/english/tratop_e/cusval_e/cusval_info_e.htm. 相关段落的内容如下:"除特定情况外,海关估价应以待估价货物的实际价格为基础,一般在发票上显示。"

313.Matthew Valencia, "Storm survivors", *The Economist*, 16 February 2013, http://www.economist.com/news/special- report/21571549-offshore- financial- centres- have- taken- battering- recently- they- have-shown-remarkable.

314.Nicholas Shaxson, *Treasure Islands.*

315.Fred Pearce, *The Land Grabbers: The New Fight Over Who Owns the Earth* (Boston: Beacon Press Books, 2012), p. 23.

316.Pearce, *The Land Grabbers*, pp. 22-3.

317.Pearce, *The Land Grabbers*, p. 25. 在第26页,皮尔斯写道:"2003年,农业商品基金已有130亿美元。但是到了2008年,许多评论家认为这个数字超过了3000亿美元。"Also see Frederick Kaufman, "The food bubble", *Harpers*, July 2010.

318.This according to the FAO's world food price index graph.

319.Olivier De Schutter, cited in Pearce, *The Land Grabbers*, p. 24.

320.该定义来自 Land Matrix（www.landmatrix.org）。

321.Pearce, *The Land Grabbers*, p. iX. On transparency issues, see Josie Cohen, "What's in a number? Why the struggle to quantify the global land grabbing crisis is part of the problem", *Global Witness*, blog post, 11 March 2014, https://www.globalwitness.org/en- gb/blog/whats-number-whystruggle-quantify-truncated/.

322."Land grabs: the facts", *New Internationalist*, May 2013, p. 17.

323.该图表数据来自 Land Matrix（www.landmatrix.org），数据精确到2017年1月。

324.这是Land Matrix在2012年的第一份数据。该数据指出，非洲约有1.24亿公顷土地被抢夺——超过非洲大陆土地总面积的4%。世界银行2008至2009年报告的土地交易中，70%在非洲。Fred Nelson, "Who owns the Earth? A review of Fred Pearce's The Land Grabbers", *World Policy Blog*, 5 October 2012, http://www.worldpolicy.org/blog/2012/10/05/who-owns-earth-review-fred-pearces-land-grabbers.

325.遭受土地掠夺的国家中有三分之二正受困于饥饿问题。"Land grabs: the facts", *New Internationalist*, May 2013.

326."Land grabs: the facts", *New Internationalist*, May 2013.

327."The G8 and land grabs in Africa", *GRAIN*, 11 March 2013, https://www.grain.org/article/entries/4663- the-g8-and- land- grabs-in-africa.

328.在土地和种子方面,各国都成立了注册管理机构,详细列出了大公司在这两个领域可以利用的投资机会。"The G8 and land grabs in Africa", *GRAIN*, 11 March 2013.

329.Pearce, *The Land Grabbers*, chapter 16.

330.Pearce, *The Land Grabbers*, chapter 17.

331.Pearce, *The Land Grabbers*, chapter 18.

332.Joseph Holden and Margarethe Pagel, "Transnational Land Acquisitions", *EPS PEAKS*, January 2013, http://partnerplatform.org/? az-rv33t9.

333.According to a study by IFPRI, cited in "Outsourcing's third wave", *The Economist*, 1 May 2009.

334.约一半的排放来自美国。

335.这些数据来自2010年《气候脆弱性监测》。监测还包括一类"其他工业化"国家,指剩下的其他国家。

336.Suzanne Goldenberg, "CO_2 emissions are being 'outsourced' by rich countries to rising economies", *Guardian*, 19 January 2014.

337.Duncan Clark, "Which nations are most responsible for climate change?", *Guardian*, 21 April 2011.

338."A bad climate for development", *The Economist*, 17 September 2009.

339."A bad climate for development", *The Economist*, 17 September 2009.

340. 根据政府间气候变化专门委员会的一项研究, noted in John Vidal, "Climate change will hit poor countries hardest, study shows", *Guardian*, 27 September 2013。

341. "A bad climate for development", *The Economist*, 17 September 2009.

342. Oxfam, *Growing Disruption*: *Climate Change*, *Food*, *and the Fight Against Hunger*(Oxford: Oxfam Publishing, 2013).

343. "A bad climate for development", *The Economist*, 17 September 2009.

344. Climatefairshares.org.

345. Carbon Countdown, Carbon Budget 2016 Update, Carbon Brief, www.carbonbrief.org.

346. "The sky's the limit: why the Paris Climate Goals require a managed decline of fossil fuel production", *Oil Change*, September 2016.

347. "Global Carbon Emissions", Co_2Now.org, http://co2now.org/Current-CO2/CO2-Now/global-carbon-emissions.html.

348. Damian Carrington, "Fossil fuels subsidized by $10 million a minute, says IMF", *Guardian*, 18 May 2015.

349. World Bank, *Turn Down the Heat*: *Why a 4℃ Warmer World Must Be Avoided*, Working paper 74455(Washington, DC: World Bank, 2012).

350. NASA, "The consequences of climate change", http://climate.nasa.gov/effects/.

351.International Energy Agency, "Scenarios and Projections", http://www.iea.org/publications/scenariosandprojections/.

352.Naomi Kleim, *This Changes Everything* (London: Penguin Books, 2015), p. 21.

八、从慈善到正义

353.出自 Oscar Wilde, *The Soul of Man under Socialism*, 1891。为了清晰起见略做简化。

354.2012年,星巴克基金会向 Project Concern International 提供了50万美元的赠款,资助埃塞俄比亚南部锡达马(Sidama)地区的供水和卫生项目。但根据乐施会的说法,星巴克的交易行为使埃塞俄比亚种植者每年损失约9000万美元。星巴克阻止埃塞俄比亚政府为其三种当地咖啡豆注册商标,而注册商标将使埃塞俄比亚种植者在国际销售中获得的利润份额更大。

355."Coca- Cola accused of funding columbian death squad", TeleSUR, 1 September 2016.

356.这种围绕债务的道德框架完全颠覆了每一个古老的哲学传统所宣称的:债务不是罪,高利贷才是。

357.NEF, *Debt Relief as if Justice Mattered*(London: New Economics Foundation, 2008).

358.Save the World's Resources, *Financing the Global Sharing Economy*(London: Share the World's Resources, 2012), p. 145.

359. 约瑟夫·斯蒂格利茨(Joseph Stiglitz)提出了一个有趣建议来改革这种不平衡。

360.See Thomas Palley, "A global minimum wage system", *Financial Times*, 18 July 2011. Also see Jason Hickel, "It's time for a global minimum wage", Al Jazeera English, 10 June 2013.

361. 有证据表明,提高最低工资对就业没有负面影响。See John Schmitt, *Why Does the Minimum Wage Have No Discernible Effect on Employment*? (Washington, DC: Center for Economicand Policy Research, 2013). See also International Labour Organization, *Global Wage Report 2008/9: Minimum Wages and Collective Bargaining*(Geneva: International Labour Office, 2008).

362.Robert Pollin et al., "Global apparel productionand sweatshop labour: can raising retail prices finance living wages?", *Cambridge Journal of Economics* 28(2), 2002, pp. 153-71.

363.See "C131 Minimum Wage Fixing Convention", 1970.

364. 如被世贸组织废除的《布鲁塞尔估价定义》(Brussels Definition of Value)。

365. 美国、英国和欧洲议会已经朝着这个方向迈出了一步。在美国,《企业透明和执法协助法》(Incorporation Transparencyand Law Enforcement Assistance Act)通过向执法机构提供有益的所有权信息,来清除匿名的空壳公司。各州可以使用该法案要求将这些信息公开。

366.Frances Moore Lappé, Jennifer Clapp, Molly Anderson, Richard Lockwood, Thomas Forster, Danielle Nierenberg, Harriet Friedmann,

Thomas Pogge, Dominique Caouette, Wayne Roberts et al., "Framing Hunger: A Response to the State of Food Insecurity in the World 2012", June2013, http://www.ase.tufts.edu/gdae/pubs/rp/framinghunger.pdf; Frances Moore Lappé, Jennifer Clapp, Molly Anderson, Richard Lockwood, Thomas Forster, Danielle Nierenberg, Harriet Friedmann, Thomas Pogge, Dominique Caouette, Wayne Roberts et al., "How we count Hunger Matters", *Ethics & International Affairs* 27(3), 2013, pp. 251-9.

367. 这些估计来自英国气候科学家凯文·安德森(Kevin Anderson), www.kevinanderson.info。

九、那些必要的疯狂想象

368. 数据来自 Global Footprint Network database。

369. Ian Sample, "Global food crisis looms as climate change and population growth strip fertile land", *Guardian*, 31 August 2007.

370. Gaia Vince, "How the world's oceans could be running out of fish", *BBC Future*, 21 September 2012, http://www.bbc.com/future/story/20120920-are-we-running-out-of-fish.

371. George Monbiot, "The great riches of our seas have been depleted and forgotten", *Guardian*, 7 September 2012.

372. S. L. Pimm, G. J. Russell, J. L. Gittleman and T. M. Brooks, "The future of biodiversity", *Science* 269, 1995, pp. 347-50.

373. OECD, "Biodiversity chapter of the OECD Environmental Out-Look to 2050: The consequences ofinaction", http://www.oecd.org/env/

indicators-modelling-outlooks/biodiversitychapteroftheoecdenviron.

374.Charles Clover, “All seafood will run out in 2050, say scientists”, *Telegraph*, 3 November 2006.

375.“A forecast of when we'll run out of each metal,” Visual Capitalist, 4 September 2014, http://www.visualcapitalist.com/forecast- when-well-run-out-of-each-metal/.

376.“Only 60 years of farming left if soil degradation continues”, Reuters, 5 December 2014.

377.Lew Daly et al., *Does Growth Equal Progress? The Myth of GDP* (New York: Demos, 2012).

378.经济学家赫尔曼·达利(Herman Daly)的观点。 See for example: “Sustainable development: definitions, principles, policies”, *Mechanism of Economic Regulation* 3, 2013, pp. 9-20.

379.Thomas O. Wiedmann et al., “The material footprint of nations”, *Proceedings of the National Academy of Sciences of the United States of America* 112(20), 2013, pp. 6271-5.

380.Stefan Giljum et al., “Global patterns of material flows and their socio-economic and environmental implications: a MFA study on all countries world-wide from 1980 to 2009”, *Resources* 3(1), 2014, pp. 319-39.

381.Friends of the Earth Europe, *Overconsumption? Our Use of the World's Natural Resources* (Brussels: Friends of the Earth Europe, 2009), p. 26.

382.N. H. Stern, *The Economics of Climate Change: The Stern Review* (Cambridge: Cambridge University Press, 2007).

383.Kevin Anderson, “Talks in the city of light generate more heat”, *Nature* 528, 21 December 2015.

384.US Environmental Protection Agency, “Global Greenhouse Gas Emissions Data”, https://www.epa.gov/ghgemissions/global-greenhouse-gas-emissions-data. accessed 4 February 2017.

385.“Deforestation and its extreme effect on global warming”, *Scientific American*, https://www.scientificamerican.com/article/deforestation-and-global-warming/.

386.Carbon Countdown, Carbon Budget 2016 Update, Carbon Brief, www.carbonbrief.org.

387.Richard G. Wilkinson and Kate Pickett, *The Spirit Level: Why More Equal Societies Almost Always Do Better* (London: Allen Lane, 2009).

388.然后,它们必须在富裕国家的援助下,从2025年开始大刀阔斧地减排,每年减排约7%,直到2050年实现零碳排放。

389.这是穷国到2050年实现零排放所需的速度,前提是清洁能源技术的到位和能效改善能够最大限度地减排。

390.Daniel W. O'Neill, “The proximity of nations to a socially sustainable steady-state economy”, *Journal of Cleaner Production* 108, 2015, pp. 1213-31.

391.Benjamin Radcliffe, “A happy state”, *Aeon*, 17 September 2015. See also Richard Wilkinson and Kate Pickett's, *The Spirit Level.*

392.P. Edward, “The Ethical Poverty Line: a moral quantification of absolute poverty”, *Third World Quarterly* 27(2), 2006, pp. 377-93.

393.Reported in Jennifer Elks, “Havas: ‘Smarter’ consumers will significantly alter economic models and the role of brands”, *Sustainable Brands*, 15 May 2014.

394.Jaromir Benes and Michael Kumhof, *The Chicago Plan Revisited*, IMF Working Paper WP/12/202 (New York: International Monetary Fund, 2012).

395.US advertising expenditure dataavailableat: http://purplemotes.net/2008/09/14/us-advertising-expenditure-data/.

396.Betsy Taylor and Dave Tilford, “Why consumption matters”, in Juliet B. Schor and Douglas B.Holt (eds), *The Consumer Society Reader* (New York: The New Press, 2000), p. 467.

397.Neal Lawson, “Ban outdoor advertising”, *Guardian*, 20 April 2012.

398.Anna Coote et al., *21 Hours: Why a Shorter Working Week Can Help Us All to Flourish in the 21st Century* (London: New Economics Foundation, 2010).

399.Rob Dietz and Daniel W. O'Neill, *Enough is Enough: Building a Sustainable Economy in a World of Finite Resources* (New York: Routledge, 2013).

400.World Economic Forum, “What if the world's soil runs out?”, *Time*, 14 December 2012.

401.Oliver Milman, "Earth has lost a third of arable land in past 40 years, scientists say", *Guardian*, 2 December 2015.

402.Andreas Gattinger et al., "Enhanced top soil carbon stocks under organic farming", *Proceedings of the National Academy of Sciences of the United States of America* 109(44), 2012, pp. 18226-31.

403.R. Lal, "Soil carbon sequestration impacts on global climate change and food security", *Science*304, 2004, p. 5677.

404.Rodale Institute, *Regenerative Organic Agriculture and Climate Change*(Kutztown, PA: Rodale Institute, 2014).

405.R. Lal, "Soil carbon sequestration impacts".

406.Frantz Fanon, *The wretched of the earth: Pref. by Jean-Paul Sartre*, trans. Constance Farrington(New York: Grove Press, 1963).

图书在版编目(CIP)数据

鸿沟:全球不平等及其解决方案/(斯威)杰森·希克尔(Jason Hickel)著;孙晓静译.—重庆:西南师范大学出版社,2020.5

书名原文:The Divide: A Brief Guide to Global Inequality and its Solutions

ISBN 978-7-5621-9728-7

Ⅰ.①鸿… Ⅱ.①杰… ②孙… Ⅲ.①贫富差距-研究-世界 Ⅳ.①D5

中国版本图书馆CIP数据核字(2019)第075880号

鸿沟:全球不平等及其解决方案

HONGGOU: QUANQIU BU PINGDENG JI QI JIEJUE FANG'AN

[斯威士兰] 杰森·希克尔(Jason Hickel) 著 孙晓静 译

出 品 人:米加德
总 策 划:卢 旭 闫青华
责任编辑:何雨婷
特约编辑:郑新东
装帧设计:夏玮玮
出版发行:西南师范大学出版社 重庆市北碚区天生路1号 邮编:400715
http://www.xscbs.com 市场营销部电话:023-68868624
印 刷:重庆共创印务有限公司
成品幅面尺寸:148mm×210mm
印 张:10.5
字 数:230千字
版 次:2020年7月第1版
印 次:2020年7月第1次
著作权合同登记号:版贸核渝字(2019)第089号
书 号:ISBN 978-7-5621-9728-7

定 价:78.00元

读者 Readers 回函表

WIPUB BOOKS

电子回函表入口

姓名：＿＿＿＿ 性别：＿＿＿ 年龄：＿＿＿ 职业：＿＿＿＿ 教育程度：＿＿＿

邮寄地址：＿＿＿＿＿＿＿＿＿＿＿＿ 邮编：＿＿＿＿

E-mail：＿＿＿＿＿＿＿＿＿＿ 电话：＿＿＿＿＿＿＿＿

您所购买的书籍名称：《鸿沟：全球不平等及其解决方案》

您对本书的评价：

书名：	□满意	□一般	□不满意	故事情节：	□满意	□一般	□不满意
翻译：	□满意	□一般	□不满意	书籍设计：	□满意	□一般	□不满意
纸张：	□满意	□一般	□不满意	印刷质量：	□满意	□一般	□不满意
价格：	□便宜	□正好	□贵了	整体感觉：	□满意	□一般	□不满意

您的阅读渠道（多选）： □书店 □网上书店 □图书馆借阅 □超市/便利店 □朋友借阅 □找电子版 □其他 ＿＿＿＿

您是如何得知一本新书的呢（多选）： □别人介绍 □逛书店偶然看到 □网络信息 □杂志与报纸新闻 □广播节目 □电视节目 □其他

购买新书时您会注意以下哪些地方？

□封面设计 □书名 □出版社 □封面、封底文字 □腰封文字 □前言、后记 □名家推荐 □目录

您喜欢的书籍类型：

□文学-奇幻小说 □文学-侦探/推理小说 □文学-情感小说 □文学-散文随笔 □文学-历史小说 □文学-青春励志小说 □文学-传记

□经管 □艺术 □旅游 □历史 □军事 □教育/心理 □成功/励志

□生活 □科技 □其他 ＿＿＿＿

请列出3本您最近想买的书：＿＿＿＿、＿＿＿＿、＿＿＿＿

请您提出宝贵建议：＿＿＿＿＿＿＿＿

★感谢您购买本书，请将本表填好后，扫描或拍照后发电子邮件至wipub_sh@126.com，您的意见对我们很珍贵。祝您阅读愉快！

图书翻译者征集

为进一步提高我们引进版图书的译文质量，也为翻译爱好者搭建一个展示自己的舞台，现面向全国诚征外文书籍的翻译者。如果您对此感兴趣，也具备翻译外文书籍的能力，就请赶快联系我们吧！

您是否有过图书翻译的经验：□有（译作举例：________________）
□没有

您擅长的语种：□英语　□法语　□日语　□德语
□韩语　□西班牙语　□其他 ________________

您希望翻译的书籍类型：□文学　□生活　□心理　□其他 ____________

请将上述问题填写好、扫描或拍照后，发电子邮件至wipub_sh@126.com和xscbsr@sina.com，同时请将您的译者应征简历添加至邮件附件，简历中请着重说明您的外语水平等。

期待您的参与！

西南师范大学出版社
上海万墨轩图书有限公司